出版业知识服务转型之路（二）
——追踪新技术，探索新应用

THE TRANSFORMATION OF
KNOWLEDGE SERVICE
IN PUBLISHING INDUSTRY(2)

张　立　熊秀鑫　周　琨　等编著

中国书籍出版社
China Book Press

主要参与人员

总体设计：张 立

撰稿人员：张 立　熊秀鑫　周 琨　陆希宇
　　　　　　曲俊霖　胡佳兴　信 雪

组织协调：刘颖丽　栾京晶

审核建议：李大美

知识服务：从规划到应用

在我看来，出版业的最基本功能就是传承文化与传播知识，而传播知识的方式、方法和效率又与科学技术的进步紧密相关。进入新世纪以来，伴随科学技术的飞速发展，大众获取知识的方式正在发生着前所未有的变化，知识付费、数字阅读、在线教育已成为人们日常生活不可或缺的组成部分。这一现状十分清晰地提示我们，运用互联网技术提供知识服务时代已经到来。为此，如何精准把握住这一发展趋势，既是互联网时代出版业推动转型升级、实现融合发展的重要方向，也是整合各种出版资源，构建新兴出版业态的现实要求。

2006年、2011年先后发布的《国家"十一五"时期文化发展纲要》和《国家"十二五"时期文化改革发展规划纲要》中，分别将"国家知识资源数据库工程"列入"十一五"时期国家重大文化产业推进项目和"十二五"期间"文化数字化建设工程"重点项目。2014年，原国家新闻出版广电总局、财政部联合发布的《关于推动新闻出版业数字化转型升级的指导意见》中提出，重点支持部分专业出版企业按服务领域划分、联合开展专业数字内容资源知识服务模式探索，并将基于专业出版内容的知识资源数据库建设和基于知识资源数据库的知识服务平台建设列入其中。2015年，国务院印发的《促进大数据发展行动纲要》中提出，对各领域知识进行整合，搭建知识资源库群，建立国家知识服务平台与知识资源服务中心。为落实《行动纲要》要求，2016年原国家新闻出版广电总局批复中国新闻出版研究院筹建知识资源服务中心。2017年原国家新闻出版广电总局发布《关于深化新闻出版业数字化转型升级工作的通知》，要求新闻出版企业加快实现知识服务模式建设，并积极参与知识服务标准规范研制，构建各专业领域知识体系，建设知识资源数据库，开发多层次、多维度、多形态知识服务产品，搭建分领域知识服务平台；鼓励开展新闻出版企业之间的合作，建设跨领域知识服务平台，实现跨领域调取知识资源，开发跨领域知识服务产品；要积极创新知识服务模式，面向不同终端、采取不同方式，实现多形态知识服务供应，以知识服务兼容文献服务等其他服务模式，探索知识服务在专业、大众、教育出版领域转型升级进程中的应用模式。不断加强国家级知识服务机构建设，推动国家知识服务平台及知识资源数据库库群建设。

作为我国新闻出版科研领域中的国家队，中国新闻出版研究院未负众望，近年来始终致力于出版业知识服务方式的探索与深化，已先后进行三批知识资源服务模式试点单位征集，遴选出128家单位，并组织开展知识服务标准的研制；举办了首届中国出版业知识服务大会，为出版业提供沟通交流的平台；组建知识资源服务中心，成为我国首家面向社会提供知识服务的国家级公共服务机构；搭建国家知识服务平台，推出首个出版行业专业知识服务门户网站。上述一系列扎实工作，为出版业知识服务从规划走入现实，起到了良好引领示范和有力支撑作用。

2019年，中国新闻出版研究院集若干年艰辛探索之经验推出《出版业知识服务转型之路——国家知识资源服务模式试点研究》一书，为出版业知识服务转型提供了清晰路标和重要指引。今年，中国新闻出版研究院张立副院长及其团队又推出第二部专著——《出版业知识服务转型之路（二）——追踪新技术，探索新应用》，从三个层面详尽梳理出国家知识服务平台的建设细节与出版业知识服务的应用场景，以及对出版业知识服务未来发展的展望。一是从技术层面详细阐述了国家知识服务平台建设在前期准备、系统建设、系统安全及运营维护等方面的全过程，相信对许多有志于此的"理工男"和"技术控"会有相当大的吸引力。二是从市场层面全面分析了国家知识服务平台应用情况，汇聚了大量通过问卷调研获取的富有较高价值的市场数据和具体分析，相信对相关企业单位开展知识服务产品的应用推广将具有超预期的参考价值。三是从产业层面探讨了如何提升我国出版业知识服务水平，对如何将5G、人工智能、大数据、区块链等新技术应用到出版业知识服务中进行了系统思考和预判，试图对未来出版业知识服务如何有效运用层出不穷的新技术提供一些新的思路。

张毅君
中国音像与数字出版协会第一副理事长
原国家新闻出版广电总局数字出版司司长

目 录

序 / 1

  知识服务：从规划到应用 / 1

第一章 背 景 / 1

  第一节 知识服务概念 / 1

    一、知识服务概念的研究 / 1

    二、我国出版领域对知识服务概念的理解 / 2

  第二节 知识付费市场情况 / 2

    一、知识付费概述 / 2

    二、知识付费市场现状 / 3

    三、知识付费发展趋势 / 4

  第三节 国家知识服务平台 / 4

    一、国家知识资源服务中心 / 4

    二、试点单位遴选情况 / 5

    三、国家知识服务平台 / 6

第二章　国家知识服务平台建设前期工作 / 7

第一节　拆包方案及招标工作 / 7

一、确定拆包方案 / 7

二、发布、完成招标 / 8

第二节　过程管理规划 / 8

一、制定开发管理流程 / 8

二、进度管理 / 10

三、沟通管理 / 10

四、文档管理 / 10

第三章　国家知识服务平台系统建设情况 / 11

第一节　国家知识资源服务中心门户网站 / 11

一、功能模块 / 11

二、详细功能 / 12

第二节　统一用户登录系统 / 20

一、系统介绍 / 20

二、系统功能 / 20

第三节　出版物信息检索系统 / 40

一、系统介绍 / 40

二、详细描述 / 41

三、知识体系管理 / 53

第四节　OA开放存取期刊服务系统 / 63

一、系统介绍 / 64

二、详细描述 / 64

　　三、系统功能 / 67

第五节　技术开放服务系统 / 76

　　一、系统介绍 / 76

　　二、详细描述 / 76

第六节　营销互动系统 / 82

　　一、系统介绍 / 82

　　二、详细描述 / 83

　　三、系统功能 / 87

第七节　出版与知识服务标准系统 / 99

　　一、系统介绍 / 100

　　二、系统功能 / 100

第八节　数字内容正版化公示系统 / 103

　　一、系统介绍 / 103

　　二、详细描述 / 103

　　三、系统功能 / 107

第九节　数字版权保护工具 / 114

　　一、版权保护工具描述 / 115

　　二、工具功能 / 120

第十节　大数据支撑系统 / 142

　　一、系统介绍 / 142

　　二、详细描述 / 142

　　三、系统功能 / 147

第四章 国家知识服务平台安全、测试及运维情况 / 150

第一节 反爬虫系统 / 150
一、系统介绍 / 150
二、详细描述 / 151
三、系统功能 / 159

第二节 第三方软件测试 / 161
一、测试依据及测试方法 / 161
二、测试原则 / 162
三、测试流程 / 163
四、测试结论 / 165

第三节 三级等保测评 / 165
一、定级 / 165
二、备案 / 166
三、第三方测评 / 166
四、系统上线 / 169

第四节 服务器虚拟化运维 / 170
一、系统介绍 / 170
二、总体架构 / 170
三、系统功能 / 171

第五节 服务器监控预警系统 / 176
一、系统介绍 / 176
二、总体架构 / 176
三、系统功能 / 177

第五章　国家知识服务平台应用情况 / 180

第一节　国家知识资源服务中心门户网站应用情况 / 180

一、资源情况 / 180

二、各领域知识服务平台集成接入情况 / 180

第二节　"国家知识服务平台"微信公众号应用情况 / 181

一、疫情期间运营情况 / 182

二、国家知识服务分平台宣传 / 187

三、相关知识服务文章分享 / 189

四、数字内容正版化公示倡议活动 / 189

第六章　出版业知识服务单位应用情况调查分析 / 190

第一节　知识服务产品现状 / 190

一、知识服务主要产品名称 / 191

二、主要知识服务产品类型 / 191

三、终端类型 / 192

四、用户情况 / 192

五、盈利方式 / 193

第二节　知识服务参与人员情况 / 193

一、人员构成情况 / 194

二、知识服务人员从业时间情况 / 194

三、知识服务人员招聘渠道 / 195

第三节　资金投入与收益情况 / 195

一、支撑知识服务部门或相关人员的主要资金来源 / 195

二、2016—2019 年在知识服务产品方面的资金投入与收入情况 / 196

第四节　知识服务单位运营情况 / 196

一、知识服务产品已服务的机构数量 / 197

二、知识服务产品用户规模 / 197

三、知识服务产品个人用户付费情况 / 198

四、知识服务单位认为的付费优势 / 199

五、知识服务单位对知识服务工作的定位 / 200

六、与数字出版相比，知识服务所带来的变化 / 201

七、在知识服务转型过程中所面临的困难 / 201

八、与互联网企业相比，传统出版单位做知识服务有哪些方面的优势与劣势 / 202

九、知识服务产品在运营过程中遇到问题及解决方案 / 203

十、市场的运营效果调查 / 204

十一、"新冠"疫情对出版业知识服务单位的影响 / 205

第五节　知识服务技术应用情况 / 206

一、知识服务产品开发情况 / 207

二、在知识服务产品研发过程中，应用前沿技术情况 / 207

三、应用的前沿技术的研发方式情况 / 208

第六节　知识服务单位未来发展规划 / 208

一、对于知识服务产品的商业计划书或者相关方案规划情况 / 209

二、出版业知识服务单位发展规划情况 / 209

三、出版业知识服务单位在知识服务产品运营过程中希望做的工作情况 / 210

第七节　知识服务单位对国家知识服务平台的了解和建议 / 210

　　一、使用国家知识服务平台情况 / 211

　　二、知识服务单位对国家知识服务平台的服务需求情况 / 212

　　三、数字内容正版化公示系统使用情况 / 212

　　四、在推进知识服务应用过程中，出版业知识服务单位希望得到的版权保护情况 / 213

　　五、希望国家知识服务平台进一步推动出版业知识服务转型所做的工作 / 213

第八节　当前存在的困难和未来预期 / 214

　　一、当前存在的困难 / 214

　　二、未来预期 / 215

第七章　展　望 / 216

第一节　国家知识资源服务中心下一步规划 / 216

　　一、进一步加快国家知识服务体系建设研究 / 217

　　二、进一步推进相关成果转化和应用 / 217

　　三、进一步助力新闻出版业转型升级和融合发展 / 217

第二节　如何提升我国出版业知识服务水平研究 / 217

　　一、推进出版业知识服务高质量发展 / 218

　　二、推动出版融合向知识服务纵深发展 / 218

　　三、加强知识服务成果转化及应用 / 219

　　四、加强知识服务相关人才培养 / 219

第三节　新技术应用于出版业知识服务前瞻性研究 / 220

　　一、5G变革知识服务应用 / 221

　　二、人工智能赋能知识服务应用 / 222

　　三、大数据支撑知识服务应用 / 223

　　四、区块链保障知识服务应用 / 225

附　录 / 227

　　一、项目文档模板 / 227

　　二、出版业知识服务应用情况调研问卷 / 272

　　三、国内外知识服务相关概念追踪与辨析 / 282

第一章 背　景

第一节　知识服务概念

一、知识服务概念的研究

国外学者主要关注于知识在不同服务行业的管理、应用和实践，相关的英文概念包括：知识管理（Knowledge Management）、以知识为中心的管理（Knowledge-focused Management）、以知识为中心的服务（Knowledge-Centered Service），其他相关的概念还有知识经济（Knowledge Economy）、知识产业（Knowledge Industries）等。

我国"知识服务"概念起源于医学领域，经历了企业营销领域的实践，发展到图书情报领域，并在图情领域被广泛研究。图情领域学者从技术发展的角度出发，研究了知识服务概念的演变，并从新的视角对知识服务进行了重新定义。

（1）在技术发展方面，知识服务概念经历了以下演变：

●随着网络环境的发展，将信息技术、人工智能研究等元素引入到了知识服务概念中；

●随着博客的发展，基于博客的知识服务、社群交流逐渐被纳入了知识服务概念研究中；

●随着大数据、云计算技术的发展，作为知识服务活动中的关键技术，知识库和知识发现在知识服务方面的应用重要性逐渐凸显；

●人工智能为知识服务带来的变革再次被重视，学者们详细研究了人工智能变革下知识服务的改变；

●媒体融合环境下，学术期刊、出版企业探索知识服务的新模式。

（2）对于从新的视角对知识服务定义而言，相关学者主要提出了以下观点：

●从服务提供者的角度界定知识服务内涵，认为知识服务提供者凭借其具有的高

度专业化的知识,借助适当的方法和手段,帮助客户获取知识、提升能力、解决问题;

● 基于产业实践视角考察了知识服务概念的内涵,认为从信息服务到知识服务,其理论内核并没有本质的改变,概念升级的理由不充分,并从服务所依赖的主要资源是否来自服务者所具备的专业知识这一点进行了界定;

● 从显性知识、隐性知识的角度提出了知识服务是"定制化的服务,利用智能化手段挖掘蕴藏于显性信息中的隐性知识"。[1]

二、我国出版领域对知识服务概念的理解

对于出版领域的知识服务,普遍认同的定义是:出版企业围绕目标用户的知识需求,通过整合各种显性和隐性知识资源,向用户提供信息、知识产品和解决方案的信息服务活动。

相比于出版、教育、科研这种广义上的"知识服务",今天我们所说的"知识服务",是基于自然语言处理技术属于 AI 技术的集内容创作、生产、传播,甚至应用于一身的知识内容的全新服务模式。这种服务既包括阅读服务,也包括直接的应用服务。

第二节　知识付费市场情况

一、知识付费概述

知识付费是指消费者通过互联网技术付费获取垂直领域的个性化信息、资源和经验等,达到认知提升、情感满足、阶层归属等目的的消费行为。它的本质就是把知识变成产品或服务,以实现商业价值,有利于人们高效筛选信息。付费的同时也激励优质内容的生产。

知识付费的崛起,既借力于知识付费平台的演进、付费方式的便利,也得益于中国中产阶层及准中产阶层学历教育需求的爆发。追溯它的起源,大致可以分为早期原型阶段、重新起步阶段和发展阶段。

---

[1] 张立,吴素平,周丹.国内外知识服务相关概念追踪与辨析[J].科技与出版,2020(2).

（1）早期原型阶段（2013年以前）：原型包括如教育业、出版业及咨询行业等多行业，但用户缺乏付费意愿。

（2）重新起步阶段（2013—2016年）：移动端内容及移动支付的普及、打赏制度的出现和自媒体的发展促使知识付费的意识开始成型。

（3）发展阶段（2016年至今）：技术创造内容付费新机遇，版权保护意识增强，专业细分内容，付费阅读习惯开始养成。

知识付费是互联网新兴领域，目前出台的相关政策较为有限。但从国家层面上，国务院《关于进一步扩大和升级信息消费，持续释放内需潜力的指导意见》中提出，支持用市场化方式发展知识分享平台，体现了对知识付费的支持态度。原国家新闻出版广电总局出台的政策，更多的是知识服务的概念与范畴，支持知识的多层级信息内容服务，鼓励开发多层次、多维度、多形态知识服务产品。

二、知识付费市场现状

2015年知识付费市场刚刚兴起，知识付费作为一种新颖的内容变现模式走进了大众视野；2016年、2017年知识付费潮来袭，喜马拉雅、蜻蜓FM纷纷进军付费订阅，抢占"大V"资源，布局精品栏目，吸引大批用户付费订阅，知识付费市场得到了迅猛的发展，2017年知识付费市场规模同比两倍增长，用户规模增长近一倍；2018年相比上年增速放缓，当市场规模仍保持了几乎翻倍增长，达到了165.8亿元，用户规模同比增长42.1%，达到了2.7亿人。

表1-1　2015-2018年知识付费市场规模及用户规模

	2015年	2016年	2017年	2018年
市场规模（亿元）	15.9	26.5	86.7	165.8
用户规模（亿人）	0.5	1.0	1.9	2.7

未来知识付费市场和用户规模将继续稳步扩张。究其原因，一方面，传统出版、教育、传媒等行业增长缓慢；另一方面，自媒体的头部格局已相对固化，更多的垂直专业人才将流入变现更快、空间更大的知识服务行业。当前知识付费已经从最初的线

上课程扩展到了各个内容领域，各知识付费平台也纷纷打造自己的头部产品，而且该领域已经逐渐发展成熟，并探索出了较为稳定的盈利模式。随着用户精神消费需求的提升，越来越多的人愿意为有价值的内容付费，优质内容逐渐成为流量追逐的核心。

知识付费在2016年和2017年经历了迅猛的发展，众多知识付费栏目涌现，内容付费成为一种"潮流"，但同时各种质疑的声音也不绝于耳。例如：产品质量参差不齐，市场上无统一的衡量和监督标准；营销模式不规范，引发用户反感等。知识付费"野蛮生长"的时期已经过去，优胜劣汰成为市场竞争的常态，缺乏内容创新的企业将逐渐退出市场，规范化发展成为必然。

三、知识付费发展趋势

我国知识付费领域近几年经历了爆发式增长，市场规模和用户规模翻倍扩增。随着知识付费企业数量的增多，市场竞争加剧，一些问题显现。除了知识碎片化的问题外，产品体验差、缺乏内容监督和评价、高质量内容生产成本高、付费转化率低、复购意愿不高等问题浮出水面，制约行业发展。行业从爆发阶段，逐步进入了理性发展期。

知识付费本身具有泛教育的属性，需要受众有一定的行业认知，并且有自我提升的强烈意愿和毅力，能够进行深入的、长期的学习。因此，知识付费产品的开发是一件高成本、长周期的事情，受众对专业化内容的要求越来越高。未来几年，综合型、规模化的知识付费新平台将减少，但面向专业领域、特定场景、垂直细分用户群的知识付费平台仍有较大发展空间。[①]

第三节 国家知识服务平台

一、国家知识资源服务中心

2016年1月，原国家新闻出版广电总局办公厅向中国新闻出版研究院下发了《关于同意筹建知识资源服务中心的批复》，批准中国新闻出版研究院筹建知识资源服务

---

① 2019我国知识付费领域市场格局与投资观察[EB/OL].2020-4-21. https://www.chinaxwcb.com/info/562505.

中心。

国家知识资源服务中心是我国首个面向社会提供知识服务的国家级公共服务机构。中心为新闻出版行业的健康有序发展提供各类服务支撑,主要业务包括专业知识检索、专业论文检索、图书书目信息查询、出版与知识服务标准查询、学术出版评价体系汇聚、版权保护服务、数字内容正版化服务等。

二、试点单位遴选情况

2015年以来,中国新闻出版研究院配合原国家新闻出版广电总局开展了三批知识资源服务模式试点单位的征集和遴选工作,共有110家单位入选,还进行了20家技术支持单位征集和遴选工作。

1. 专业数字内容资源知识服务模式试点单位

2015年3月,原国家新闻出版广电总局办公厅发布了《关于开展专业数字内容资源知识服务模式试点工作的通知》(新广出办函〔2015〕82号),面向各有关出版单位征集专业数字内容资源知识服务模式试点单位。最终,确定了28家单位为首批专业数字内容资源知识服务模式试点单位。

2. 技术支持单位

2015年10月,原国家新闻出版广电总局数字出版司发布《关于征集专业数字内容资源知识服务模式试点工作技术支持单位的通知》(数出〔2015〕175号),征集确认20家技术单位入围技术单位推荐名单。

3. 第二批专业数字内容资源知识服务模式试点单位

2017年11月,原国家新闻出版广电总局办公厅发布《关于征集第二批专业数字内容资源知识服务模式试点单位的通知》(新广出办函〔2017〕261号),征集知识资源服务模式试点单位。经过专家评审,确定了27家单位为第二批知识资源服务模式试点单位。

4. 知识服务模式(综合类)试点单位

2018年3月,国家知识资源服务中心征集并遴选知识资源服务模式(综合类)试点单位。面向出版单位、广播影视单位、互联网内容企业、科研院所及高等院校等企事业单位征集知识资源服务模式（综合类）试点单位。经过专家评审，确定了55家单位为知识服务模式（综合类）试点单位。[①]

三、国家知识服务平台

2019年8月，由中宣部出版局指导、中国新闻出版研究院主办的中国出版业知识服务大会在中国国际展览中心（新馆）召开。此次会议上，国家知识服务平台正式发布。国家知识服务平台作为国家知识服务体系对外服务的窗口，汇聚了各行业领域知识服务分平台，通过网站、APP、微信公众号等多种产品形式为管理部门、试点单位及其他机构和个人用户提供各类知识服务。具体分为：

（1）为管理部门提供的服务包括：相关政策查询、相关标准发布、评价及监管、相关会议活动发布等。

（2）为试点单位提供的服务包括：专业检索导流、用户共享、版权保护、标准查询、数字内容正版化等。

（3）为其他机构提供的服务包括：可为图书馆用户提供完整的书目信息检索、数字内容正版化校验，并为用户提供相关作品推荐；平台汇聚多家综合性、专业性学术数据库，可为大学及科研院用户提供一站式检索服务。

（4）为个人用户提供的服务包括：各行业领域专业知识检索、书目信息检索、期刊论文信息检索、学术评价体系汇聚。

---

① 张立，刘颖丽，介晶．出版业知识服务转型之路——国家知识资源服务模式试点研究[M]．社会科学文献出版社，2019．

第二章　国家知识服务平台建设前期工作

第一节　拆包方案及招标工作

一、确定拆包方案

根据新闻出版大数据应用工程——国家知识服务平台项目工作需要,在需求设计过程中,经过反复论证与多方调研,对项目申报书中的知识技术开放服务系统、知识资源数据管理系统、知识资源数据交易系统和知识资源版权系统等四大系统开发任务进行分解,形成了 8 个子系统开发需求,并对多家单位进行了询价调研,对各系统的开发预算进行了分解,形成了新闻出版大数据应用工程——国家知识服务平台项目拆包方案。8 个子系统包括:知识资源数据管理系统、大数据系统、营销互动系统、营销推广系统、技术开放系统、内容开放服务系统、反爬虫系统和知识资源版权系统。

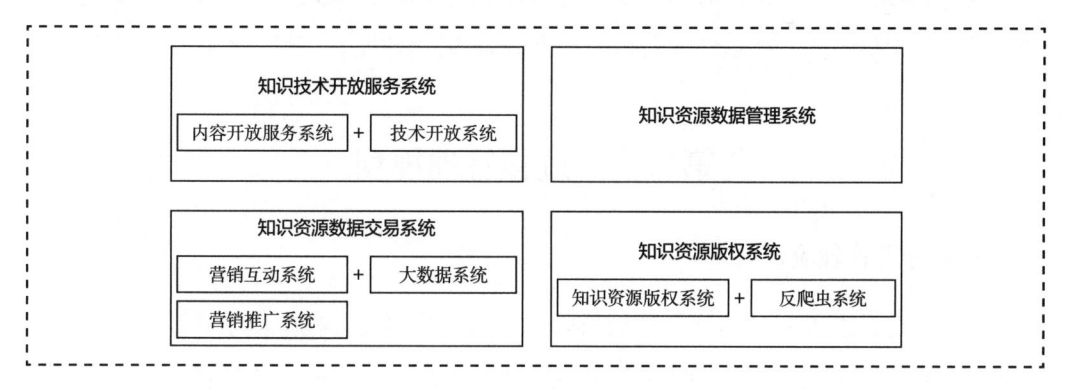

图 2-1　系统构成

此后,召开了"新闻出版大数据应用工程——国家知识服务平台项目拆包方案专家评审会"。经专家组评审,认为项目拆包方案合理可行。项目拆包方案完成并通过专家评审后,开始进入招标环节。

二、发布、完成招标

1. 确定采购方式

根据《中华人民共和国政府采购法》的有关规定，政府采购采用的方式包括：公开招标、邀请招标、竞争性谈判、单一来源采购、询价、国务院政府采购监督管理部门认定的其他采购方式。本次采购方式主要采用公开招标。[①]

2. 确定技术需求

分析项目拆包方案中每个系统的整体需求，对整体需求进行分解，并从技术层面提出相关要求，最终形成每个系统的技术需求书。技术需求书的主要内容包括：项目背景、项目建设标准及相关要求、项目实施进度要求、项目管理要求、项目验收要求以及其他要求等。其中，项目建设标准及相关要求包括：功能要求、需执行的国家相关标准、行业标准、地方标准或者其他标准、规范、需满足的技术规格要求。

3. 完成招标文件

确定招标代理公司并签订代理协议后，与招标代理公司进行沟通、讨论，按照《中华人民共和国政府采购法》的相关规定，制定评分标准，并最终完成招标文件。

4. 确定中标供应商

完成招标文件后，发布招标公告及招标文件。按相关规定进行开标、唱标、评标、确认及公示中标结果。公示结束后与中标供应商签订合同。

第二节　过程管理规划

一、制定开发管理流程

本项目分包和涉及的承建单位数量较多，为了在建设过程中便于管理，制定了开发管理流程。包括对项目经理、设计和开发人员、测试人员的管理流程，以及各个阶段与项目建设单位的沟通流程。

[①] 财政法规数据库. 中华人民共和国政府采购法 [EB/OL].2002-06-29.http://fgk.mof.gov.cn/law/getOneLawInfoAction.do?law_id=83912.

第二章　国家知识服务平台建设前期工作

具体开发管理流程见下图：

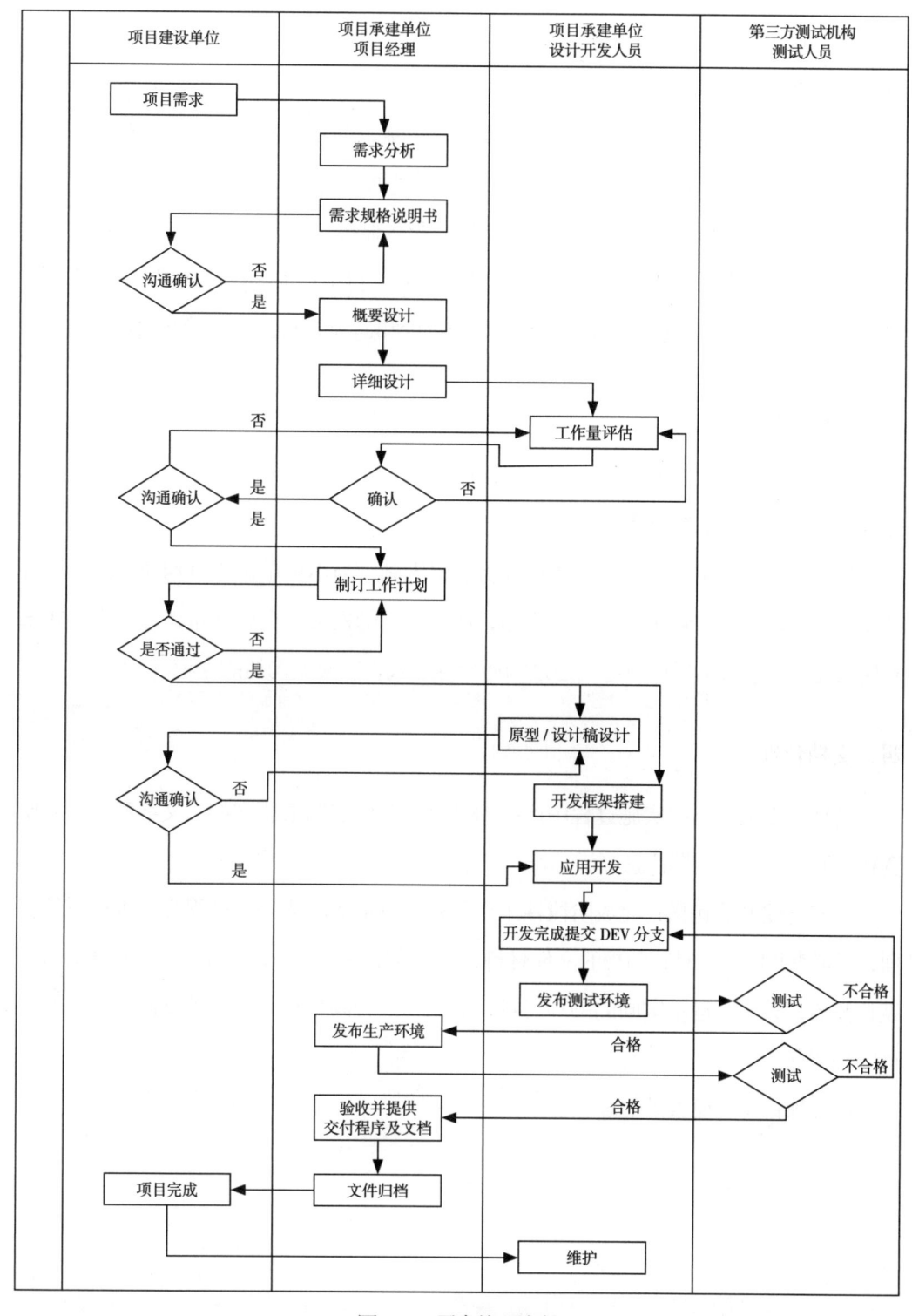

图 2-2　开发管理流程

二、进度管理

确定项目里程碑,对项目进行时间周期的估算。根据对项目的分解,估算完成时间,制订进度计划。

采用里程碑进度的控制方法进行进度跟踪控制。有效的进度控制可以准确掌握项目实际进展情况,可以预先发现和解决影响项目进展的问题。

可采用报告、例会等方式进行进度管理。报告制度:项目承担单位定期对项目进度进行报告,由项目建设单位对项目进度进行汇总,得出目前的进度情况。例会制度:定期召开项目例会,在例会中讨论当前项目的进度和遇到的问题,并在例会上加以解决。

三、沟通管理

在项目沟通管理方面主要采用面对面交流、文件交流、电话交流和即时通信工具交流等方式。具体工作包括:

与项目承担单位直接沟通,通过会议、报告制度与承担单位进行沟通交流,了解进度和问题;项目建设单位内部的沟通,通过部门的例会、交谈、布置工作等形式来实现沟通;在项目承担单位之间通过沟通会等形式构筑交流沟通的渠道。

四、文档管理

文档是指项目组织实施过程中产生的具有保存价值的纸质文档、文字资料、声像资料、照片、图表数据信息等。

文档管理办法包括:完成阶段性工作后,对所形成的成果、过程文档进行系统整理,经审查验收后归档;归档的文件材料,要做到审格式统一,字迹工整,图样清晰,装订整洁,禁用字迹不牢固的书写工具;成果物经合同参与方共同盖章确认后方可进行归档留存。

部分项目文档模板见附录一。

第三章 国家知识服务平台系统建设情况

本章主要介绍系统的建设情况，并根据实际需求和建设需要在拆包方案上补充了部分建设内容。系统包括：国家知识资源服务中心门户网站、统一用户登录系统、出版物信息检索系统、OA 开放存取期刊服务系统、技术开放服务系统、营销互动系统、出版与知识服务标准系统、数字内容正版化公示系统、数字版权保护工具和大数据支撑系统。以下对这些系统的建设情况进行具体说明。

第一节 国家知识资源服务中心门户网站

中心门户网站可以为知识服务分平台引流导流，门户网站汇聚的各行业领域知识服务分平台通过网站、APP、小程序等多种产品形式为用户学习和生活提供各类知识服务；为技术企业构建知识服务技术开放平台，并将对技术企业提供的知识服务相关技术资料进行动态管理；为科研机构提供学术著作、期刊、论文等内容服务。同时，还可以提供科研成果的采集管理功能，从知识的生产，到知识的汇聚、再到知识的呈现，形成完整的知识生产与服务闭环。

一、功能模块

中心门户网站功能模块分为：专业知识检索、资讯、出版与知识服务标准、学术出版评价汇聚、版权保护与服务、数字内容正版化公示查询、新闻出版科研成果、知识服务与版权产业联盟、用户共享等。

表 3-1　中心门户网站模块及功能

模块	功能
专业知识检索	为用户提供统一的检索入口，按行业领域导流到各试点单位知识服务分平台，让用户获取到各领域的专业知识。
资讯	为用户提供最新的知识服务相关资讯与新闻出版行业动态。
出版与知识服务标准	提供出版与知识服务相关标准的查询和检索服务，用户可以快速查阅现行标准，后续还可获得相应的专业解读。
学术出版评价汇聚	汇聚了南大核心期刊、北大核心期刊、中国科技核心期刊、中文经典学术专著、中国人文科学期刊评价、全球变化科学研究数据出版与共享排行、中国科学引文数据库、全国期刊出版质量综合评估等学术评价内容，用户可以快速查看评价指标和遴选结果。
版权保护与服务	利用数字版权保护技术研发工程已有成果提供版权登记、数字水印、媒体指纹、侵权追踪等多种版权保护技术服务，可依照需求对文本、音频、视频等多种信息载体，多种格式的数字内容进行版权保护。
数字内容正版化公示查询	面向公众市场，实现出版社可供电子书产品在机构销售和发行的全流程版权及销售授权信息管理。
新闻出版科研成果	汇聚了中国新闻出版研究院出版研究所、数字出版研究所、标准化研究所、政策法规所最新的科研成果及动态。
知识服务与版权产业联盟	汇聚知识服务三批试点单位和版权产业联盟单位信息，方便用户查看和跳转各单位门户网站。
用户共享	单点登录系统作为一种第三方登录方式，可实现门户网站和各知识服务分平台之间的用户打通，用户可以通过一个账号登录所有与单点登录系统集成的分平台。

二、详细功能

1. 首页

首页提供栏目导航、专业知识检索、资讯、出版与知识服务标准、版权保护与服务、专业库接入、合作案例、数字内容正版化公示查询、知识服务与版权产业联盟等模块，用户可以根据栏目导航跳转至各二级页面，也可从下方各模块快捷浏览。

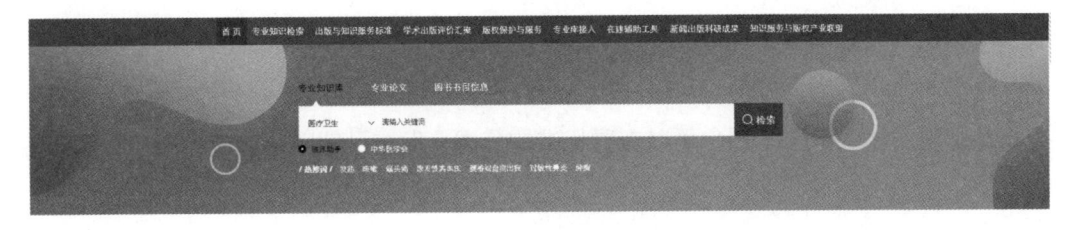

图 3-1　中心门户网站首页

2. 专业知识检索模块

此模块提供专业知识库检索、专业论文检索、图书书目信息检索。专业知识库检索目前包括知识服务试点单位提供的 18 个分类下的 19 个专业知识库，用户输入检索关键词即可检索相关专业内容。内容由各试点单位知识服务分平台提供，查看检索内容详情则会跳转至各知识服务分平台网站，在方便用户查找专业知识的同时，也实现了为知识服务试点单位进行引流导流。

图 3-2　专业知识检索模块

3. 出版与知识服务标准

此模块提供标准文本与标准测试用具。

（1）标准文本。

标准系统提供国家标准、行业标准、工程标准的检索、查看与下载，并分类展示现行、废止和即将实施的标准，用户可以查看标准的分类、发布日期以及实施日期。

标准编号	标准名称	标准分类	发布日期	实施日期	状态
CY/T 149—2016	数字期刊术语	基础技术标准	2016-07-31	2016-07-31	现行
CY/T 150-2016	数字期刊分类与代码	基础技术标准	2016-07-31	2016-07-31	现行
CY/T 151—2016	数字期刊核心业务流程规范	工艺标准	2016-07-31	2016-07-31	现行
CY/T 143—2015	数据库出版物质量检测方法	检测试验方法标准	2015-12-11	2015-12-11	现行
GC/ZX 20—2015	知识资源建设与服务工作指南	基础技术标准	2015-11-23	2015-11-23	现行
GC/ZX 21—2015	知识资源建设与服务基础术语	基础技术标准	2015-11-23	2015-11-23	现行
GC/ZX 19—2015	知识服务标准体系表	基础技术标准	2015-11-23	2015-11-23	现行
GC/ZX 22—2015	知识资源通用类型	基础技术标准	2015-11-23	2015-11-23	现行
GC/ZX 23—2015	知识元描述通用规范	基础技术标准	2015-11-23	2015-11-23	现行
GC/ZX 24—2015	知识应用单元描述通用规范	基础技术标准	2015-11-23	2015-11-23	现行

图 3-3　标注文本

（2）标准测试工具。

提供中国新闻出版研究院标准化研究所组织研发的9项标准符合性测试工具，包括：新闻出版内容资源元数据及基础数据规格测试工具、音视频制作质量标准符合性测试工具、学术论文的相似性检测工具、学术出版规范性测试工具、电子图书标识和描述标准符合性测试工具、内容资源描述核心元数据标准符合性测试工具、标准间的一致性测试工具、可自定制的元数据测试工具和数据元的标准化管理及应用服务工具。出于网络安全考虑，标准测试工具采用局域网内网部署方式，在门户网站只进行展示和简要介绍，用户如需试用可按网站上所留的联系方式与相关人员进行联系。

图 3-4　标准测试工具

4. 学术出版评价体系汇聚

此模块收集了南大核心期刊、北大核心期刊、中国科技核心期刊、中文经典学术专著、中国人文科学期刊评价、全球变化科学研究数据出版与共享排行、中国科学引文数据库、全国期刊出版质量综合评估等学术评价内容，用户可以快速查看遴选标准和遴选结果。

图 3-5　学术出版评价汇聚

5. 版权保护与服务

此模块提供了 7 个版权保护工具以及 6 个版权保护相关的系统，出于网络安全考虑，版权工具和系统大部分采用局域网内网部署方式，在门户网站只进行展示和简要介绍，用户如需试用可按网站上所留的联系方式与相关人员进行联系。

| 工具

水印嵌入
在不影响阅读与视听质量的前提下，在文本、图像、音频、视频文件中嵌入暗水印。本工具与"水印提取"工具配合使用，从而达到对数字内容进行追踪与权属认定的版权保护目的。本工具支持多种主流文件格式。

水印提取
在不损害文件内容的前提下，可以提取文本、图像、音频、视频文件中的数字水印信息。本工具与"水印嵌入"工具配合使用，从而达到对数字内容进行追踪与权属认定的版权保护目的。本工具支持多种主流文件格式。

音视频文件加解密
在保证视听质量的前提下，对音频、视频文件进行加密保护。本工具与"DRM播放器"相配合，对数字版权内容进行强保护，提高音视频文件的安全性。本工具支持多种主流音视频格式。

媒体指纹检测
在不损害文件内容的前提下，通过提取文本、图像、音频、视频类数字内容的媒体指纹（特征值），实现以媒体指纹为基础对数字内容进行相似性比对，得出相似度，为数字内容侵权举证提供参考依据。本工具支持所有主流格式。

时间戳
在不影响阅读与视听质量的前提下，将版权信息（如授权方与被授权方、授权时间等）以暗文形式嵌入到数字文件中，并可在需要的时候验证这些版权信息，从而起到证明数字文件权属并追踪散播渠道的作用。本工具支持所有主流格式。

DRM播放器
对加密的音视频文件进行解密播放，播放时需要提供正确的密码，并且在播放过程中不产生临时文件。本工具与"音视频文件加解密"工具相配合，提高音视频文件的安全性。本工具支持多种主流音视频格式。

软件授权工具
平台可为销售出的工具生成相应的License文件，实现在线、离线License校验，防止随意拷贝、安装，具有时间和使用者授权限制功能。

图 3-6 版权保护与服务

6. 专业库接入

此模块提供单点登录集成和门户网站检索集成的申请入口和集成技术文档，有意向与国家知识服务平台对接的单位可通过此系统进行申请。审核通过后即可按照技术文档进行系统集成，集成后即可实现与国家知识服务平台用户打通，并实现门户网站的专业知识检索。

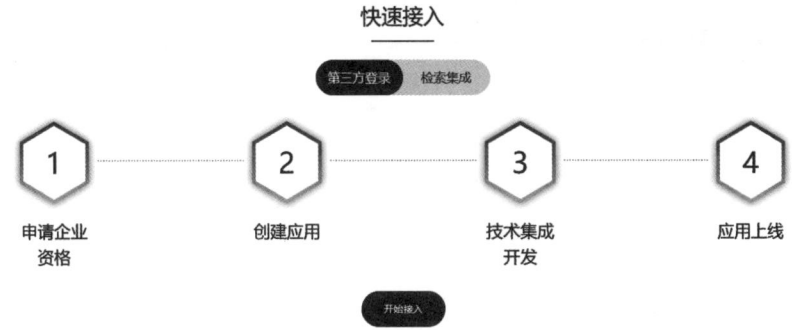

图 3-7　专业库接入

7. 开放存取期刊服务系统

可以查询和阅读免费的最新期刊、最新论文以及排行榜。

图 3-8　开放存取期刊服务系统

8. 新闻出版科研成果

汇聚了中国新闻出版研究院出版研究所、数字出版研究所、标准化研究所、政策法规所最新的科研成果及动态。

图 3-9　新闻出版科研成果

9. 知识服务与版权产业联盟

汇聚知识服务三批试点单位和版权产业联盟单位信息，用户可按单位名称首字母进行查找，点击单位名称跳转至对应单位的官方网站。

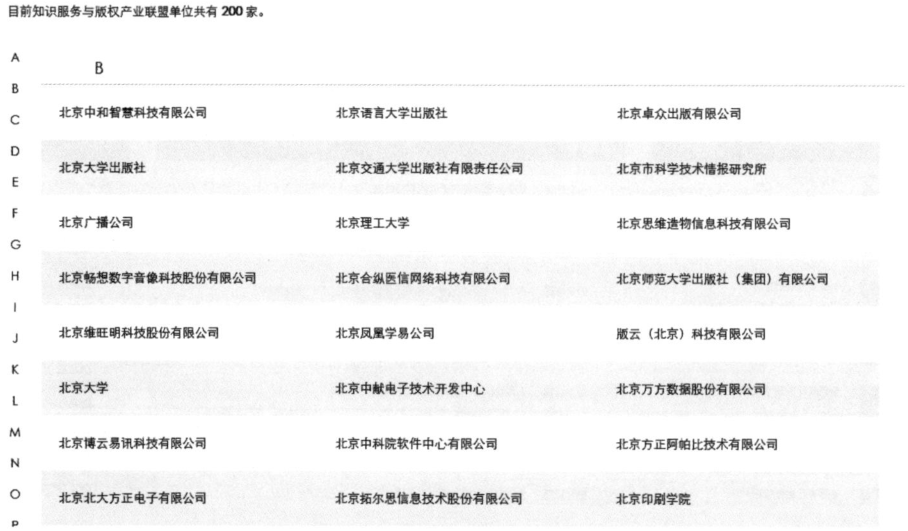

图 3-10　知识服务与版权产业联盟

10. 最新行业动态

上传最新的新闻出版相关动态，供用户了解行业最新消息，掌握行业动向。

图 3-11　最新行业动态

11. 合作案例

此模块展示与国家知识服务平台合作的成功案例，供其他有意向的合作单位进行参考。

图 3-12　合作案例

第二节　统一用户登录系统

一、系统介绍

国家知识资源服务平台包括多个子系统，这些子系统大多需要登录。为避免重复登录与重复验证等问题，特定制开发了统一用户登录系统。

统一用户登录系统也称单点登录系统（Single Sign On，SSO），在多个相互信任的应用系统中，只需作一次登录，即可以访问各应用系统。

本次开发的统一用户登录系统是一款基于 J2EE 技术的企业级单点登录软件，旨在解决业务系统集成中的用户验证问题，提高信息系统的安全性与便利性。

主要的功能实现有：统一的登录支持；用户、机构、集成应用管理；集成接口；跨域的单点登录；会话管理；安全控制。

二、系统功能

系统总体包括前端登录管理、应用集成登录、验证中心管理、统计分析功能等。

1. 前端功能

前台用户功能主要为：用户注册、用户登录、用户中心、用户退出、找回密码、社会化登录等功能。

（1）用户注册。

用户访问前台地址，进入用户登录页面，点击"注册"按钮，进入注册页面。

图 3-13　用户注册

注册分为两种方式,分别是手机注册和邮箱注册。用户填写注册信息后进行注册,注册成功后会自动登录并进入到用户中心页面。

(2)用户登录。

用户访问前台地址进行登录,登录成功后会进入到用户中心页面。

图 3-14　用户登录

(3)用户中心。

用户中心包含:个人资料、修改密码、第三方账号绑定管理、修改手机、修改邮箱。

图 3-15　用户中心

个人资料：设置个人资料信息。

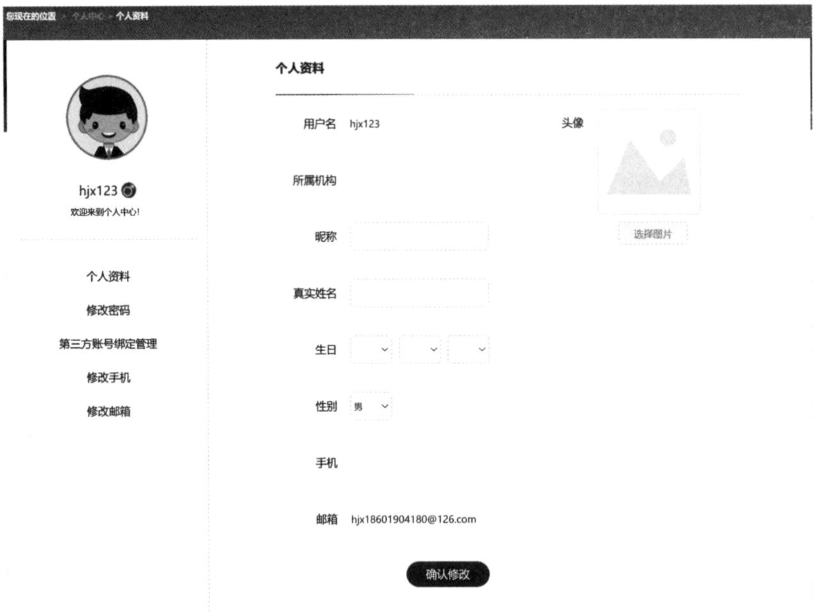

图 3-16　个人资料

修改密码：设置新密码。

图 3-17　修改密码

第三方账号绑定管理：可对第三方账号（微信、QQ 等）进行绑定、解绑操作。

图 3-18　第三方账号绑定管理

修改手机：若注册时用邮箱注册，未填写手机信息，显示的是填写新手机号，获取短信验证码；若注册时用手机注册，显示的是原手机号、新手机号、获取短信验证码。

图 3-19　修改手机

修改邮箱：若注册时用手机注册，未填写邮箱信息，显示的是填写新邮箱，输入验证码；若注册时用邮箱注册，显示的是原邮箱、新邮箱、验证码。

图 3-20　修改邮箱

（4）用户退出。

用户退出后，单点登录系统会通知其他应用做退出操作，以实现同步退出。

图 3-21　用户退出

（5）找回密码。

当用户忘记密码时，可以使用注册手机号、邮箱找回密码，在登录页面点击忘记密码，进入密码找回页面。

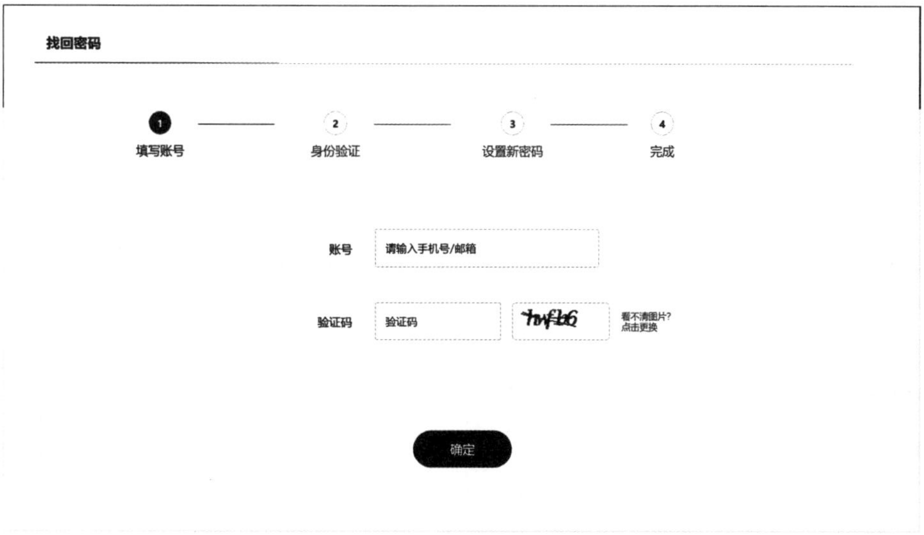

图 3-22　忘记密码

下面显示的是通过以邮箱找回密码界面，填写注册邮箱、验证码，点击找回密码。

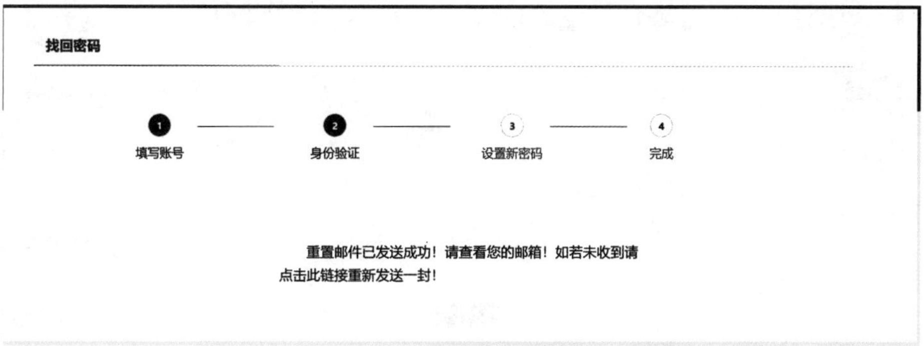

图 3-23　找回密码

验证通过后系统会自动发送修改密码链接到用户邮箱。

图 3-24　重置密码邮件

点击修改密码链接，进入重置密码页面。

图 3-25　设置新密码

填写新密码，并确认新密码，点击"确定"按钮，完成修改密码。

图 3-26 完成修改密码

（6）社会化登录。

系统支持第三方登录，包括：微信平台、QQ 登录、百度平台、新浪微博、豆瓣平台、ZAS OAuth2.0、腾讯微博、微信公众平台、微信联合 ID，后台配置平台信息后，在前台登录页即可使用第三方账号进行登录。

下面以 QQ 为例：

图 3-27 第三方登录

点击 QQ 图标，使用腾讯 QQ 账号登录。

图 3-28　QQ 账号登录

如果已有本系统账号可以进行绑定，下次可以通过第三方账号或本系统账号进行登录。如果不绑定也可以直接登录，系统会自动创建新账号，下次可以通过第三方账号或新账号进行登录。

图 3-29　填写注册信息

点击"不绑定直接登录"按钮，直接进入用户中心页面。

若想要解绑第三方账号绑定管理，点击"第三方账号绑定管理"，可以进行解除绑定。

图 3-30　第三方账号绑定管理

点击"解除绑定"按钮，提示解除绑定成功，状态变为"未绑定"。

2. 应用集成登录

集成方式：提供多种不同的集成方式，支持目前流行的 OAuth2.0 方式集成。

获取登录状态：在集成应用的页面中可以通过访问或嵌入 SSO 脚本的方式获取用户当前登录状态，从而可以灵活地控制用户的同步登录。

3. 验证中心管理

（1）用户管理。

用户管理中可以对用户进行查询、新建、编辑、删除、启用/停用等操作。

图 3-31 用户管理

用户查询：可以根据用户的所属机构、登录 ID（用户名、邮箱、手机号）、真实姓名、用户状态、注册时间范围查询。

添加、编辑用户：新建或编辑用户，可以设置用户所属机构、昵称、登录名、密码、用户状态等信息。

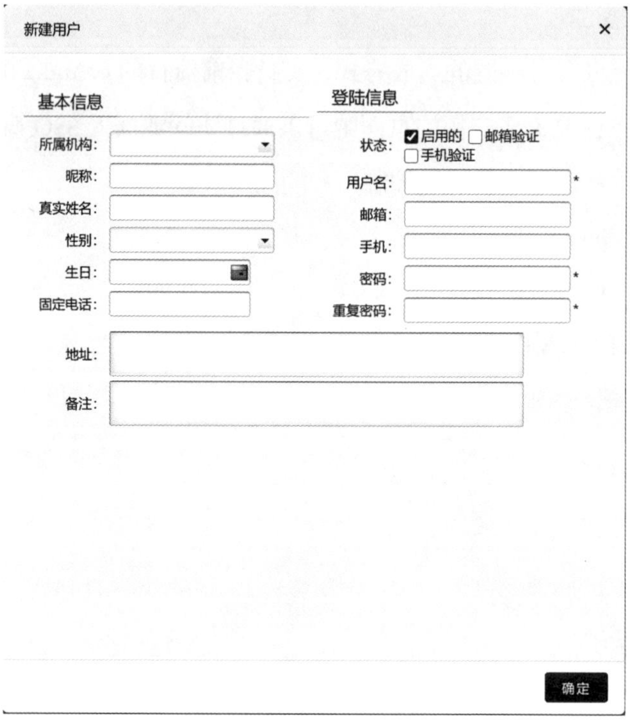

图 3-32 新建用户

应用授权：应用授权可以管理该用户是否具有访问应用的权限。

图 3-33　应用授权

（2）机构管理。

机构管理中可以进行新建、编辑、启用/停用、应用授权、管理机构登录会话、同步到应用等操作。

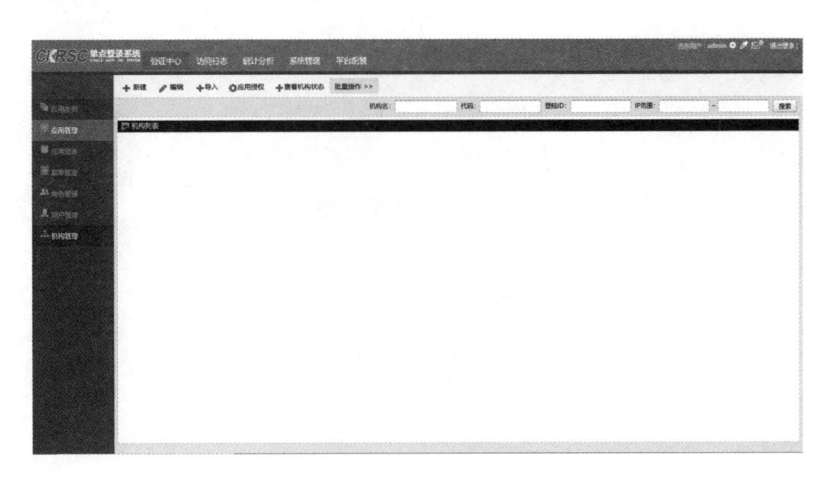

图 3-34　机构管理

机构查询：可以根据机构省份、网站类型、订单类型、机构名称、IP 范围进行查询。

新建/编辑机构：在新建、编辑机构时，可以设定机构的所属机构、机构名称、机构管理员、机构状态、机构成员登录模式、统一登录名、最大在线人数、IP 范围等信息。

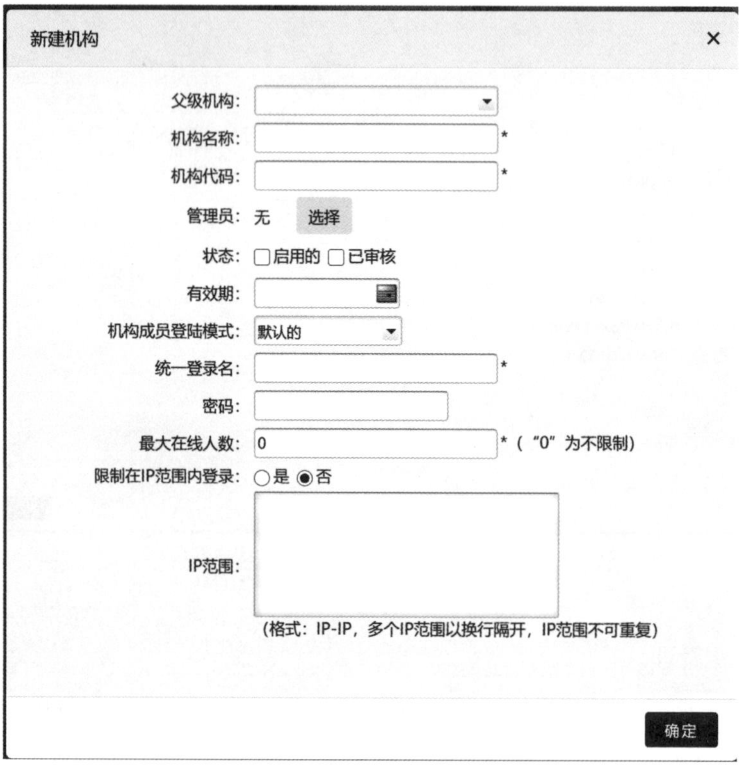

图 3-35　新建机构

应用授权：应用授权可以管理机构可访问的应用，设置应用访问权限。

机构状态：机构状态中可以管理当前机构的登录会话，选择注销会话。

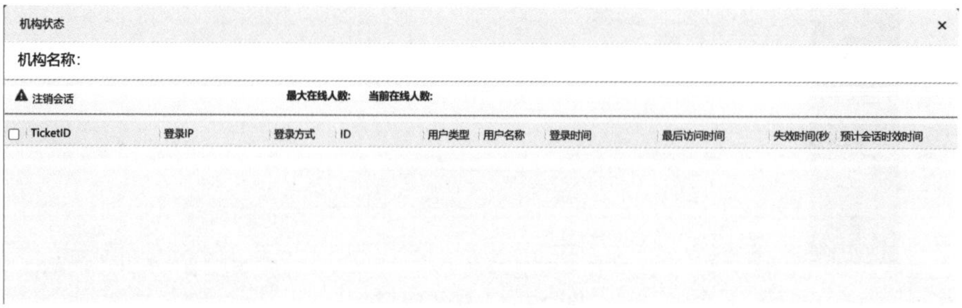

图 3-36　机构状态管理

管理机构用户：可选择机构并管理机构下的子用户，可以批量导入。

（3）应用管理。

在应用管理中可以对集成的应用进行查询、增加、删除、启用、停用等操作。

图 3-37　应用管理

查询应用：可以根据应用名称、应用代码、应用客户端 ID（clientID）、应用状态、应用使用的模板等信息进行查询。

新建或编辑应用：新建或编辑应用可以设置应用名称、应用代码、应用状态、使用模板、访问授权模式、接入模式、加密模式、同步 URL（connectURL）、回调 URL（redirectURL）、同步模式等信息。

图 3-38　新建应用

启用／停用：可对应用进行启用／停用操作。

（4）社会化管理。

管理第三方集成绑定的用户，可以进行删除或解除绑定操作。

图 3-39　社会化管理

4. 统计分析

（1）用户访问统计。

显示日常访问情况的曲线图与统计列表。

系统还提供了按时间和日志级别统计的过滤条件，用户可以自行调整统计的时间段和日志级别。

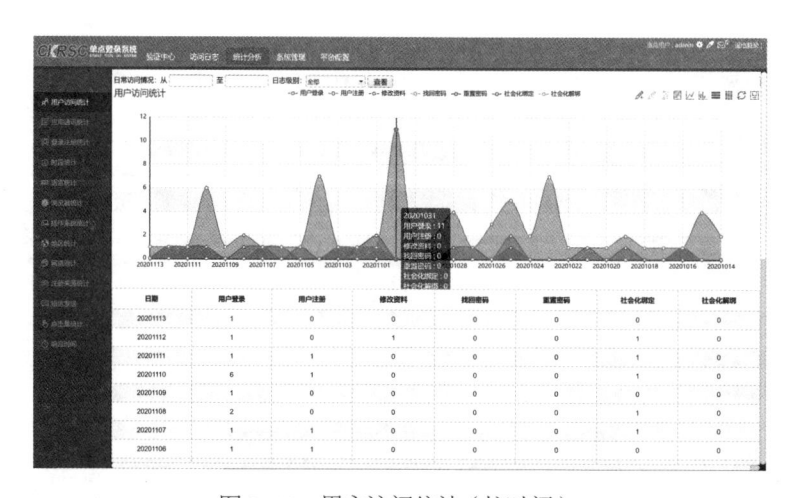

图 3-40　用户访问统计（按时间）

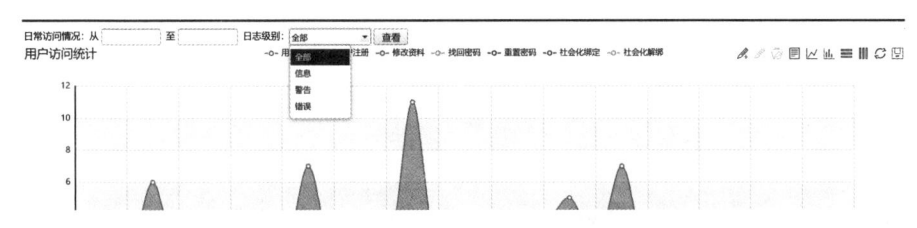

图 3-41　用户访问统计（按日志级别）

（2）应用通讯统计。

显示与其他应用通讯情况的曲线图与统计列表。

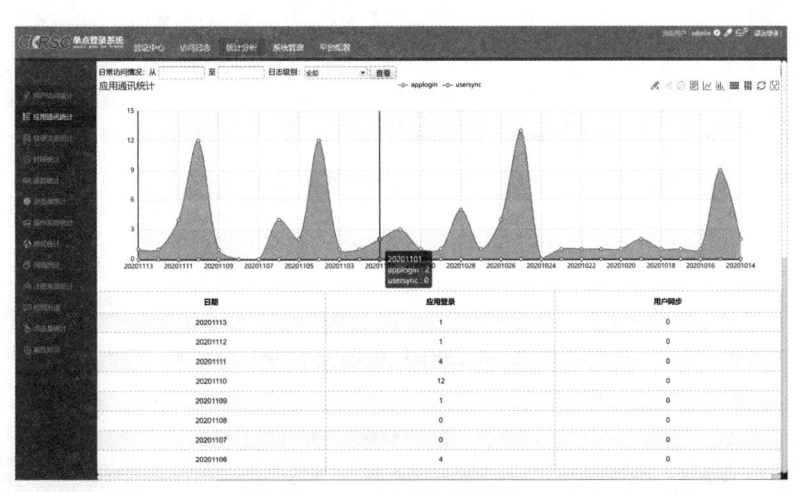

图 3-42　应用通讯统计

（3）登录注册统计。

显示登录统计饼图与统计列表。

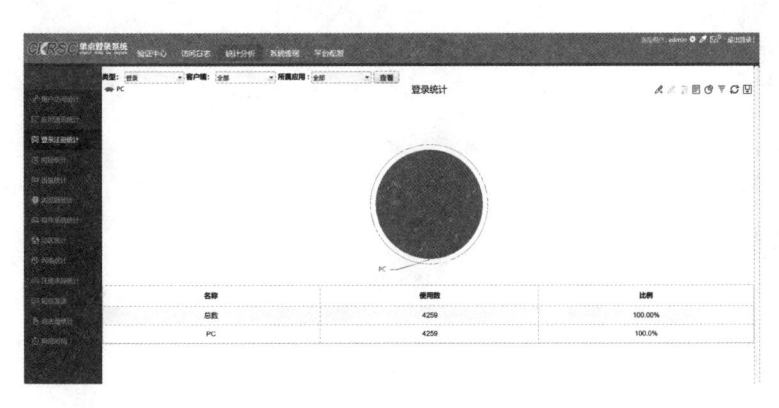

图 3-43　登录注册统计

（4）时段统计。

显示一天中不同时段访问情况的曲线图与统计列表。

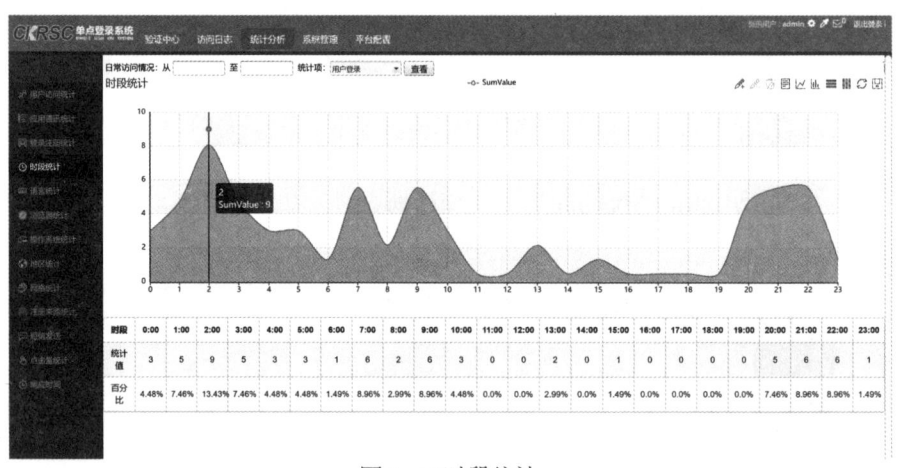

图 3-44 时段统计

（5）语言统计。

显示用户使用不同语言访问本网站的饼图与统计列表。

图 3-45　语言统计

（6）浏览器统计。

显示用户使用不同浏览器访问本网站的饼图与统计列表。

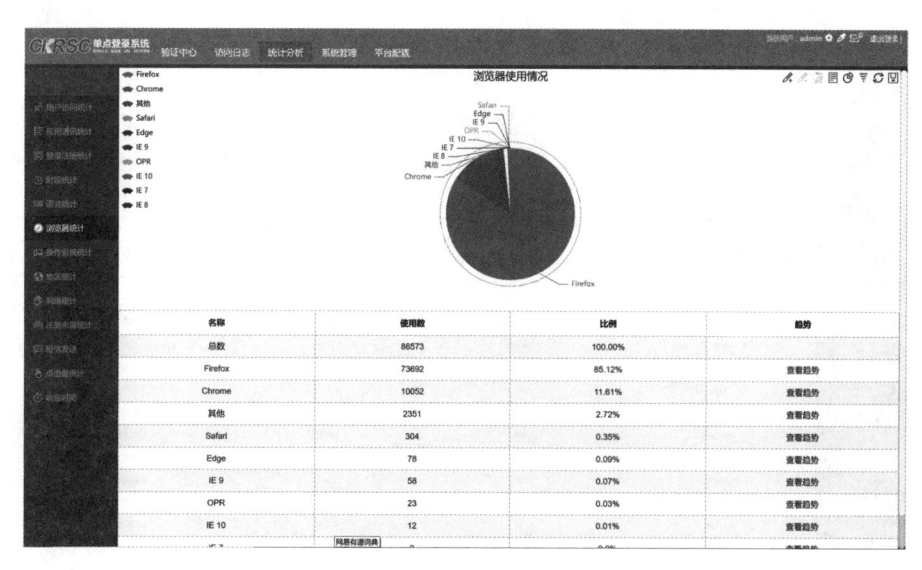

图 3-46　浏览器统计

（7）操作系统统计。

显示用户使用不同操作系统访问本网站的饼图与统计列表。

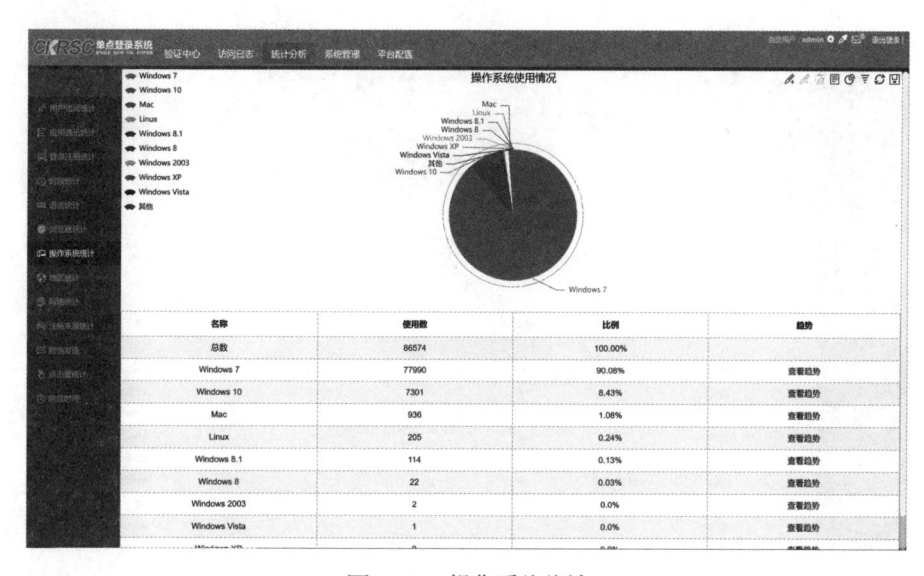

图 3-47　操作系统统计

（8）地区统计。

显示用户使用不同区域访问本网站的饼图与统计列表。

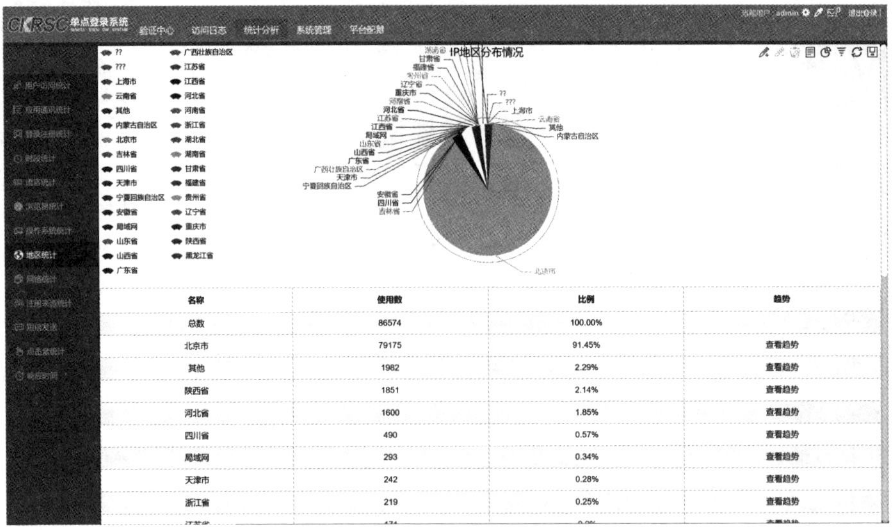

图 3-48　地区统计

（9）网络统计。

显示用户使用不同网络访问本网站的饼图与统计列表。

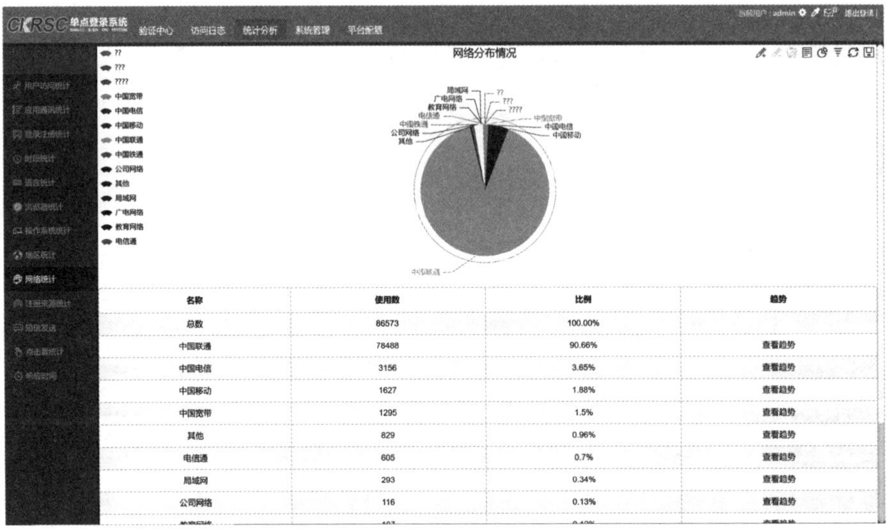

图 3-49　网络统计

（10）注册来源统计。

显示用户注册来源的饼图与统计列表。

图 3-50　注册来源统计

（11）短信发送。

显示短信发送信息饼图。

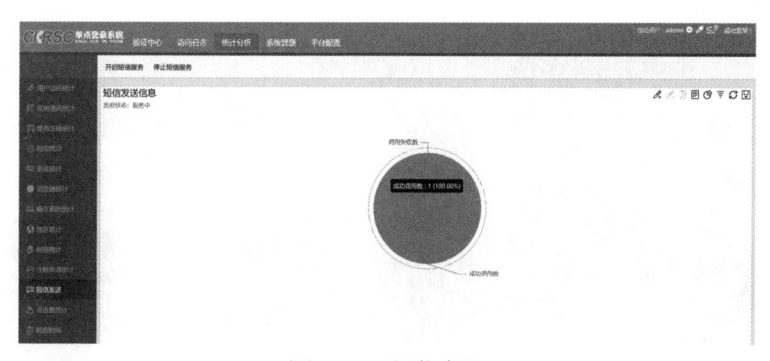

图 3-51　短信发送

（12）点击量统计。

显示日常点击量曲线图和统计列表。

图 3-52　点击量统计

（13）响应时间。

显示页面响应时间曲线图和统计列表。

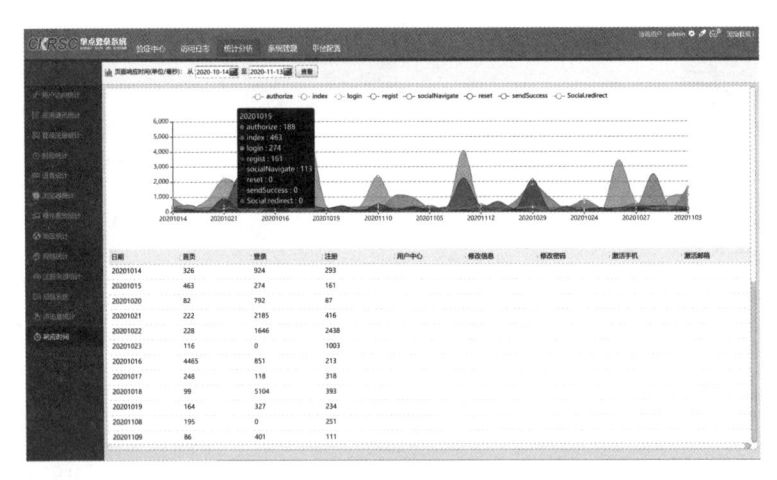

图 3-53　响应时间

第三节　出版物信息检索系统

一、系统介绍

出版物信息检索系统在底层针对出版行业特色内容资源，进行了数字化的创编、分类、加工建设，知识点的提取、分类、归集，并通过知识图谱构建了一套完整的知识资源数据管理体系。在底层数据支撑的基础之上，系统对外提供专业知识库集成检索、图书书目信息检索、专业论文搜索等服务。

通过构建本领域的知识图谱，挖掘该领域的实体、属性和关系，提供真正意义上的智能检索。而搜索引擎提供的已经不只是通向答案的链接，还有答案本身。同时，还能起到聚合行业知识服务平台，推进国家知识服务平台与国家知识资源服务中心建设，为新闻出版行业提供基础性的数据管理和行业知识图谱服务，促进整个行业的知识服务水平等作用。

该系统已收录 CIP 数据 510 余万，出版领域期刊论文等全文数据 300 余万。图谱引擎已训练数据逾 3000 万，拥有知识实体 200 余万，实体关系数超过 1100 万。

二、详细描述

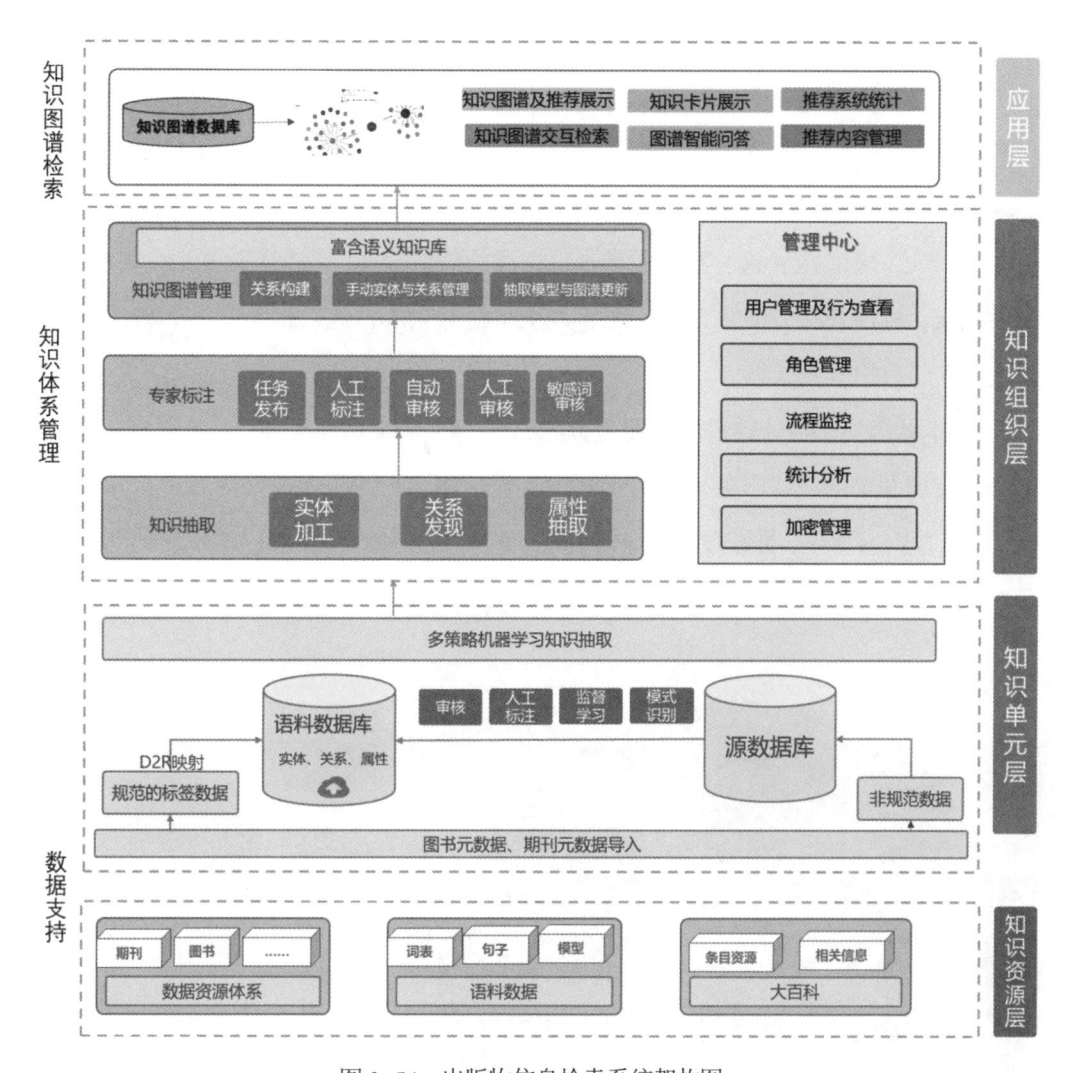

图 3-54 出版物信息检索系统架构图

出版物信息检索系统建设主要分为四层，从底层碎片化、结构化的知识资源到核心的知识加工层、知识组织层，再到最后业务应用展现层，实现了从知识的获取、加工、组织、利用的全流程。其中通过逾 3000 万篇的期刊论文资源优势，训练成知识加工模型可实现知识的自动加工，减少人工干预，极大提升知识加工的效率，促进了增量资源的更新速度。

（1）知识资源层：主要是以图书元数据、期刊数据为主，包含相关数语料数据如词表、句子、模型等碎片化标准资源。所有资源作为数据基础为知识单元层做支撑。

（2）知识单元层：此部分主要是图书元数据、期刊论文元数据等作为数据基础导入系统，符合标准规范的标签数据直接导入语料数据库中，非规范的数据则需要先导入源数据库中，经过模式识别、监督学习、资源标注、机器审核、人工审核等过程，形成符合标注规范的标签数据，再导入语料库中。

（3）知识组织层：这一层主要是进行资源的信息抽取，包含实体抽取、关系抽取、属性抽取，标注任务分配、人工标注、人工审核等功能，进行知识图谱的构建从而更好地为上层应用服务。

（4）业务应用层：这一层主要是资源数据库的基础上的应用，为各类用户提供数字资源知识图谱的在线服务，知识图谱的交互检索、知识图谱及推荐展示、知识卡片展示、推荐内容管理、推荐系统统计等功能，同时为其他业务系统提供程序访问接口。

1. 知识图谱

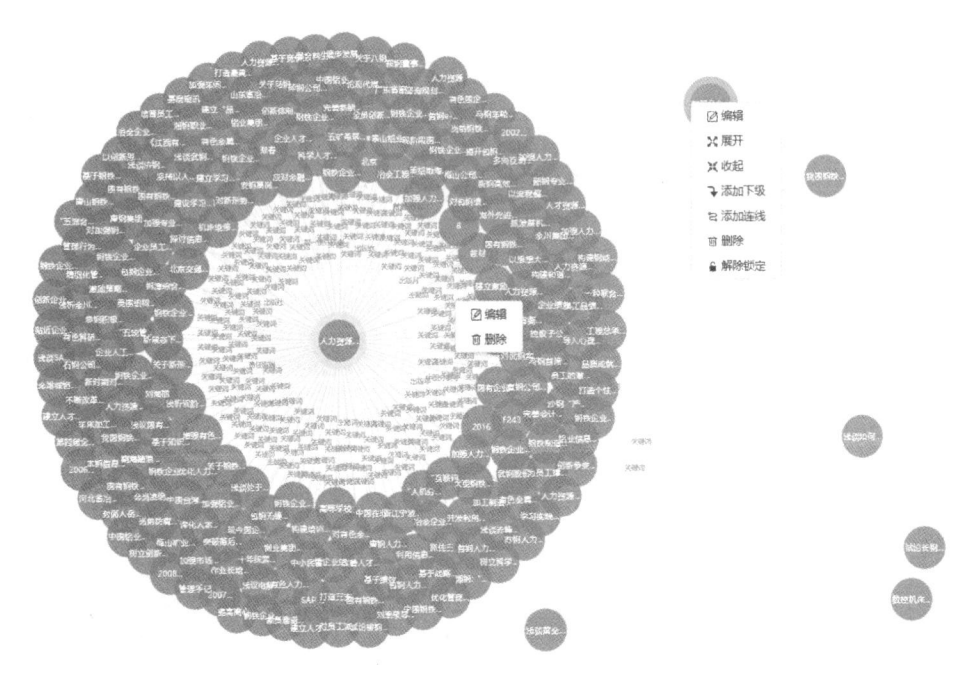

图 3-55　知识图谱管理

知识图谱管理旨在管理知识图谱和其他标签化数据，支持导入关键词、主题词表等功能，并能以此进行筛选用来丰富实体。同时，还可以建立抽取模型，对文本中的实体及实体间关系进行抽取。其中，实体与实体间关系也可以手动添加，以增加未能发现的权威信息及供推荐系统使用。知识图谱支持导入数据后自主更新或手动更新，更新后的数据将通过人工审核校对后汇入知识图谱。而对于人工校正过的抽取语料将作为训练集继续优化抽取模型，以达到模型的持续优化，保证模型抽取能力。

出版物检索系统所有的业务应用都是以数字资源库为中心的。从知识图谱构建来讲，知识图谱的构建过程是从数据出发，图书元数据、期刊论文元数据等作为数据基础导入系统，符合标准规范的标签数据直接导入语料数据库中，非规范的数据则需要先导入源数据库中，然后采用一系列自动或半自动的技术手段，通过机器模型实体抽取、审核，或者人工实体导入形成新的实体，为前台应用知识服务提供资源基础。

其核心的业务流程如下图：

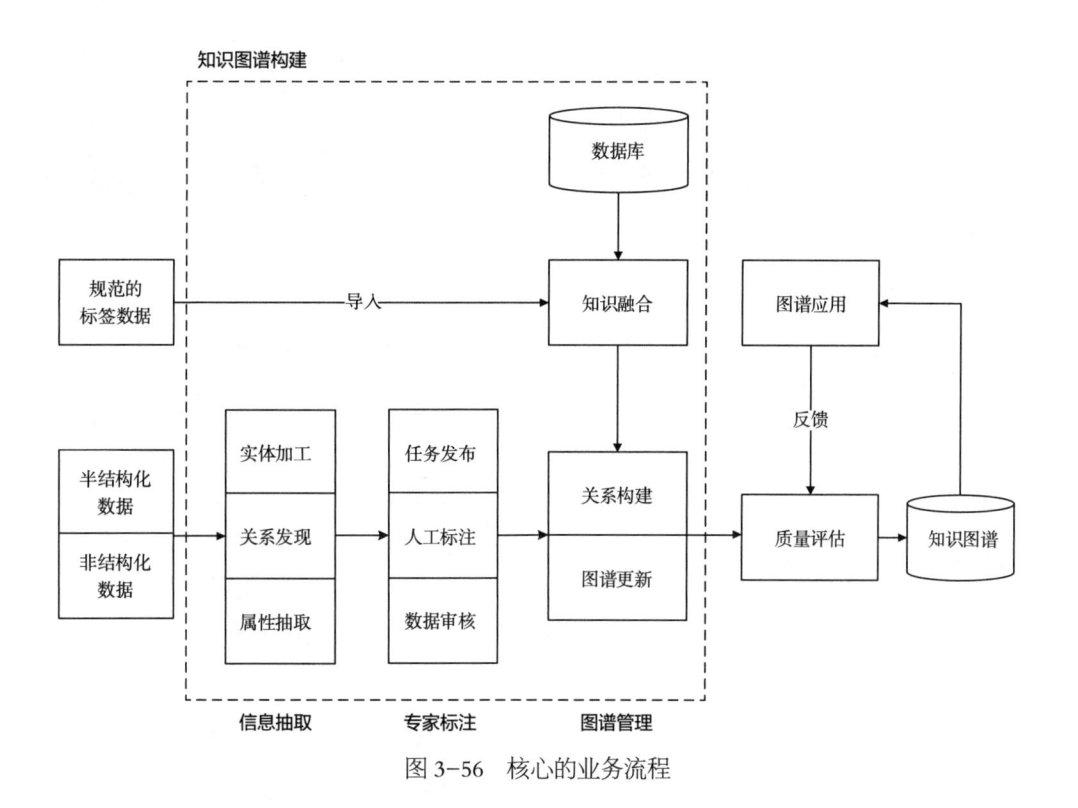

图 3-56　核心的业务流程

以下对与知识图谱相关的名词进行说明：

（1）实体。

实体指的是具有可区别性且独立存在的某种事物。如某一个人、某一个城市、某一种植物、某一种商品等。世界万物由具体事物组成，此指实体。如"中国""美国""日本"，图书的片、章、节，期刊的题目、作者，等等。

实体是知识图谱中的最基本元素，不同的实体间存在不同的关系。知识图谱中的实体主要包括人名、地名、机构名等，具体到出版行业主要包含书名、文章名、著作名、片章节名称、作者、学科、摘要、关键词、分类号等。

实体抽取的质量（准确率和召回率）对后续的知识获取效率和质量影响极大，因此是信息抽取中最为基础和关键的部分。实体摄取的目的是为了实现对不同来源的数据进行映射与合并。在面向开放域的实体识别和分类研究中，不需要为每个领域或每个实体类别建立单独的语料库作为训练集。可以采用迭代扩展实体语料库的解决方案，基本思路是根据已知的实体实例进行特征建模，利用该模型对处理海量数据集得到新的命名实体列表，然后针对新实体建模，迭代地生成实体标注语料库。同时采用一种面向开放域的无监督学习算法，即事先并不给出实体分类，而是基于实体的语义特征从搜索日志中识别出命名实体，然后采用聚类算法对识别出的实体对象进行聚类，用于根据用户输入的关键字自动补全信息。

（2）实体关系。

在知识图谱上，关系则是一个个实体之间的关系。文本语料经过实体抽取，得到的是一系列离散的命名实体，为了得到语义信息，还需要从相关语料中提取出实体之间的关联关系，只有通过关系将实体（概念）联系起来，才能够形成网状的知识结构。

语料库在可以存储实体关系的同时，允许用户可以在线进行对实体的增加、搜索、浏览、审查、修改、删除等操作。用户可以在语料库中进行实体关系的设计，修改两个实体之间的关系。

（3）属性。

属性抽取的目标是从不同信息源中采集特定实体的属性信息，如针对某个公众人物，可以从网络公开信息中得到其昵称、生日、国籍、教育背景等信息。

由于可以将实体的属性视为实体与属性值之间的一种名词性关系，因此也可以将属性抽取问题视为关系抽取问题。例如，将人物属性抽取问题转化为实体关系抽取问题，采用支持向量机算法实现了人物属性抽取与关系预测模型。

基于百科类网站的半结构化数据，通过自动抽取生成训练语料，用于训练实体属性标注模型，然后将其应用于对非结构化数据的实体属性抽取。采用数据挖掘的方法直接从文本中挖掘实体属性和属性值之间的关系模式，可以实现对属性名和属性值在文本中的定位。

（4）元数据关系标引。

此模块主要是为了提高标引的效率和自动化程度。程序智能地自动对元数据进行提取和匹配。通过元数据提取规则智能地自动将各元数据项进行提取，如书名、作者等，尽可能多、尽可能准确地提取元数据值，再通过人工编辑进行校对。

①元数据提取模板管理。

为了使元数据自动提取能够具有很好的灵活性和适应性，系统采用了模板的方式，因此，在使用过程中，就需要对各个元数据项的模板进行管理维护。模板包括：按目录提取、按前后标志字符串提取、按正则表达式提取、按页按段提取等多种模式。

②提取流程。

系统根据模板先确定数据项所在的页码，然后提取页面信息，再在页面上根据模板的具体提取规则提取相应的数据项。

2. 出版物信息检索前台应用

出版物信息检索系统的前台应用，包含基于知识图谱的推荐系统以及基于知识图谱的交互式信息检索系统。本系统中数据为图书元数据及论文期刊数据，即通过知识图谱的交互可以最终展示或推荐一系列图书或文章，并通过点击可以跳转到具体购买页或详情页。

基于海量的知识图谱数据，向用户提供全面、准确、权威的数据检索服务，实现用户只需输入检索词，即可检索到相关的数据资源。

3. 检索系统图谱关系

本系统已经建立了100种知识图谱的实体关系抽取模型，具体关系如下表：

表 3-2　图谱关系表

序号	知识元关系
1	上位 – 下位
2	制约因素 – 制约对象
3	同类并列
4	下位 – 上位
5	同义
6	行为 – 对象
7	整体 – 部分
8	来源物 – 衍生物
9	评估衡量对象 – 评估衡标准
10	主体 – 行为
11	原因 – 结果
12	领域 – 内容
13	原料 – 产品
14	对象 – 行为
15	促进因素 – 促进对象
16	工具 – 行为
17	评估衡量标准 – 评估衡量对象
18	内容 – 领域
19	对象 – 主体
20	属性 – 主体
21	途径方法 – 动作行为
22	主体 – 作用
23	起因行为 – 结果行为
24	工具 – 对象
25	分布地
26	对象 – 工具
27	产地
28	类型 – 实力
29	行为 – 主体
30	作用 – 主体
31	制约对象 – 制约因素

续表

序号	知识元关系
32	来源物 – 提取物
33	起因事物 – 结果行为
34	结果行为 – 起因事物
35	实例 – 类型
36	发生地
37	交叉重叠
38	相互影响
39	行为 – 依据
40	所在地
41	结果 – 原因
42	促进对象 – 促进因素
43	同类对比
44	行为 – 目标
45	结果行为 – 起因事物
46	主体 – 依据
47	起因行为 – 结果行为
48	早期形式 – 发展形式
49	来源地
50	发生时间
51	依据 – 主体
52	所在位置
53	发生部位
54	目标 – 行为
55	依据 – 行为
56	结果行为 – 起因行为
57	衍生物 – 来源物
58	评估衡量对象 – 评估衡量单位
59	评估衡量单位 – 评估衡量对象
60	主体 – 工具
61	工具 – 主体
62	反义
63	提取物 – 来源物

续表

序号	知识元关系
64	发展形式 – 早期形式
65	时间先 – 时间后
66	发生位置 – 发生事件
67	发生事件 – 发生位置
68	起源形式 – 发展形式
69	发生地 – 发生事件
70	发生事件 – 发生地
71	领域 – 人员
72	同事共现
73	发生位置
74	人员 – 领域
75	低程度 – 高程度
76	参照物 – 相似物
77	包围
78	所有者 – 所有物
79	所有物 – 所有者
80	分布地 – 分布物
81	分布物 – 分布地
82	时间后 – 时间先
83	属性 – 属性值
84	高程度 – 低程度
85	被包围
86	发展形式 – 起源形式
87	上下毗连
88	属性值 – 属性
89	下上毗连
90	左右毗连
91	相似物 – 参照物
92	产地 – 产物
93	产物 – 产地
94	所在时间
95	所在部位

序号	知识元关系
96	贯穿
97	毗连
98	行为行为-途径方法
99	行为-工具
100	终点

采用许多不同的实体关系模型，例如：

● 按需抽取——Bootstrapping。

● 开放抽取——Open IE。

● 知识监督抽取——Distant Supervision[①]。

（1）按需抽取——Bootstrapping。

利用有限的样本资料经由多次重复抽样，重新建立起足以代表母体样本分布的新样本。Bootstrapping 的运用基于很多统计学假设，因此假设的成立与否会影响采样的准确性。

（2）开放抽取——Open IE。

开放信息抽取方法 Open IE，实现了对网络上海量异构信息中可能存在的关系的抽取。该方法既不需要手工标注训练集，也不局限于特定领域，而是通过自动学习和统计来实现关系抽取。

开放信息抽取方法的实现分为三个模块：自监督学习器、抽取器和冗余处理评估器。学习器通过对较小的语料集进行深层解析，自动抽取并标注可信和不可信关系三元组。这些三元组的特征向量被作为训练样例进行贝叶斯分类器的训练，并在训练好的分类器上进行大量网络信息的关系抽取。为了确保较高的处理效率，抽取器并不对信息进行深层解析，而是将较容易获得的词性标注、序列等特征作为分类器的输入。冗余处理评估的输出是去除了不必要的修饰词后的候选关系三元组集合；对这些候选三元组进行合并，通过统计的方法计算各个关系三元组的可信度，并建立索引。

---

① 黄勋，游宏梁，于洋. 关系抽取技术研究综述 [J]. 现代图书情报技术，2013（11）.

OpenIE 可以使用独立于目标关系数的适当的时间和努力，自动地从非结构化的网络文本中发现大的多样化的关系集的高质量实例。

（3）知识监督抽取——Distant Supervision。

距离监督的方法基于这样的假设，如果一对实体包含了某种语义关系，那么所有包含这个实体对的句子都包含了这种语义关系。

该方法是利用现有的知识库，将知识库中定义好的实体对映射到海量未处理的文本集中，生成对齐数据，并把这些数据作为训练数据，提取特征，训练分类器，解决关系抽取问题。

人工标注训练样本得出正例和反例。通过选取特征集合，用已标注的正例和反例作为输入，训练出分类模型，然后用该分类模型对测试集合进行关系探测。

在系统建设中共应用了16种关系，下面描述常用的5种实体关系。此外，读者也可以根据需求建立新的实体关系，并建设相应实体关系的抽取模型。

（1）上–下位关系。

从文档中抽取词的上下位关系信息，生成（下义词，上义词）数据对，例如（狗，动物）、（悉尼，城市）。提取上下位关系最简单的方法是解析百科类站点的分类信息。

● 上位关系——组织者在包容性和抽象概括程度上均高于当前所学的新内容，即组织者为上位观念，新学习内容为下位观念。

● 下位关系的形式是"相关类属"。当新观念是对原有观念的一种扩充、修饰或限定时，就构成相关类属。

● 并列组织者——组织者在包容性和抽象概括程度上既不高于、也不低于新学习内容，但二者之间具有某种或某些相关的甚至是共同的属性，这时在组织者与新学习内容之间存在的不是类属或总括关系而是并列组合关系。

在英文数据上用 Hearst 模式和 IsA 模式进行模式匹配被认为是比较有效的上下位关系抽取方法。下面是这些模式的中文版本（其中 NPC 表示上位词，NP 表示下位词）：

NPC{包括|包含|有}{NP、}*[等|等等]

NPC{如|比如|像|象}{NP、}*

{NP、}*[{以及|和|与}NP]等 NPC

{NP、}*{以及|和|与}{其他|其它}NPC

NP是{一个|一种|一类}NPC

(2)成因-结果关系。

语句特征：A是B所致，B导致A；A成因/原因是/有/为/包括B，B是A的成因/原因/因子，A的原因与B有关，造成A的原因有B；A造成/引起/导致B。

表3-3 关系抽取示意表（一）

题词	共现词	关系	机器抽取的训练语料
涝灾害	洪水	成因	1.当前湖南省十分突出的水安全问题主要是指由超额洪水造成的洪涝灾害。 2.4—8月的暴雨，使四水及洞庭湖形成巨大的洪水，导致洪涝灾害频繁发生。 3.刘兰芳等认为农业洪涝灾害是洪水与农业易损性综合作用的结果。
	台风	成因	1.在沿海地区，台风是洪涝灾害的主要致灾因子之一。 2.台风是最强的暴雨系统，国内外不少极端暴雨记录都与台风活动有关，减轻由台风造成的洪涝灾害是气象科学最主要的目标之一。 3.近年来，随着全球气候变暖，不仅季风变异引起的旱涝气候灾害在加剧，而且引起洪涝灾害的台风、暴雨等突发性天气灾害频繁发生。
	直接经济损失	结果	1.舟曲泥石流洪涝灾害导致的直接经济损失、死亡人口和受灾人口。 2.2011年全国有31个省（区、市）遭受了不同程度的洪涝灾害，因洪涝灾害直接经济损失1301亿元。

(3)影响-受影响关系。

语句特征：A影响B，A受B影响，影响A的主要因素，影响因素。

表3-4 关系抽取示意表（二）

题词	共现词	关系	机器抽取的训练语料
渡槽	动水压力	受影响	1.渡槽中的水体在地震或风作用下会产生大幅度的晃动，其产生的动水压力是渡槽结构承受的主要外力之一，动水压力极有可能导致渡槽结构的破坏。 2.大型预应力渡槽结构设计中要充分考虑水体晃动产生的动水压力作用。
洪洞	大坝安全	影响	1.泄、输水建筑物结构安全评价（包括影响大坝安全的溢洪道等）。 2.溢洪道类型影响大坝安全以及大坝的投资。 3.首期工程完成后为了确保大坝安全将溢洪道原设计堰顶高程53.0m降至42.0m，宽度由原设计的22.0m扩宽至35.0m。

（4）指标－主体关系。

语句特征：A是（衡量／反映／评价）B的指标，A表示B，A指标（衡量／反映／评价）B。

表3-5 关系抽取示意表（三）

题词	共现词	关系	机器抽取的训练语料
渗墙	透系数	主体－指标	1. 数值模拟拟合得到的主、副防渗墙渗透系数较小（0.01—0.02m/d），说明两防渗墙防渗效果较好。 2. 根据试验段压水试验及孔内摄像资料分析，塑性混凝土防渗墙采用石渣粉代替石子和河沙的配合比方案，防渗效果较好，渗透系数 $<1×10-7cm/s$，能够满足设计要求。
渗墙	流量	主体－防渗效能指标	利用量水设备对在水头的作用下通过水工建筑物和基础渗出的水量进行定期的量测。在渗流稳定情况下，渗流量与作用水头通常保持相应的变化。若渗流量在同一水头作用下显著增减，则说明渗流边界条件或防渗排水设施效能发生了变化。 1. 据此求出斜墙和防渗墙的渗流量为 $3.91×10-5m^3/(s·m)$。 2. 试验结果显示相对于不设置防渗墙，设置防渗墙时的渗流量要明显减小，但当悬挂式防渗墙插入比小时流量减小的不明显。
洪道	流能力	主体－指标	1. 为解决现有水库防洪标准偏低和极端致灾因子条件下泄流能力急剧增加的问题，可行的出路之一是溢洪道的升级改造，依据是通过风险分析评价溢洪道的泄流能力，以不同的风险等级和标准进行升级。 2. 竖井溢洪道的泄流能力为：$Q=m×2πR×2gH15$。
洪道	水位	主体－指标	1. 只有在最高法定水位被超过且上升的库水位威胁到大坝安全时，溢洪道才会全力泄洪。 2. 水位流量关系试验测定了不同库水位时溢洪道的下泄流量，其库水位与下泄流量的关系曲线，测定典型库水位时溢洪道的下泄流量。 3. 水位流量关系试验测定了不同库水位时溢洪道的下泄流量，其库水位与下泄流量的关系曲线，测定典型库水位时溢洪道的下泄流量。
槽	振频率	主体－指标	1. 试验对渡槽的自振频率、加速度、动水压力和动应力响应进行了初步验证。 2. 在渡槽抗震设计时，当槽内水体较多时，需考虑由于结构自振频率减小，自振周期增大的影响。

（5）主体－性能关系。

语句特征：A的／自身B性能／特性，A具B性（能）。

表3-6 关系抽取示意表（四）

题词	共现词	关系	机器抽取的训练语料
渗墙	渗加固	主体－性能	1. 与此同时，以下几方面的应用，可有效实现防渗墙的防渗加固性能。 2. 研究混凝土防渗墙的防渗加固原理及塑性混凝土防渗墙的优良工程特性，并对防渗墙设计参数和施工过程进行介绍。 3. 经过防渗加固，坝体浸润线有较大跌落，2#测压管水位加固后较加固前减小10m左右，说明防渗墙防渗加固效果显著。

续表

题词	共现词	关系	机器抽取的训练语料
渗墙	透性	主体－性能	1. 在高渗透性含水层和补给丰富的基坑降水工程中，尤其是特大型深基坑，必须充分考虑防渗墙的渗透性，采用安全性的评估方法，进行多方案模拟计算，以保证降水的安全施工。 2. 防渗墙渗透性远小于松散层，相差数个量。 3. 渗墙在实际施工中存在一些天然的或人为的不确定的因素，造成防渗墙的渗透性的不确定性。
工混凝土	冻融性	主体－性能	水工混凝土抗冻融性的探讨。
工混凝土	冻性	主体－性能	1. 抗冻性能是水工混凝土耐久性的一项重要指标，在设计水工混凝土指标时，耐久性指标常用抗冻性指标代替。 2. 高云母含量砂对水工混凝土抗冻性的影响。 3. 我国于20世纪50年代开始开发引气剂，主要用于提高水工混凝土的抗冻性。

三、知识体系管理

1. 知识图谱子系统

知识图谱子系统作为出版物信息检索系统的后台核心系统，支持系统的前台应用，为前台的推荐服务、智能检索服务、图谱启发式检索服务提供强有力的支撑。

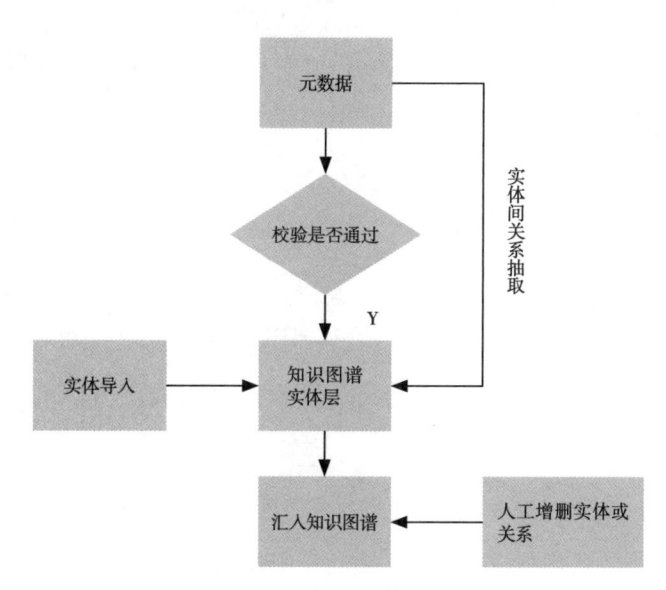

图3-57 知识图谱主流程

（1）实体导入。

实体导入的系统流程图如下：

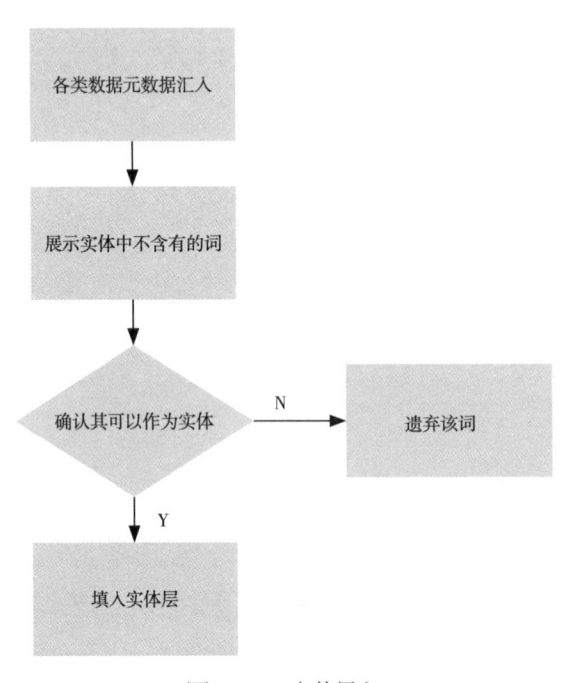

图 3-58　实体导入

实体导入可以支持多种数据导入格式，如 ODBC 支持的各类数据库、XML、XLS、TXT 等，支持手动指定分隔符。这里将导入图书数据、论文数据，将文章名、图书名作为实体汇入知识图谱。

在对实体进行完标引以后需要将数据提交到后台资源数据库中，系统提供四种元数据提交方式：

● 导入到文件包：这种方式主要是将已经标引、标注好的实体数据包括资源以及其他附件打包成一个交换文件包，提交到服务器上由服务器上的入库程序负责导入到后台资源库中。

● 直接在线导入：通过网络连接到后台资源库，将加工好的数据直接进行入库。

● ODBC 支持的各类数据库导入：进行字段映射，直接将数据库中的实体和实体关系导入。

● XML、XLS、TXT 文件导入：通过软件自动识别标识，识别出实体和实体关系，然后导入。

（2）图谱实体加工。

图谱实体加工可以根据语料抽选出实体，如抽取关键词，基于摘要抽取，最终将抽取的实体汇总成知识图谱的实体层。若关键词等简单数据允许利用规则进行抽取，在操作时必须建立机器抽取模型对摘要等信息进行本次层的抽取。机器抽取的实体需由人工校正方能入库。抽取模型必须可以根据人工校正后的语料继续学习，优化关系抽取模型的抽取能力。

（3）词表建设。

根据行业的图书、期刊、文献等内容资源为基础，根据分类体系、主题词表、概念关系抽取、语义词典等方式进行知识网络体系的构建，建设面向研究、应用为方向的知识体系及相关领域词表。

词表构建技术主要是词提取、词审核。词提取，指通过自由词到主题词的映射，建立词表。主要是根据关系对主题词进行组配，经过加工审核之后添加进入先组词表中，然后运用系统对词表进行更新修改。最后，按照一定原则，将检索中常用的概念，以复合词的形式选入系统，也可以增设先组形式的特称叙词，增强系统对总论性资料的检索能力。

（4）关键词抽取。

系统在进行关键词抽取的过程中，应对于入库的资源，根据分类，利用计算机技术和关键词挖掘工具，从内容资源管理系统中，抽取出相关分类中的关键词，形成关键词表。

在进行关键词抽取时，需要进行语料库分析，即对内容资源进行分类挖掘，包括对语料库进行分词、词性标注、短语结构、句子成分等语料信息进行处理。具有语料资源加载、编辑处理、语料库管理等功能。

在展示关键词表时，不仅显示这些抽取的关键词，还需进一步查看与该关键词相关的全部条目，供专家或编辑参考。

（5）主题词表选取。

系统应提供主题词的选取功能，将数字化资源中出现的相关主题词，如同义词、近义词、多义词以及同一概念的不同书写形式等进行严格的控制和规范，使每个主题词都含义明确，以便准确检索，防止误检、漏检。

主题词表既是提供针对主题词进行规范化处理的依据，也是文献处理者和检索者共同参照的依据。

主题词之间的关系（用代属分参）以及主题词与多个关键词之间的关系，需要提供工具，进行确定。

（6）实体间关系发现。

基于关系抽取、上下位词表等方式在实体间建立关联。根据应用，实体间关系可以采用既定关系。部分结构化数据的关系抽取可以含有规则抽取模型，但必须含有机器抽取机制，对实体间的关系进行挖掘与发现，并建立与之对应的人工校验机制。抽取模型必须可以根据人工校正后的语料继续学习，优化关系抽取模型的抽取能力。

从各种类型的数据源中提取出实体、属性以及实体间的相互关系，在此基础上形成本体化的知识表达。

信息抽取是一种自动化地从半结构化和无结构数据中抽取实体、关系以及实体属性等结构化信息的技术，是知识图谱构建的第一步。其中的关键是：从异构数据源中自动抽取信息得到候选指示单元。

（7）实体关系抽取。

文本语料经过实体抽取之后，得到的是一系列离散的命名实体，为了得到语义信息，还需要从相关语料中提取出实体之间的关联关系。只有通过关系将实体联系起来，才能够形成网状的知识结构。

对各类出版资源库之间及各条资源之间的相关性进行管理和维护。系统支持自动和手工两种方式。系统自动关联功能主要是根据各类资源之间的内容相关度、关键词、从属关系进行自动关联，其中基于内容相关度的方法是基于资源的内容，系统自动挖掘出一个内容向量，通过向量相似度计算，动态地得到最相关的资源。

（8）实体关系自动发现。

采用不同的实体关系抽取算法模型，实现实体关系自动发现功能，然后基于语言学模式进行抽取，面向开发领域抽取信息，可以发现新的关系类型。

(9)手动实体与关系管理。

手动管理可以支持增删改实体,并在实体间人工建立关系,还可对其关系进行命名,支持对实体和实体关系的手动修改。

系统平台拥有知识图谱在线编辑工具,知识加工人员可以进行在线编辑知识图谱的实体、关系、属性等功能。具体功能如下:

- 在线编辑功能;
- 支持大规模的用户并发编辑,保证对并发编辑情形下的数据一致性和数据完整性;
- 与后台的自动知识学习引擎结合,通过为知识图谱学习算法定义配置文件以启动知识自动学习过程,在自动学习的基础上进行知识图谱的编辑,避免了从头开始构建知识图谱,极大程度地降低了人工工作量;
- 大数据规模支持,后台基于大数据平台,在十亿级别的存储规模下,提供迅速(秒级别)的写入和读取速度。

(10)基础知识编辑。

基础的知识编辑指在表单形式的界面中录入和修改知识,然后保存。对于更高级别的用户,还具备普通用户编辑记录的审批功能。对于编辑记录,有"同意""拒绝"和"删除"三个功能选项。

(11)知识的完整性。

在数据库领域,数据完整性是指数据的精确性和可靠性,主要用于防止数据库中存在不符合语义规定的数据和防止因错误信息的输入输出造成无效操作或错误信息。在知识图谱的构建中,数据的完整性问题更加需要考虑。一方面是因为知识图谱的数据模式比关系数据的数据模式更加复杂,很容易出现数据的不完整;另一个因素是用户的编辑行为是需要经过审批的,从编辑到审批的这个过程,很可能有其他用户到知识图谱的更新。

系统对数据完整性做出了如下约束:

- 添加概念或实体时,必须指定父概念,防止出现游离的概念或实体;
- 添加父概念、子概念、所属实体和对象属性的值时,必须保证目标概念或实体已经存在；

●删除概念时，需要确认该概念不包含实体，不包含子概念，且没有作为某个属性的定义域和值域；

●删除实体时，必须保证该实体没有作为其他实体的属性值；

●更改父概念后必须仍然保留有其他的父概念。这些约束的校验发生在两个时机，用户保存编辑一记录时以及高级用户审批编辑记录时。

（12）知识的一致性。

在数据库领域，一致性（Database Consistency）是指事务执行的结果必须是使数据库从一个一致性状态变到另一个一致性状态。知识图谱的编辑通常是对一个实体或概念进行编辑，面向的是实体或概念的多类知识进行编辑，因此需要对一致性进行保证。

系统在保存和审批时把用户的一次保存行为视为一个子操作，在这个子操作中实现事务的功能。

（13）版本管理。

版本管理是协作编辑平台的必备功能，其主要用途包括：

●记录知识不同时候的状态，若发生问题，可以回滚；

●提供对不同版本的比较功能，方便知识管理；

●对知识成长过程进行记录，了解知识的成长过程；

●了解用户的活跃度，方便用户的等级管理。

（14）实体融合。

通过信息抽取，从原始的非结构化和半结构化数据中获取到了实体、关系以及实体的属性信息。

此时的信息散乱无章，缺乏层次性和逻辑性，还存在大量冗杂和错误的拼图碎片（信息）。因此在知识融合这一步里需要利用词语相似度计算、同现分析、聚类等技术进行词间关系的合并，包括等级关系、等同关系和上下位关系，将多个同领域词表的词汇范畴进行规约。

（15）知识融合。

包括两部分内容：实体链接和实体消歧。

①实体链接。

是指对于从文本中抽取得到的实体对象,将其链接到知识库中对应的正确实体对象的操作。首先根据给定的实体指称项,从知识库中选出一组候选实体对象,然后通过相似度计算将指称项链接到正确的实体对象。

利用实体的共现关系,同时将多个实体链接到知识库中。

实体链接的流程:

● 从文本中通过实体抽取得到实体指称项;

● 进行实体消歧和共指消解,判断知识库中的同名实体与之是否代表不同的含义以及知识库中是否存在其他命名实体与之表示相同的含义;

● 在确认知识库中对应的正确实体对象之后,将该实体指称项链接到知识库中对应实体。

②实体消歧。

专门用于解决同名实体产生歧义问题的技术。通过实体消歧,就可以根据当前的语境,准确建立实体链接,主要采用聚类法,基于上下文的分类问题,进行词性消歧和词义消歧。

解决多个指称对应同一实体对象的问题时采用消解技术。在一次会话中,多个指称可能指向的是同一实体对象。利用共指消解技术,可以将这些指称项关联(合并)到正确的实体对象,为后期信息检索和自然语言处理等领域提供技术资源基础。

(16)抽取模型及图谱更新。

抽取模型及知识图谱必须含有更新能力,知识图谱可以根据指定的数据进行实体抽取与关系抽取以汇入知识图谱,保证知识图谱的更新能力。更新过程需要进行人工校对。抽取模型的更新是根据每次人工校正的语料进行重复训练以优化抽取能力,减少人工工作量。

概念之间上下位关系的更新,以及概念属性的更新,其中最重要的更新是概念属性的更新。

知识图谱的内容更新采用增量更新方式,以当前新增数据为输入,向现有知识图谱中添加新增知识。这种方式资源消耗小,但目前仍需要大量人工干预(定义规则等),

所以在更新过程中，更新后的数据需要人工审核校对，校对后方可汇入知识图谱。

抽取模型支持自动更新功能，人工校正过的抽取语料作为训练集继续优化抽取模型，已达到模型的持续优化，超正模型抽取能力。

知识图谱的构建并非一蹴而就，它是一个不断改进和优化的过程。当数据源有更新或学习的方法有更新时，不可避免地要对知识图谱进行更新。知识图谱的更新主要分为两个层面的更新，即数据模式层的更新和数据层的更新。

数据模式层的更新是指知识图谱本体中元素的变更，包括概念的增加、修改和删除、更新，因为概念属性的更新操作会影响到所有直接和间接属性它的子概念和实体。因此，在通常情况下，知识图谱数据模式层的更新的处理，数据模式的更新通常是在人工干预下进行的。

数据层的更新即指实体数据的更新，包括添加和删除实体，修改实体的基本信息和属性值。数据层的更新一般影响面小，因此通常以自动的方式完成。

（17）知识合并。

图书元数据支持 DC 元数据标准，支持第三方元数据加工文件入库和校验。除了半结构化数据和非结构化数据以外，还有更方便的数据来源——结构化数据，如外部知识库和关系数据库。

对于这部分结构化数据的处理，就是知识合并。一般来说知识合并主要分为两种：

第一，合并外部知识库，主要处理数据层和模式层的冲突；

第二，合并关系数据库，有 RDB2RDF 等方法。

①合并外部知识库。

对知识库产品进行融合。其中包括四个步骤：

● 获取知识；

● 概念匹配，由于不同本体库中的概念表达使用的词汇可能不同，因此需要对概念表达方式进行统一化处理；

● 实体匹配，由于知识库中有些实体含义相同但是具有不同的标识符，因此需要对这些实体进行合并处理；

● 知识评估，知识融合的最后一步是对新增知识进行验证和评估，以确保知识图谱的内容一致性和准确性，通常采用的方法是在评估过程中为新加入的知识赋予可信度值，据此进行知识的过滤和融合。

②合并关系数据库。

采用直接映射的方式，将关系数据库表结构和数据直接输出为 RDF 图，在 RDF 图中所用到的用于表示类和谓词的术语与关系数据库中的表名和字段名保持一致。

2. 前台应用架构

前台应用主要负责知识图谱以及基于知识图谱的知识卡片的展示，基于知识图谱的交互等用户前台检索服务。

应用流程如下图所示：

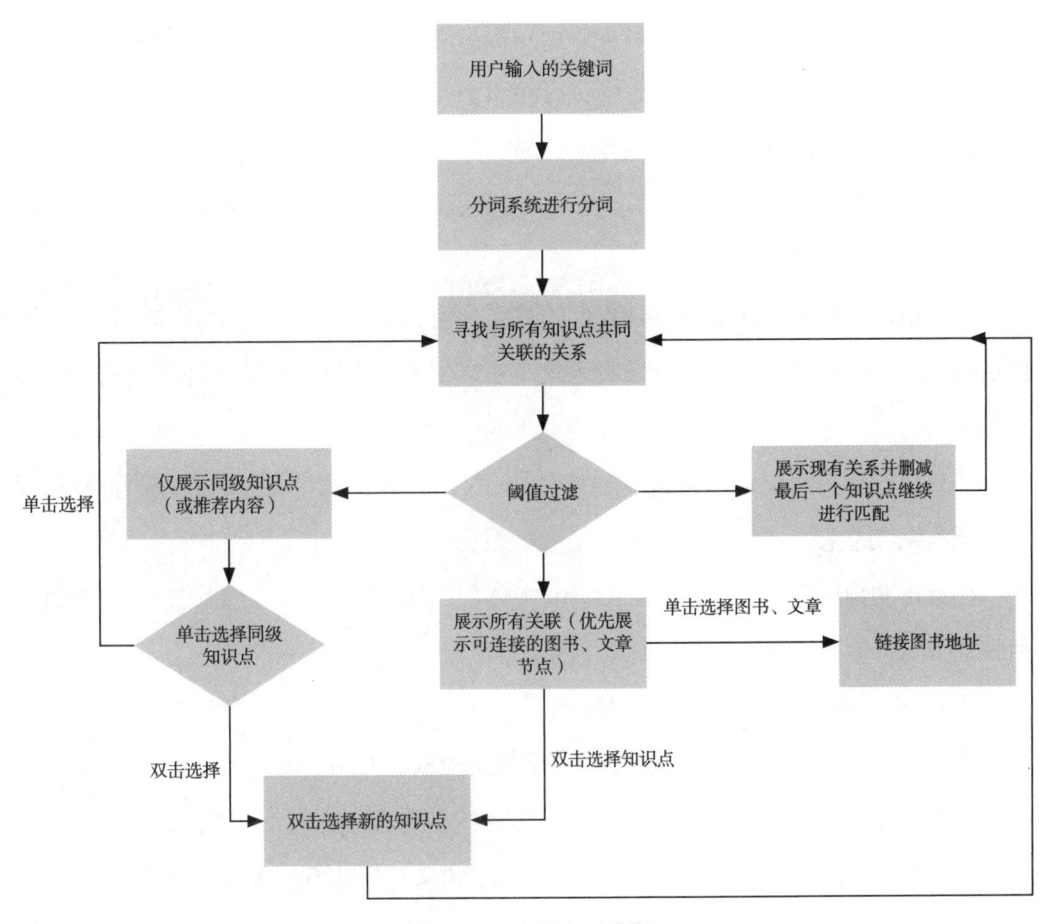

图 3-59　应用交互流程

（1）知识图谱交互检索。

当用户输入检索词时，系统将用户输入的搜索内容进行分析。如果用户搜索内容为一个或多个知识元组成，系统即展示这一个知识元或与这多个知识元同时关联的其他知识图谱实体，用户可以根据兴趣对知识图谱进行选择；当用户单击图谱节点时，则在检索条件中增加此节点，显示数据为增加此节点后同时与此节点关联的实体节点。通过不断地选择，当相关节点大于阈值（此处阈值为知识元个数）时仅显示与之相关的知识元（本系统的知识元包括图书、论文、事件、知识点等）；当相关节点数小于一定阈值时放大展示与之相关的图书，此时点选这些节点可以跳转到相应文章或图书的购买节点、详情节点等。当用户双击图谱节点时，则以此节点为根节点展开知识图谱。

系统首先利用中文分词、命名实体识别等自然语言处理工具找到问句中所涉及的实体和关键词，然后至知识资源库中进行检索。基于知识图谱对用户输入进行理解，识别实体、概念和属性，并搜寻实体、关系、链接的数据等丰富的结果。基于知识图谱知识进行语义扩充，提高匹配率；基于知识图谱进行检索时的语义消歧。

（2）基于语义解析方法。

基于语义解析的方法非常符合人们的直觉，它将一个自然语言形式的问句，按照特定语言的语法规则，解析成语义表达式，在得到语义表达式之后，即可非常容易地将其转化为某种数据库的查询语言。

系统首先将自然语言问句的词汇映射到语义表达式中的词汇，然后按照特定的规则将词汇组合起来，进而得到了最终的语义表达式。

在特定的领域里边，基于知识图谱的实体、属性、概念等进行词法解析与映射，然后基于图结构进行语法规则匹配（子图查询匹配）。

（3）基于知识图谱的三元组智能问答。

本系统采用基于语义解析的方法和基于信息检索的方法。

基于语义解析的方法可解释性强，并且能够方便地转换成知识图谱的查询，给出明确的答案。因此对于用户输入，首先使用基于语义解析的方法进行回答。

基于信息检索的方法应用面广，因此当语义解析方法无法给出结果时，则使用信息检索的方法进行回答。

（4）知识图谱及推荐展示。

知识图谱根据关联节点的大小进行展示，如果节点数过多，那么只展示与之相关的知识元，当通过交互与之相关的节点小于一定阈值时再进行图书、文章的关联展示。

推荐展示可以允许用户在后台将某实体与推荐内容建立推荐关系，例如推荐某本图书。推荐的图书必须符合一定的知识元才能展示出这本图书。

当推荐系统保证如果选择了或关联、与关联或仅一个节点关联，用户检索该知识元满足条件时，将直接推送推荐内容。

①或关联：推荐方可以选择几个知识元作为推荐元，当用户检索句拆解成知识元检索式命中任意一个即进行推送。

②与关联：用户组合几个知识元，当同时命中组合时才进行推送。

知识图谱的体系结构用于引导用户理解知识结构和查找文献资料，描述某个概念或实体所对应的文献资料。知识图谱中的层次关系表示了知识的基本框架，可以引导用户理解知识的整体结构以及概念或实体之间的关系。同时，当用户对知识层次中的某个知识点感兴趣时，可以查看此知识点相关的文献资料。文献资料与概念或实体之间的关联是通常知识标注算法完成的。

（5）智能提示。

用户在检索时系统根据用户的输入词，自动提示相关的关键词和主题词，并在输入框中动态地以列表形式显示出来，方便用户检索。它是基于后台强大的专业词库和用户检索历史库。

（6）知识导航。

知识图谱包括了概念、实体以及它们之间的关系，是一个具备体系结构的知识库，因此，可以辅助和引导用户进行学习。

第四节　OA开放存取期刊服务系统

OA即Open Access（开放存取），是国际上为了推动科研成果通过互联网自由传播而发起的行动，它是出版业知识服务的一个方向。

OA 的宗旨是开放、平等、互助。它主要包括 OA 仓储和 OA 期刊两种形式。OA 相对于传统出版，具有投稿方便、出版快捷、费用低廉、检索方便、用户群广泛等优点。

当前，学术内容的开放交流已经是大势所趋。自 1990 年 OA 概念兴起、特别是 2001 年布达佩斯会议以来，国际上的 OA 运动已得到了蓬勃发展，而我国的 OA 相对来说还有较大的差距。

国家知识服务平台的 OA 开放存取期刊服务系统核心是在尊重作者权益的前提下，为用户免费提供学术信息和研究成果的全文服务；同时，对学术文章进行评价并发布排行榜。

一、系统介绍

该系统包括两个模块：开放存取和学术内容监管评价。

开放存取模块，建设了完整的 OA 流程，提供投稿、审稿、阅读等功能，供用户使用。

学术内容监管评价模块，基于已有的相关标准（国标、行标等）、通过调研国内外对文章进行学术评价的方式方法，形成了一套科学、公正、有效、可量化的综合评价体系；利用量化指标开发软件系统进行自动评分、排名，主要包括编校质量评分与排名、《学术出版规范》符合性评分与排名、内容创新性评分与排名、学术水准评估与排名、综合性评分与排名等方面，从而为学术内容监管提供依据。

二、详细描述

1. 总体架构

系统的总体设计本着"互联网+"的设计理念，本着为知识资源贡献者（作者、出版者）服务和为广大用户服务的设计指导思想进行总体设计。

图 3-60　总体架构

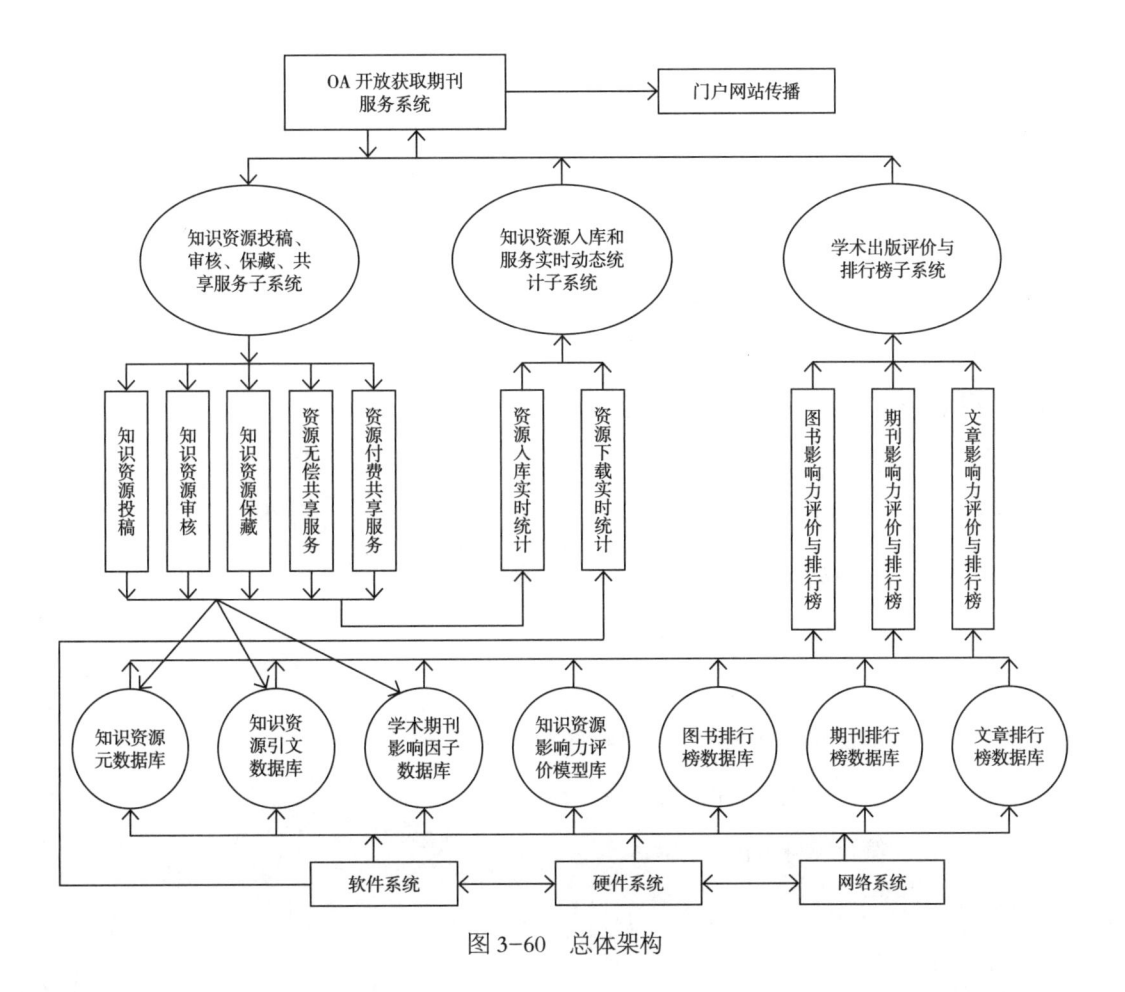

2. 关键技术解决方案

系统自动形成"学术出版综合指标排行榜""编校质量排行榜""《学术出版规范》符合性排行榜""内容创新性排行榜""学术水准排行榜"。

（1）学术出版综合指标排行榜详细解决方案。

利用编校质量、学术出版规范指数、内容创新评分、学术水准评分的数据通过算法求出来综合指标。

算法：

编校质量 D 代表

学术出版 E 代表

内容创新评分 F 代表

学术水准评分 G 代表

公式：IF（D="合格"，（E-MIN（E））/（MAX（E）-MIN（E））+（F-MIN（F））/（MAX（F）-MIN（F））+（G-MIN（G））/（MAX（G）-MIN（G）），"不合格"）

（2）编校质量排行榜详细解决方案。

利用内容质量、编校质量通过算法求出来编校质量。

算法：

内容质量 D 代表

编校质量 E 代表

公式：IF（AND（D="合格"，E<0.0001，"合格"，"不合格"）

（3）《学术出版规范》符合性排行榜详细解决方案。

根据以下规范和标准编制算法：

国家通用语言文字的规范

少数民族文字及其他外国语言文字相应的规范

标点符号用法符合国标 GB/T 15834

数字的使用符合国标 GB/T 15835

科学技术名词用法符合行标 CY/T 119

国际单位制符合国标 GB 3100

量、单位、符号用法符合国标 GB 3101

汉语拼音用法符合国标 GB/T 16159

表格规范

插图规范

引文符合行标 CY/T 122

注释符合行标 CY/T 121

参考文献符合国标 GB/T 7714

（4）内容创新性排行榜详细解决方案。

利用一些数据进行相应计算求出内容创新性。

算法：

内容相似性代表 E

上一年影响因子代表 F

年出版期刊文后参考文献总篇数代表 G

引用当年的参考文献占比代表 H

最近 3 年内参考文献占比代表 I

最近 6 年内参考文献占比代表 J

最近 10 年内参考文献占比代表 K

10 年以上参考文献占比代表 L

公式：F*（H*1+I*0.5+J*0.25+K*0.125+L*0.0625－E）

（5）学术水准排行榜详细解决方案。

利用影响因子、篇均下载频次、他引率、即年指标的数据通过算法求出来学术水准。

算法：

影响因子代表 E

篇均下载频次代表 F

他引率代表 G

即年指标代表 H

公式：E*F*G*H

三、系统功能

系统主要功能：

● 实现出版单位、期刊编辑部、普通用户的信息管理；

● 实现图书、期刊和论文信息的管理；

● 实现图书、期刊和论文知识资源共享过程管理；

● 创建存储过程，统计知识资源入库和服务结果的动态信息；

● 进行学术著作、学术期刊（重点是学术论文）评价，发布评价结果和排行榜。

1. 门户网站功能

（1）用户。

用户需要按其不同的身份进行注册。用户身份分为读者、作者、单位管理者、系统管理人员。

读者：进行稿件的搜索、阅读、下载、分享、收藏。

作者：投稿、查询、修改自己的信息等功能。

单位管理者：具有对单位批量信息的管理权限。权限包括稿件管理、基本信息管理。

稿件管理：在线发布稿件、修改稿件、删除稿件、撤回稿件、发布稿件记录等；基本信息管理：修改用户基本信息等操作。

系统管理人员：具有对系统管理的全部权限。

图 3-61　门户网站功能

（2）平台知识资源与开放获取统计实时信息。

平台知识资源入库并可以纳入共享的信息进行实时统计展示，包括入库期刊数量、出版单位数量、学术著作数量、学术论文数量等。

平台知识资源共享信息实时展示，包括浏览量、下载量、下载用户总计、下载信息来在国家和地区数量、下载文件数量等信息。

（3）科学影响力积分及排行榜展示。

学术专著、学术论文科学影响力积分结果及排行榜，学者及学者单位科学影响力积分及排行榜信息等。

2. 系统管理功能

系统管理部分主要分为 4 个模块，分别是：人员权限管理、评分权重管理、稿件管理、数据管理。

图 3-62　管理界面

（1）人员权限管理。

主要包括系统管理员、机构管理员、审校管理员。系统管理员主要管理机构管理员，实现增加机构管理员、分配修改机构管理员、删除机构管理员和查询机构管理员；机构管理员主要管理审校管理员，实现增加审校管理员、分配修改审校管理员、删除审校管理员和查询审校管理员；审校管理员主要管理稿件，实现稿件的审核提交和稿件的审核退回。

（2）评分权重管理。

主要对评分标准进行权重配置、进行专家管理等，实现增加权重、修改权重和删除权重的功能。

（3）稿件管理。

针对作者投稿的文件和接收收藏供读者阅读、下载的稿件，实现增加稿件、查询发布的稿件、修改发布的稿件、删除发布的稿件以及对稿件进行统计导出分析报表的功能。

（4）数据管理。

数据的批量导入和数据的批量导出数据库。

3. 知识资源投稿、审核、保藏、共享服务子系统功能

知识资源投稿、审核、保藏、共享服务子系统主要是针对期刊论文和图书两种资源。通过用户、管理和服务三个功能应用模块实现。用户通过登录下载或分享资源，分享资源需通过投稿完成期刊论文或图书资源信息的录入。录入的详细信息系统参见下表（表3-7至表3-11）。管理员通过管理系统进行稿件审核、收录保藏等功能，为服务模块提供数据支撑，最后通过无偿或有偿的方式提供共享服务功能。

表3-7 图书出版单位基本信息规范

名称	备注	名称	备注
单位名称	必备	联系电话	必备
单位性质	（国有企业、国有控股企业、外资企业、合资企业、民营民企；事业，机关，政府，其他）可选择	E-mail	必备
单位地址	必备	主办单位	可选
邮编	必备	主管单位	可选
网址	必备	单位简介	可选
法定代表人	必备		

表3-8 图书知识资源元数据规范表

名称	备注	名称	备注	名称	备注
图书名	必备	中图分类号	必备	字数	可选
其他书名信息	可选	学科分类	24种分类学科为可选项	开本	（16开，32开，64开，其他）可选项
并列书名	可选	主题词	必备	定价	可选
作者	必备	正丛书名	可选	责任编辑	可选
译者	可选	丛书主编	可选	图书简介	必备
其他作者	可选	丛书编号 ISSN	可选	图书封面（jpg, pdf）	必备
与本版有关的作者	可选	附属丛书名	可选	版权页（jpg, pdf）	必备
版次及其他版本形式	可选	并列丛书名	可选	目录 XML	必备
出版时间	必备	印刷数量	可选	印张	可选
ISBN	必备	页码数	可选	CIP号	可选

表 3-9　期刊基本信息规范表

名称	备注	名称	备注	名称	备注	名称	备注
刊名	必备	CODEN	可选	页码	必备	国外邮发代号	可选
刊名拼音	可选	邮政编码	必备	期刊简介	必备	订购信息	可选
其他语种刊名	可选	第一主办单位	必备	出版社	可选	单价	可选
ISSN 号	必备	第二主办单位	可选	电话	必备	国内邮发代号	可选
CN 号	可选	主管单位	可选	境内发行者	可选	期刊网址	必备
e-ISSN	可选	主编	必备	出版地	可选	编辑部地址	必备
DOI	可选	编辑部主任	必备	海外发行者	可选	Email	必备
语种	（中文、英文、中英文、其他）可选项	开本	（16开，32开，64开，其他）可选项	出版频率（周期）	（半月刊、月刊、双月刊、季刊、年刊、其他）可选项	学科分类	24种分类学科为可选项
创刊年	（能否镶嵌日历）可选	发行范围	（国际、国内）可选项	是否有电子在线全文服务	（是，否）可选项	电子在线服务是否免费	（是,否）可选项
微信公众号	可选						

表 3-10　期刊基本参数元数据规范表

名称	备注	名称	备注
年	必备	CN 号	必备
卷	必备	创刊年	可选
期	必备	开本	可选
封面（jpg, pdf）	必备	语种	可选
版权页（jpg, pd）	必备	学科分类	必备
期刊基本参数	必备	单价	可选
责任主编	必备	发行量	可选
责任编辑	必备	目次表 XML	必备

表 3-11　期刊论文元数据规范表

名称	备注	名称	备注
第一作者	必备	卷	必备
第二作者	必备	期	必备
第三作者	必备	页码	必备

续表

名称	备注	名称	备注
通讯作者	必备	DOI	必备
论文题目	必备	资助基金	可选
刊名	必备	参考文献	可选
年	必备		

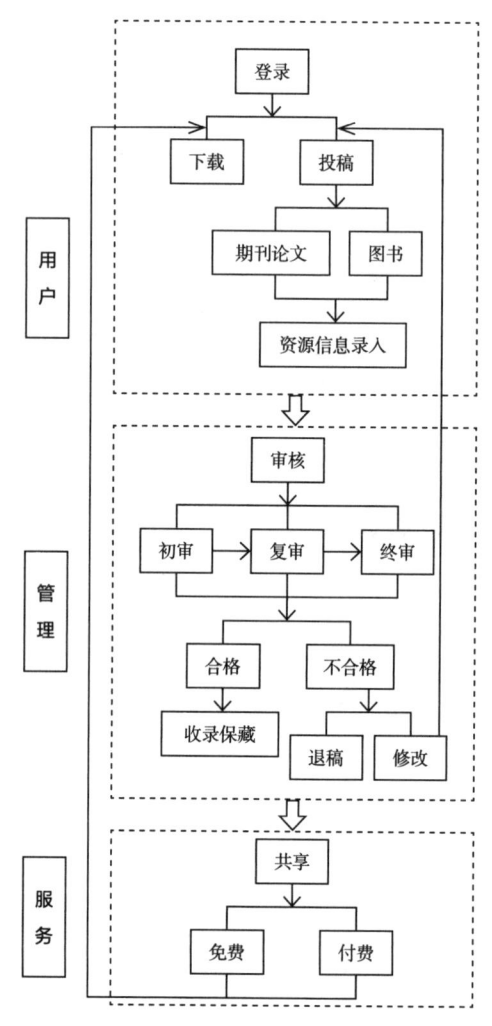

图 3-63 知识资源投稿、审核、保藏、共享服务子系统结构框架图

（1）资源投稿。

用户通过登录进入资源投稿页面。投稿网页设计包含投稿条款（是否同意条款）

和资源信息录入两个界面。用户必须同意投稿条款才能进入下一步的投稿资源信息录入界面，而投稿的资源信息录入，依据资源共享和检索功能，设置为必录入条款（加*标识）和可选择性录入条款（非*标识）。

（2）资源审核。

管理员通过登录进入资源审核页面，将资源稿件以网页链接的方式传送到审稿专家手中，进行知识资源专家在线审阅，并依据审稿专家反馈信息与作者进行交流，实现稿件退稿、修改、接收等功能。

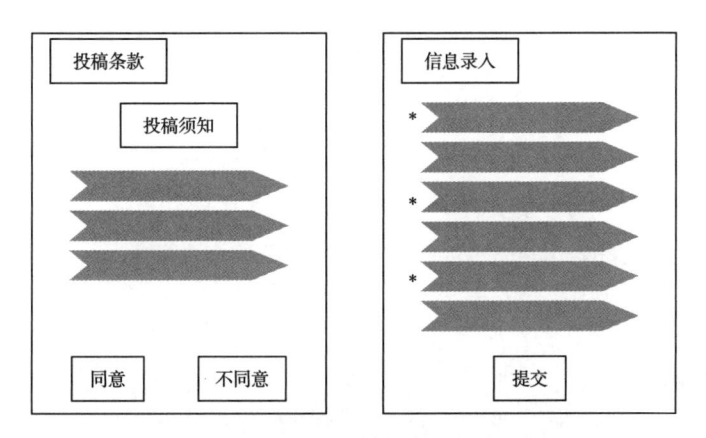

图 3-64　知识资源投稿系统网页框架图

（3）资源保存。

管理员通过登录进入资源数据库管理页面，对资源以不同的角度进行分类保存。一般知识资源投稿必须录入信息多为结构化数据，上传全文的数据为非结构化数据，而投稿可选是否录入信息（如文章摘要、图书简介等）多为半结构化数据。数字内容必须经过审核合格才能入库。

（4）共享服务。

共享服务平台需要实现知识资源的共享服务，要依靠完善的平台结构和服务内容来体现。

共享服务平台整体结构的基础是数据库，存储的是来自作者投稿的信息录入等科学数据资源，数量庞大。元数据库主要存储的是元数据标准。

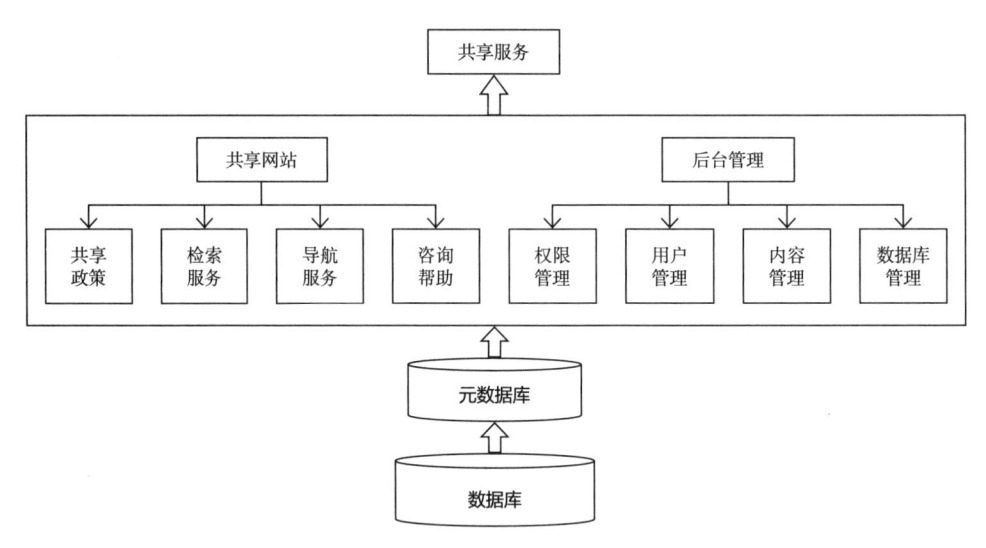

图 3-65 知识资源共享服务平台整体结构

4. 知识资源入库和服务实时动态统计子系统功能

知识资源入库主要涉及数据管理，实现更多样化数据源的导入存储、处理、使用和服务，包括实时动态统计。

5. 学术出版评价与排行榜子系统功能

学术出版评价与排行榜子系统，是一个自动发布不同类别排名的子系统。

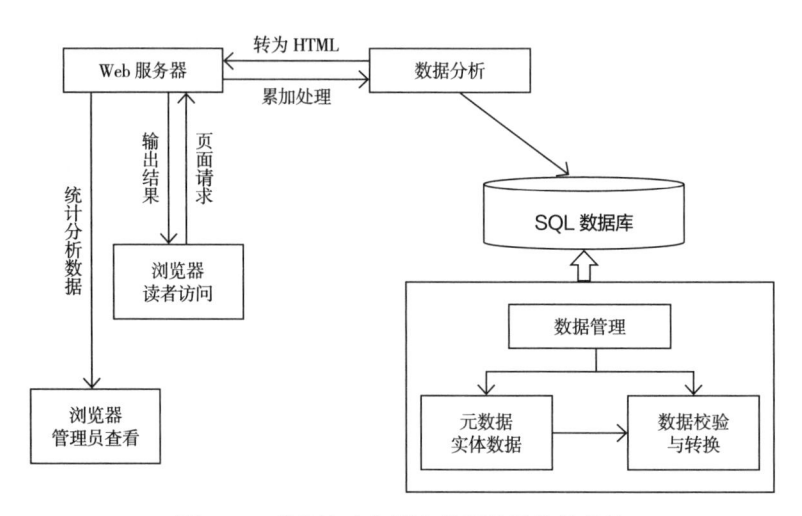

图 3-66 资源入库与服务数据统计整体结构

系统按照功能模块划分可分为四个模块：信息采集模块、信息归一化模块、计算模块（基于不同类别排名指标体系构建的最优评价方法）及学术排名发布模块。信息采集模块主要负责从互联网系统中获取图书或期刊论文信息，主要包括评价体系所涉及的评价指标，对抓取的信息进行初步的处理，再将这些信息发送至计算模块，依据建立的对应联系，根据排名评价指标，采用指数、类指数、综合指标加权均值、神经网络判别积分或非线性指标组合等数学统计方法，进行学术出版与排行排名，并对其进行比较分析。排名发布模块基于动态计算模块结果，实时发布不同时间频率的排名并进行动态网页展示。

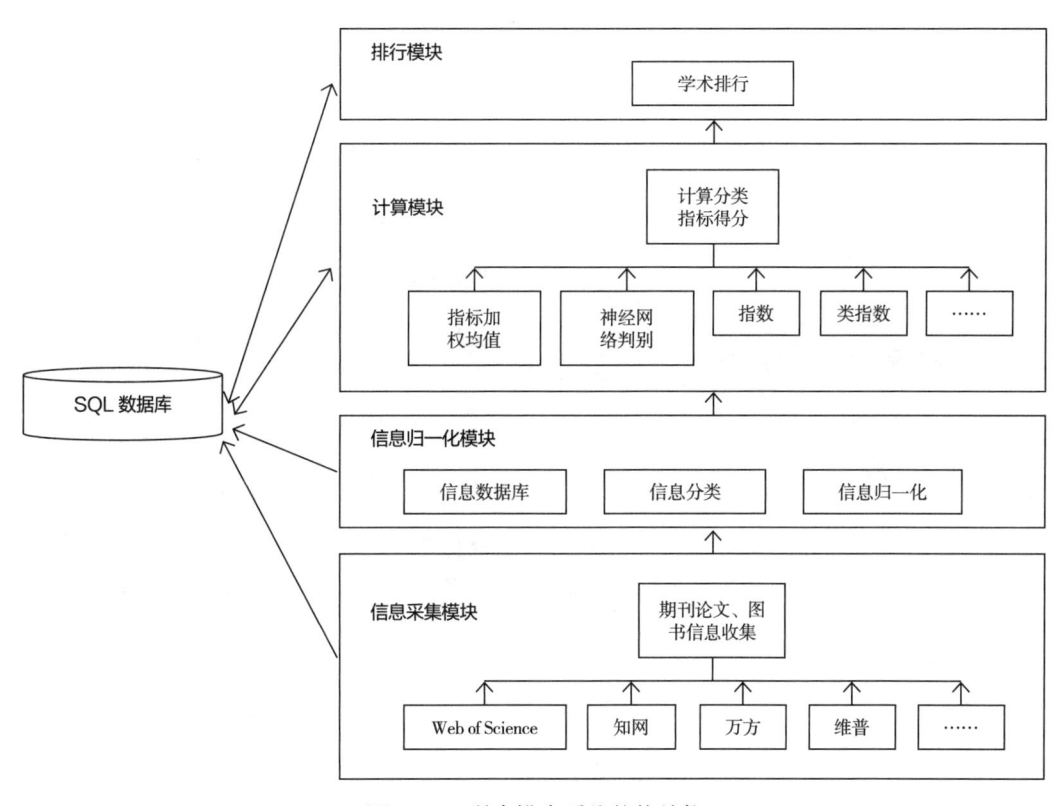

图 3-67　学术排名系统整体结构

由于在信息采集中的数据源来自于多方面，因此对多数据源的信息进行了归一化。对图书、期刊和论文按照不同主题关键词进行分类，使用朴素贝叶斯模型，信息增益方法对知识资源进行大类分类。

经过一系列的信息处理并建立数据库。在数据库建立完成之后，引入不同计算数学模型，通过不同类别学术指标的计算来为计算机科学进行排名，最后发布排名结果。

6. 数据库及其管理

OA 开放存取期刊服务系统的数据库，以分层数据资源库存储抓取的互联网数据库信息、作者投稿接收录入信息、共享信息和排行信息等多方位的资源。资源库通过构建多层数据集合，存储异构多格式数据，这也是知识资源共享平台工程的基础与核心。知识资源数据库通过构建多层次的立体数据库，实现对多源、异构资源的有效管理与高效利用，其层级结构从下到上依次由基础数据库（层）、资源数据库（层）和专题数据库构成。数据库系统管理模块涵盖知识资源的采集、加工、整理、计算和专业查询等功能，是知识资源形成和管理的功能板块，实现资源的集中加工和处理。数据库系统模块的架构均坚持一个原则——存储、下载开放的原则；服从四个核心——统一数据采集、处理、计算和可视化平台。

第五节　技术开放服务系统

一、系统介绍

技术开放服务系统定位于知识服务试点单位或其他专业出版机构与国家知识服务平台之间，为两者搭建起便捷、快速、专业的技术对接服务。新闻出版机构、知识资源生产机构将以内容资源与知识服务供应者的身份入驻平台。通过资质审核成功入驻后，将能够以开放技术接口、发布应用程序、技术内容共享等形式接入国家知识服务平台，为用户提供服务。

截止到 2020 年 5 月，平台已入驻 18 家机构，各机构的基本信息、用户数据、接口数据、应用数据由平台提供的统一数据库进行保存与维护。

二、详细描述

1. 总体架构

技术开放服务系统在系统实现上分为两部分：用户接入端和管理端服务。

用户接入端主要实现用户登录，与 SSO 系统进行对接。用户可对相关技术文档的目录和内容进行搜索、浏览及下载；企业认证用户可进行内容的发布和企业应用的发布，并对系统管理后台的审核结果和审核意见进行接收和查看；用户中心维护个人基本信息及发送用户个人申请。

系统管理端服务实现用户管理，对前台用户、管理端用户实现列表、查询、查看、编辑等，对系统管理用户实现新增、查看、查询、启用/停用，并能够对用户进行权限的授予和收回。申请审核，对与来自用户自助前台的申请进行审核和批复，对于已批复的申请，可进行查询、查看及再次批复。资源管理，实现对系统内的目录及内容的浏览、查看及审核。

系统通过定制开发的 API 与单点登录系统和大数据系统相对接，以实现数据和业务的交互。

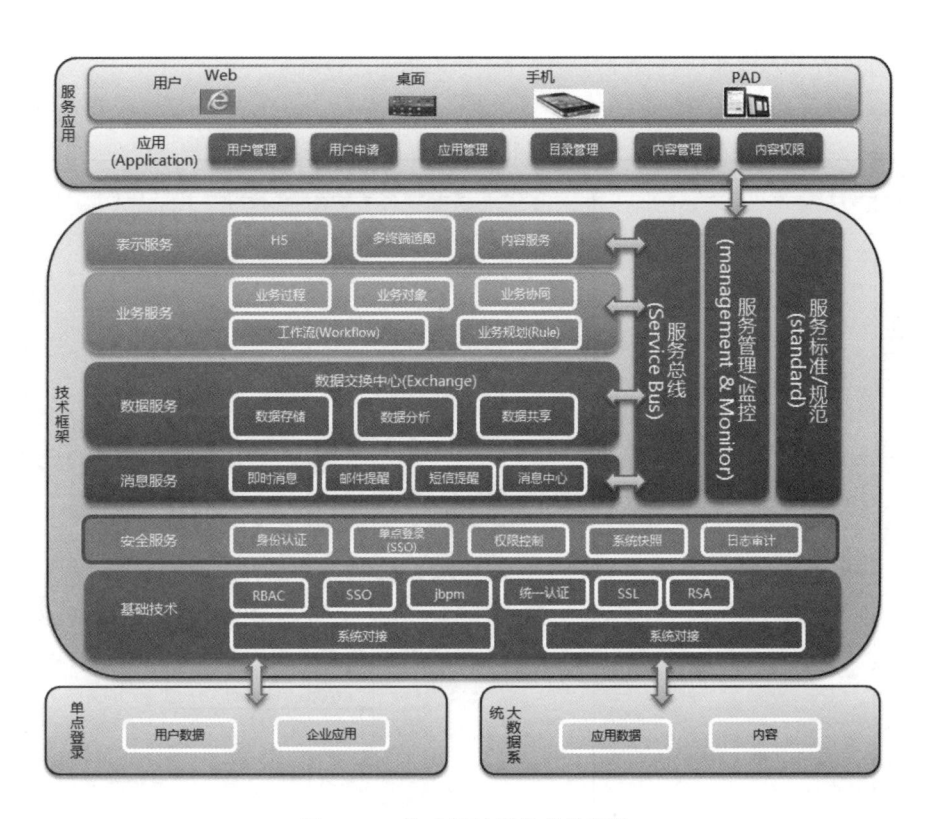

图 3-68　技术开放系统总体架构

技术开放服务系统的业务定位为服务企业用户（包括各大出版社与资源平台等）

快速接入国家知识服务平台，为企业用户提供资源一站式检索、用户共享、流量分发等多种对接模式。

2. 系统详设

技术开放为实现业务逻辑的需求将系统分为前台应用段与管理端，前台应用端作为国家知识服务平台的前台服务面向于企业用户，企业用户据此进行相应的技术开发与应用共享。

（1）系统业务流程与技术逻辑。

技术开放服务系统的业务定位是为合作方提供技术合作共享服务。以下将介绍系统主要的业务流程与技术实现逻辑。

①在线文档阅读与编辑。

在技术开发上，不同的应用集成间调用技术文档是不可或缺的，因此系统集成了在线文档阅读与编辑器。

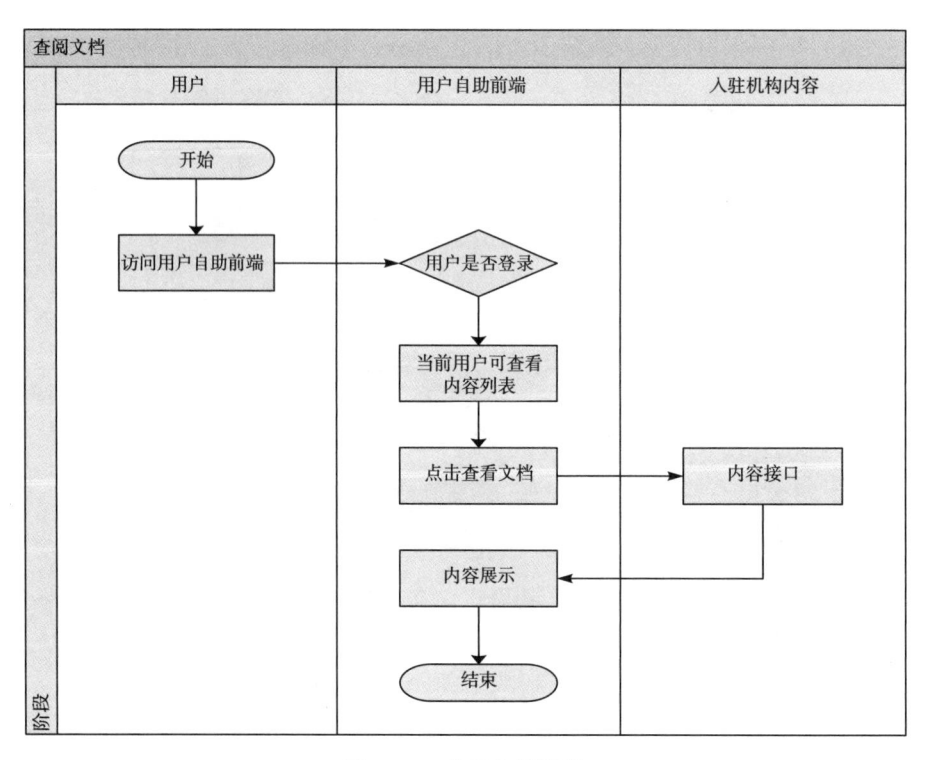

图 3-69　查阅文档流程

②用户申请与新增。

根据业务流程需要，为保证系统内容的严谨性、接入平台的专业性、业务审核的实时性，系统会对企业用户进行认证，认证后方可申请具体功能模块的对接。

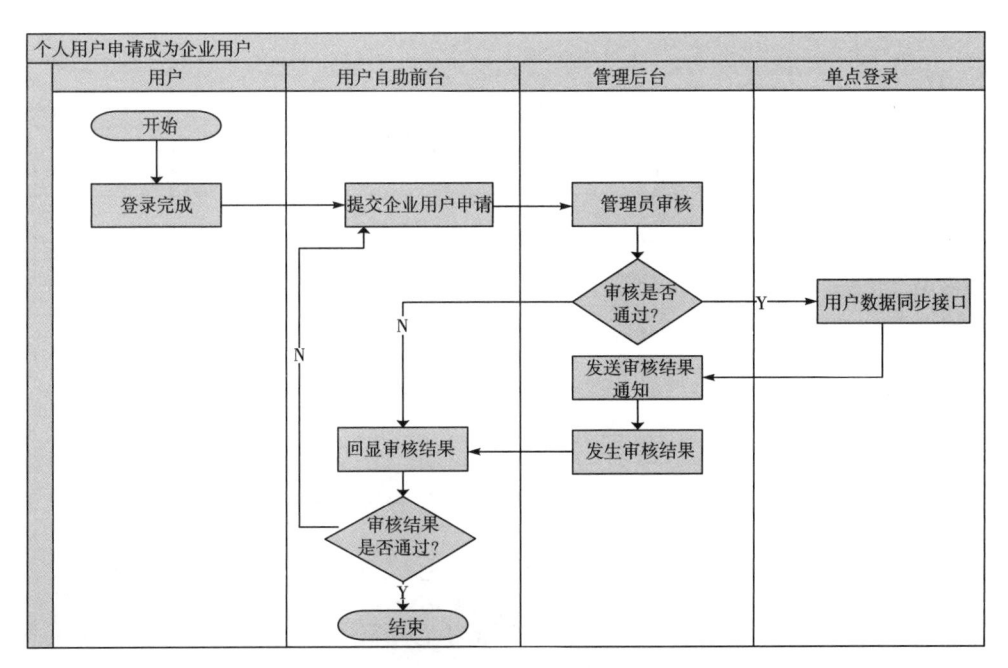

图 3-70 用户申请流程

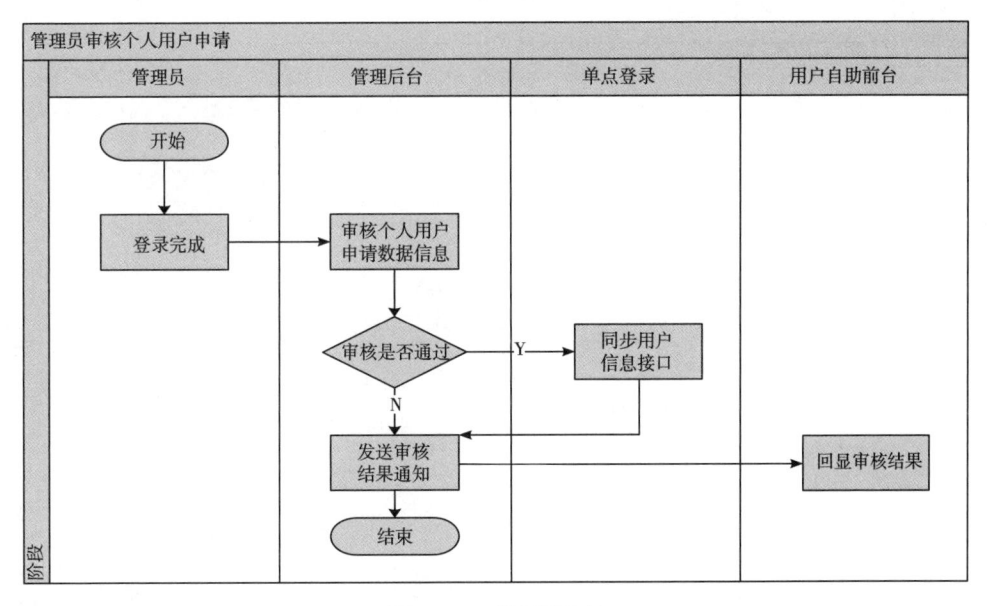

图 3-71 管理员审核

③企业应用新增。

随着知识服务的发展，越来越多的出版社、资源方在建设独有的特色服务同时也开放了很多共享应用。技术开放服务系统为第三方共享服务提供商也开放入驻模式，可实现第三方服务提供商在开放系统上传应用，其他企业用户可实现调用接入。

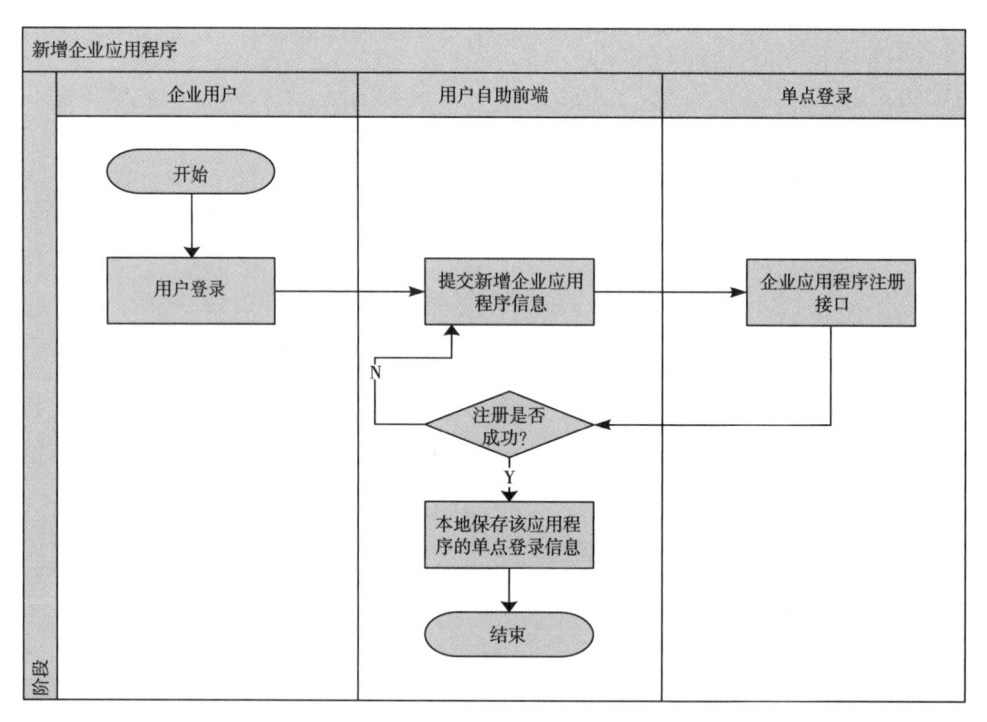

图 3-72 企业应用新增流程

（2）系统架构。

①前台应用架构。

技术开放系统的前端应用点位于用户自助的技术开放服务，包含用户登录、主页、管理用户个人信息、企业应用程序管理、系统辅助功能、集成接口等六大模块。其详细功能架构如下图所示：

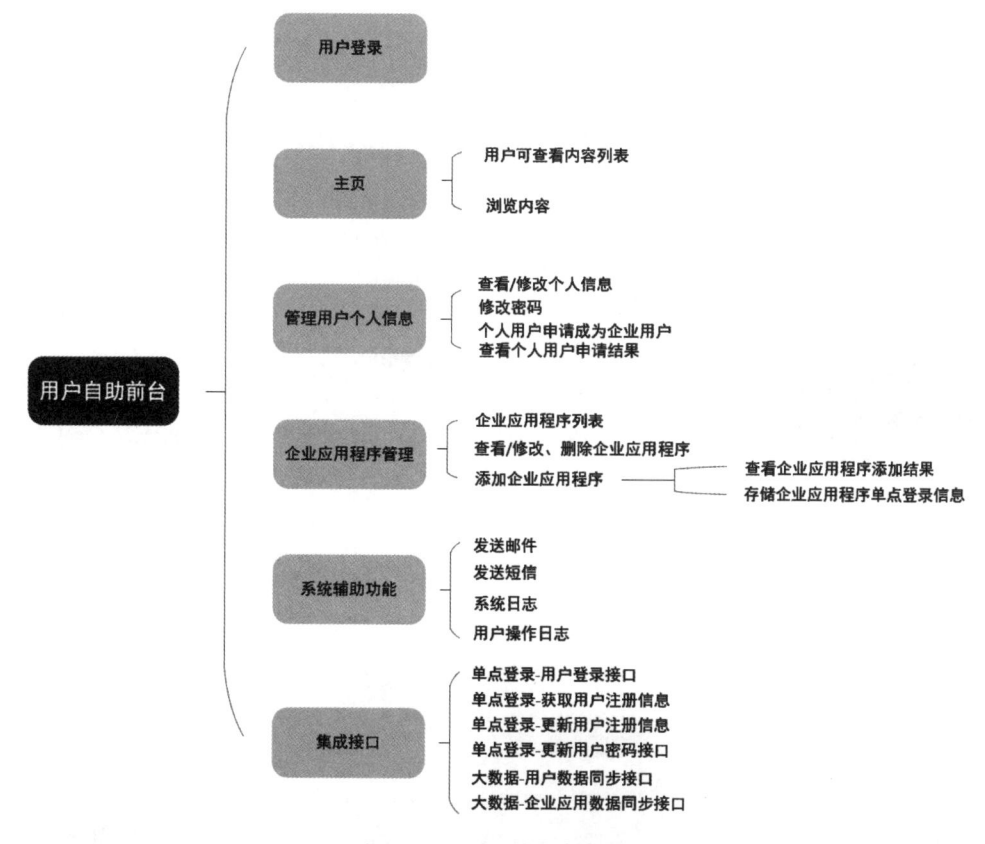

图 3-73　前台应用架构图

②管理端架构。

系统管理端主要服务于本系统的维护者，管理端依托于内网环境保证系统整体的安全性。其分为用户认证登录（独立的登录体系，不依托于单点登录）、用户管理与内容管理三个模块，三者功能相结合将为本系统的维护者提供便捷的前台应用管理服务。其详细功能架构如下图所示：

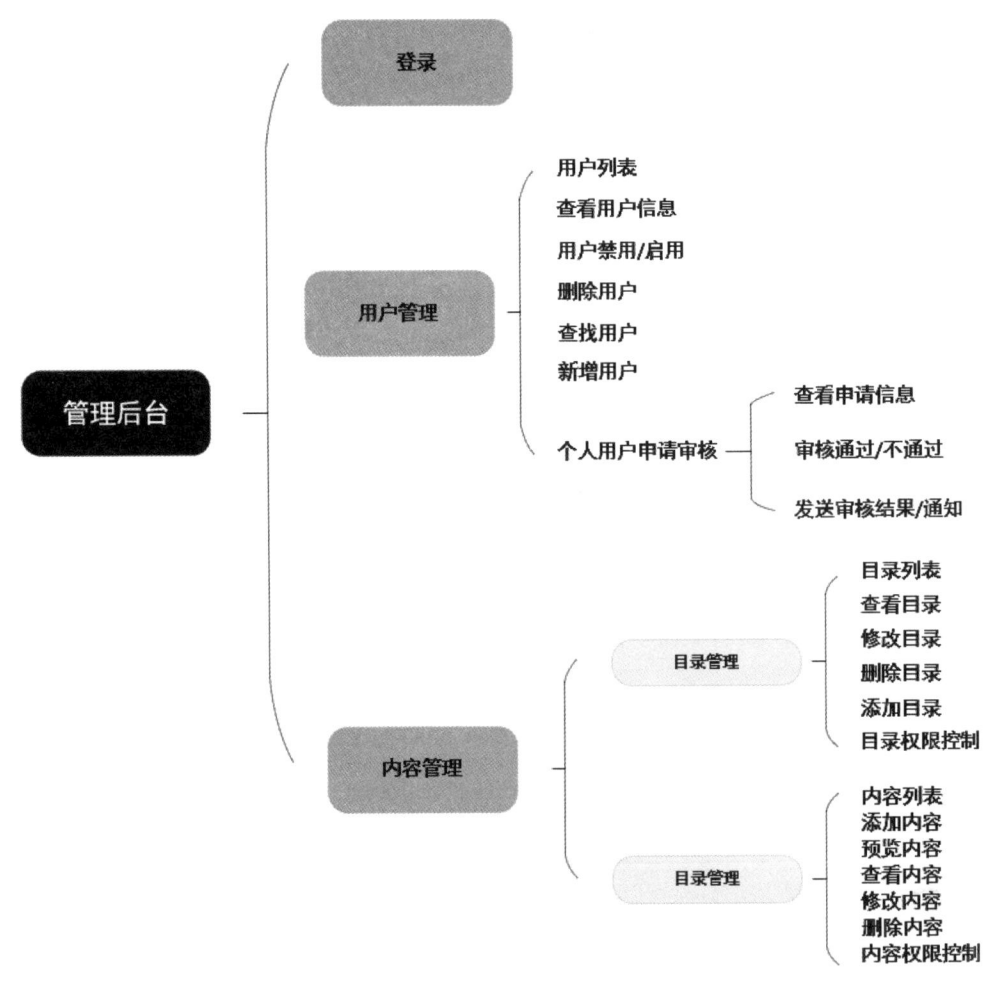

图 3-74　管理端架构图

第六节　营销互动系统

营销互动系统在出版业知识服务建设中，作为一个辅助系统，能够为出版社宣传工作赋能。

一、系统介绍

随着移动终端的普及，即时通信软件——微信成为宣传和推广的新窗口。传统出版行业需要与时俱进，通过新的移动端互联网渠道以达到更好的宣传效果。

大部分出版社没有技术和精力去针对各个活动做宣传程序，所以需要一个工具。方便出版社工作人员在开发技术基础薄弱甚至没有开发能力的前提下，能够快速地构建 H5 宣传程序。

因此，开发了针对出版行业的 H5 互动推广程序以满足这一需求。

二、详细描述

1. 业务流程

（1）系统单点登录业务流程。

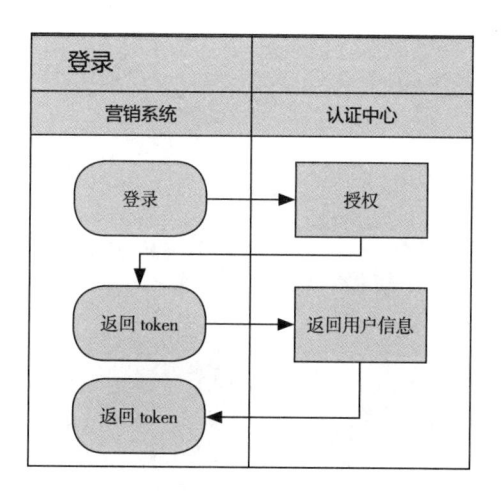

图 3-75　单点登录流程图

（2）用户审核业务流程。

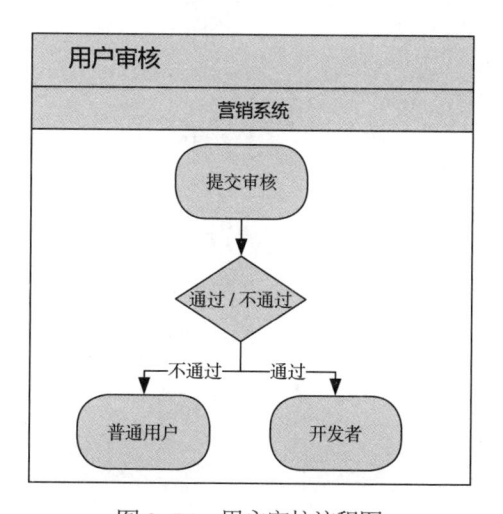

图 3-76　用户审核流程图

（3）作品发布业务流程。

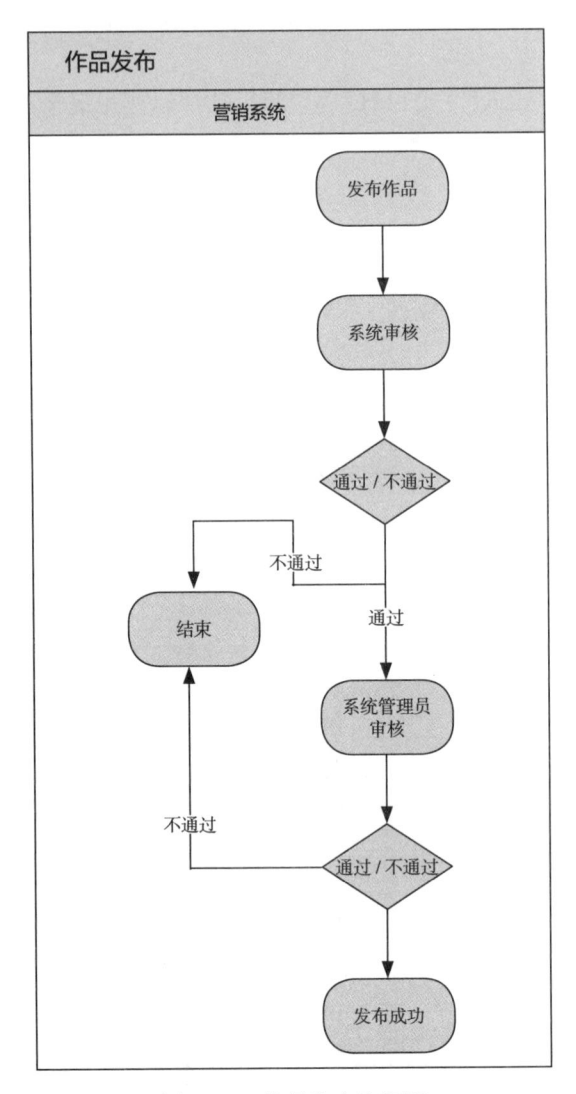

图 3-77　作品发布流程图

（4）模板发布业务流程。

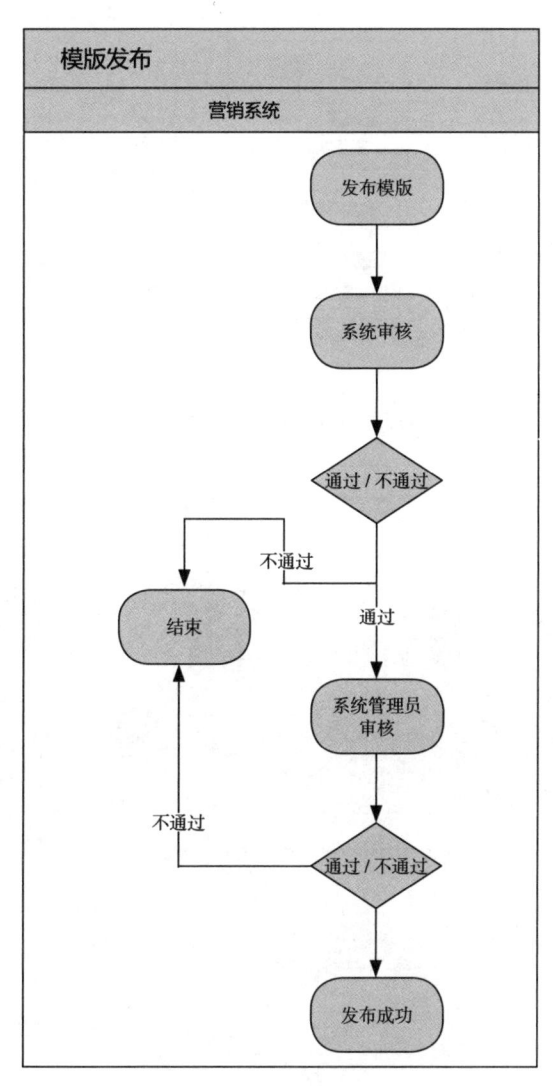

图 3-78 模板发布流程图

2. 总体架构

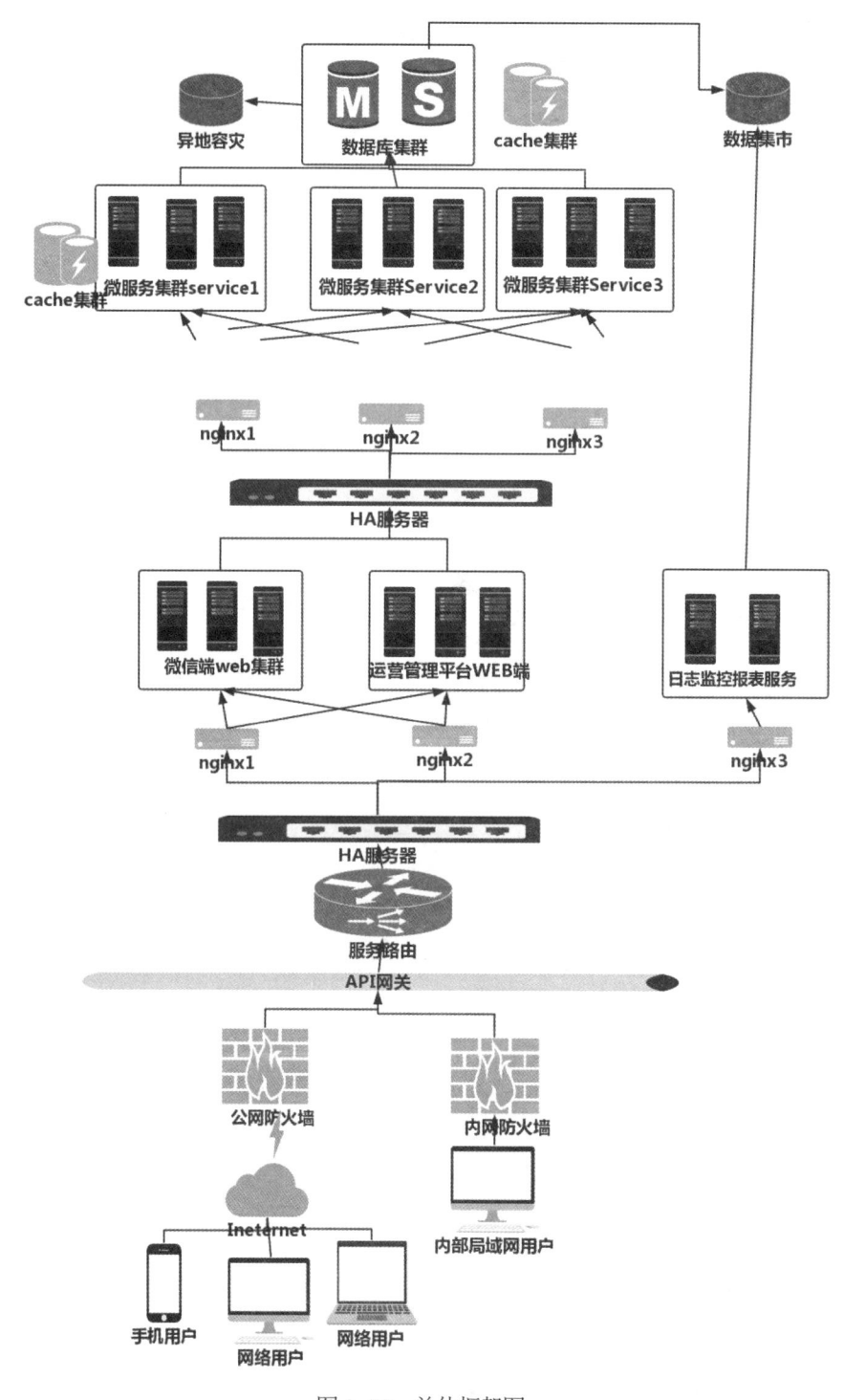

图 3-79　总体框架图

3. 数据存储管理

系统的数据分成如下的几个部分，将会分布在不同的服务器：

（1）网站内容。

包括所有的动态内容、交互功能的内容、配置项内容等。该类资源将会在数据库服务器中管理，通过应用服务器对外提供服务。

（2）全文索引数据。

包括整个网站的全文索引。该类资源将会在搜索服务器中管理，通过该服务器对外提供服务。

（3）前台数据存储。

对前台的数据保存在本 WEB 服务器区，后台提供的交互数据保存在前台缓存区，根据交互协议，再把数据传递给后台业务系统。

三、系统功能

1. 首页

首页提供模板列表，用户可扫描二维码进行预览，选择自己中意的模板进行制作、发布。

图 3-80　首　页

2. 营销小游戏

用户可通过此模块，进行小游戏的在线编辑、制作。

（1）制作游戏。

选择此模块后，将默认展示该模块下的所有模板列表，通过页签，还可切换查看该模板下所属不同子模版的列表。

用户选择自己喜欢的模板后，将跳转到制作页面，用户可根据自己的想法进行个性化制作。

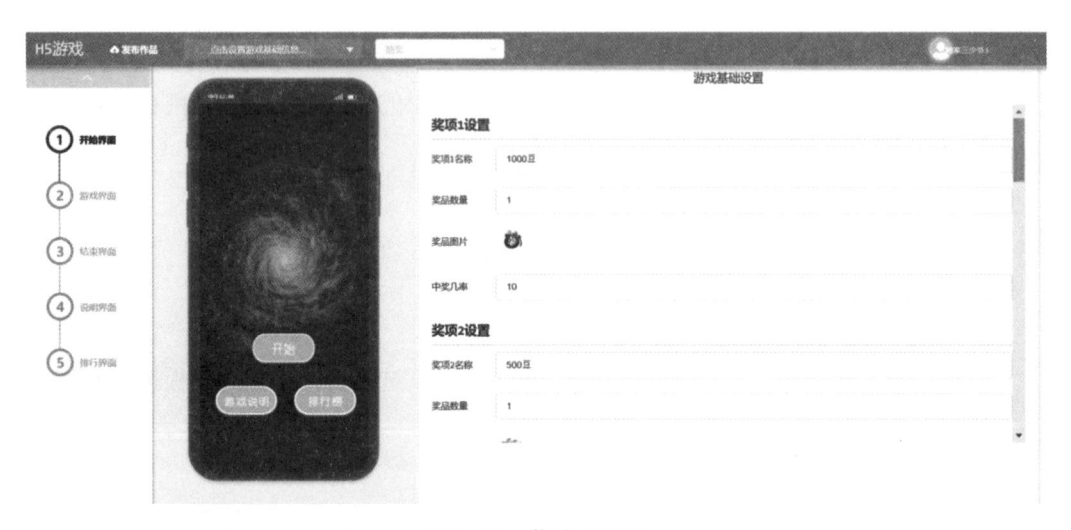

图 3-81 营销小游戏

（2）后续操作。

制作完成后，用户可根据自己的完成度，选择：

●发布：发布成功后可在我的作品中查看和使用该作品；

●保存：保存后可在我的模板中查看自己保存的模板；

●预览；

●发布为模板：如果通过审核，即可将自己制作的作品发布为模板供其他用户使用。

3.H5 场景

此部分功能可供用户制作个性化的 H5 页面，如品牌传播、活动推广、产品展示等场景。

（1）H5场景制作。

选择此模块后，将默认展示该模块下的所有模板列表，可通过页签切换，查看该模板下所属不同子模版的列表。

用户选择自己喜欢的模板后，将跳转到制作页面，用户可根据自己的想法进行个性化制作。

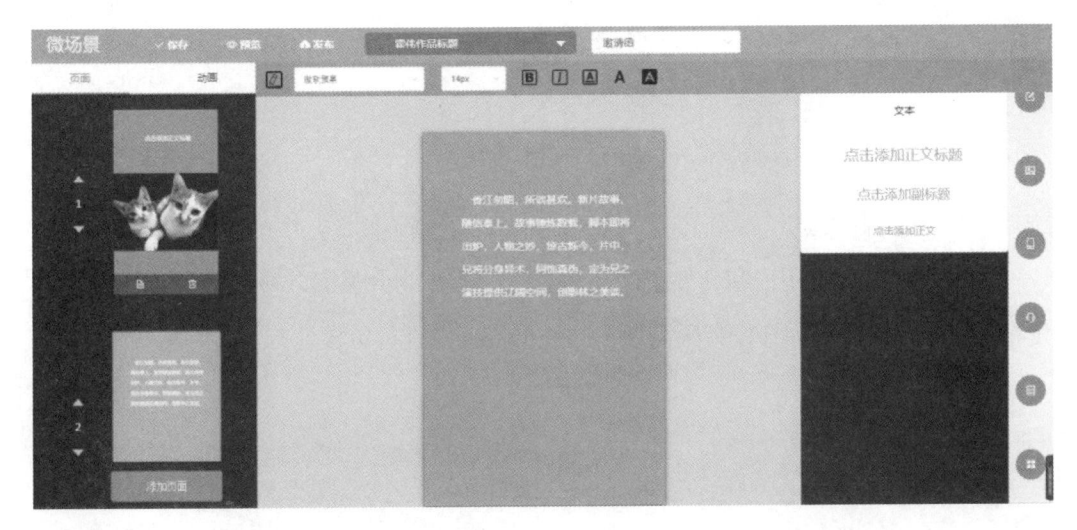

图 3-82　H5 场景

（2）后续操作。

在制作完成后，用户可以根据自己制作进度的实际情况，选择相应的操作，发布、预览、发布为模板等。

4. 作品管理

（1）个人信息。

用户在此处可对个人信息如密码、头像、昵称、手机号、邮箱等进行查看和修改。

图 3-83　个人信息

（2）开发者认证。

前台用户有普通用户和开发者两个角色，只有成为开发者才能将自己制作的东西发布为模板。若想成为开发者则需要在此处上传证件进行审核。

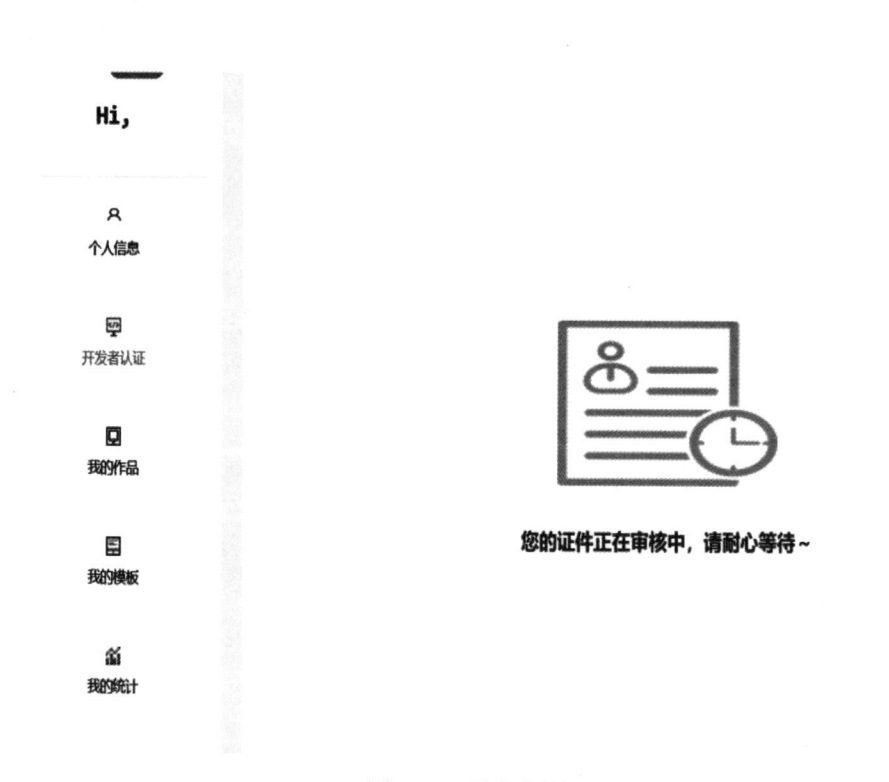

图 3-84　开发者认证

（3）我的作品。

该功能展示用户已发布的作品列表，用户可在此处通过查询条件查看其所属作品的审核状态、详情，还可对作品进行管理及二次编辑。

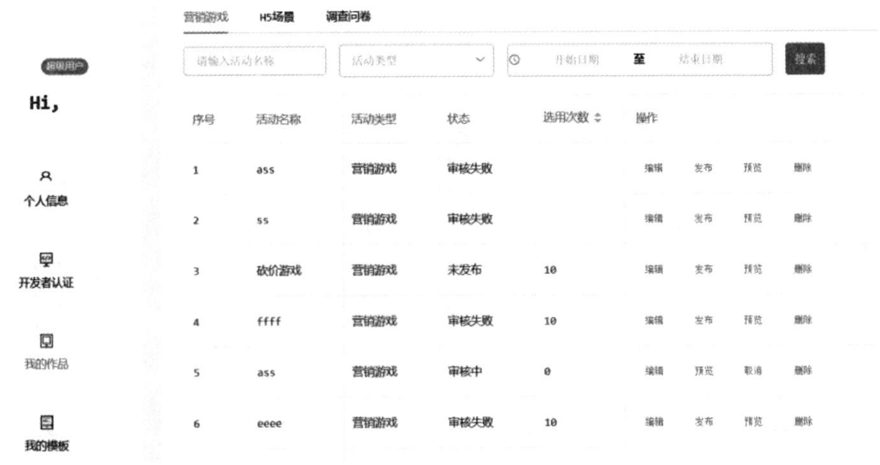

图 3-85　我的作品

（4）我的模板。

展示用户成为开发者后，发布的模板列表。提供活动名称、活动类型、开始时间、结束时间的条件查询，同时也可对用户其自身的模板进行管理和二次编辑。

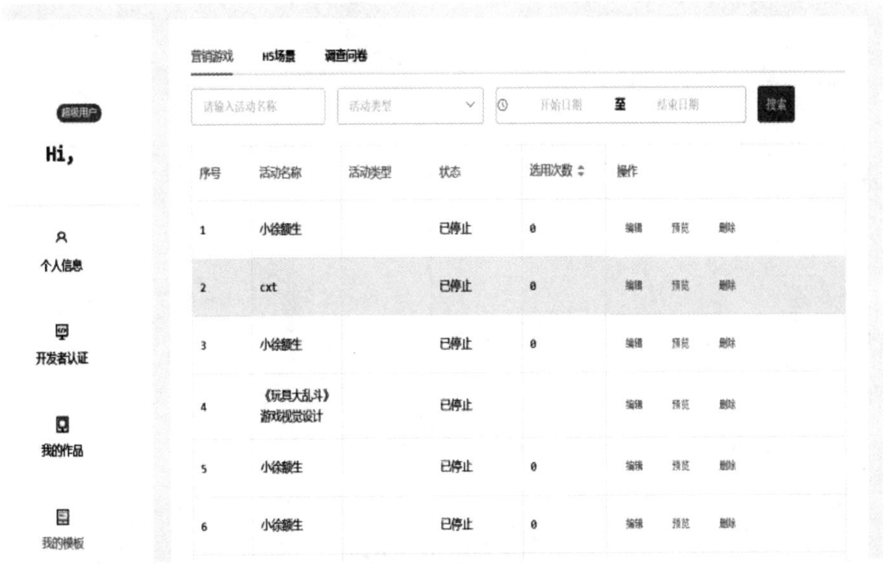

图 3-86　我的模板

（5）我的统计。

该功能主要对用户已经制作好的作品进行统计。用户可通过查询条件检索其制作的三种不同营销作品的点击量等统计数据，提供给用户作为了解自己作品受欢迎程度的一个参考。

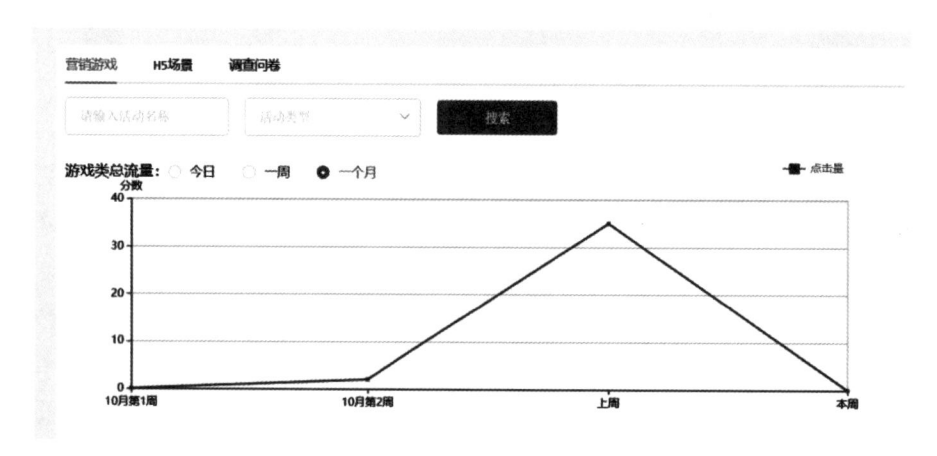

图3-87　我的统计

5. 管理页面

首页统计前台的系统访问量、模板发布量、模板访问量，并以图表的形式展示。此外，还对前台系统的用户注册数量、模板的总量做出统计。

图3-88　管理页面

6. 用户列表

支持以用户昵称、手机号、邮箱、用户类别等条件的查询。

展示用户昵称、手机号、邮箱、用户类别、模板数量、活动数量、积分等信息。支持用户详细信息的查看。

图 3-89　用户列表

7. 开发者审核

该功能展示所有前台用户的开发者申请,可以对其是否能够成为开发者做出处理,并支持用户昵称、手机号、邮箱等条件的查询。

图 3-90　开发者审核

8. 模板管理

（1）营销游戏。

展示前台系统所有营销游戏类的模板。支持活动名称、活动类型等条件的检索。可查看模板的上下架状态、选用次数,还可对模板做出上下架的操作,查看改模板的详情。

图 3-91　营销游戏模板管理

（2）H5 场景。

后台管理员可通过该功能对前台系统所有 H5 场景的模板进行维护。支持以活动名称、活动类型为条件的检索，可查看模板的状态、选用次数，以及模板的详情，并对该模板的上下架做出处理。

图 3-92　H5 场景模板管理

9. 内容审核

（1）发布已审核。

展示前台用户所有发布的作品，可通过切换页签查看审核通过的及审核未通过的。支持活动名称、活动分类、活动类型的条件查询。展示的内容包括活动名称、活动分类、活动类型、活动时间，并提供查看详情功能。

图 3-93　发布已审核

（2）发布待审核。

展示前台用户所有的待审核作品，管理员可对其做出审核，提供活动名称、活动分类、活动类型的条件查询。

图 3-94　发布待审核

（3）模板已审核。

展示前台用户所有已审核的模板，可通过切换页签查看审核通过及审核拒绝的模板。支持活动名称、活动分类、活动类型的条件查询。展示的内容包括活动名称、活动分类、活动类型、活动时间，并提供查看详情功能。

图 3-95　模板已审核

（4）模板待审核。

展示前台用户所有的待审核作品，管理员可对其做出审核。提供活动名称、活动分类、活动类型的条件查询及查看详情。

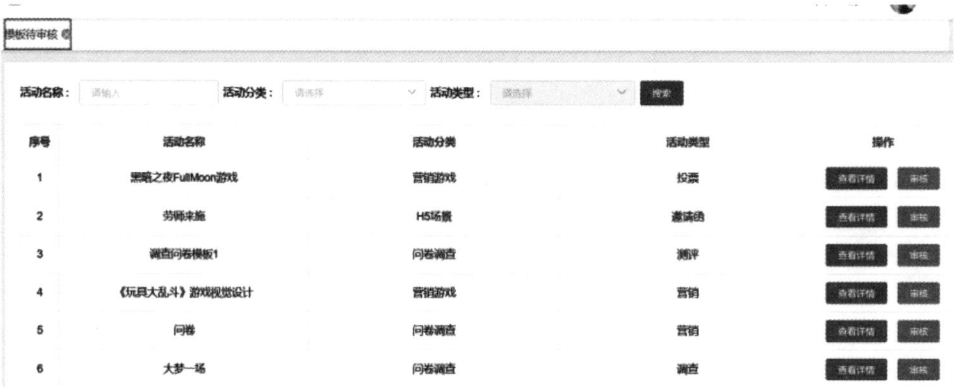

图 3-96　模板待审核

10. 分类配置

提供对分类的维护，提供新增和删除操作。

图 3-97　分类配置

11. 文件库

（1）图片库。

管理员可在此维护模板中提供的图片。展示图片名称、图片分类。鼠标悬停可预览图片。支持图片名称、图片一级分类、图片二级分类的条件检索。可上传图片，并提供上架、下架、删除的操作。

图 3-98　图片库

（2）音乐库。

管理员可在此维护模板中提供的音乐素材。展示音频名称、音频分类等内容，可试听音频。提供音频名称、音频分类的条件检索，并支持上架、下架、删除操作。

图 3-99　音乐库

（3）背景库。

管理员可在此维护模板中提供的背景图片。展示背景名称、背景分类等内容，鼠标悬停可预览图片背景。提供背景名称、背景分类的条件检索，并支持上架、下架、删除操作。

图 3-100　背景库

12. 统计监控

（1）SQL 监控。

对前后台所有的 SQL 语句进行集中管理，支持条件检索，方便对系统问题进行快速排查、定位。

（2）系统日志。

记录用户对系统的使用情况。展示内容有：用户名、用户操作、请求方法、请求参数、执行时长、IP 地址、创建时间。支持用户名、用户操作的条件查询。

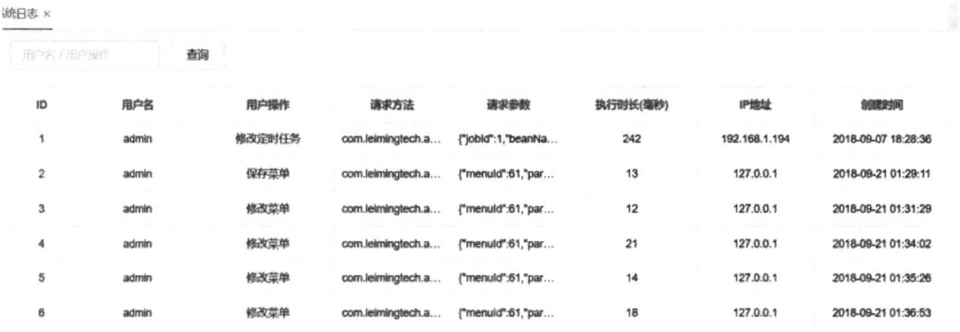

系统日志 ×

用户名 / 用户操作　查询

ID	用户名	用户操作	请求方法	请求参数	执行时长(毫秒)	IP地址	创建时间
1	admin	修改定时任务	com.leimingtech.a...	{"jobId":1,"beanNa...	242	192.168.1.194	2018-09-07 18:28:36
2	admin	保存菜单	com.leimingtech.a...	{"menuId":61,"par...	13	127.0.0.1	2018-09-21 01:29:11
3	admin	修改菜单	com.leimingtech.a...	{"menuId":61,"par...	12	127.0.0.1	2018-09-21 01:31:29
4	admin	修改菜单	com.leimingtech.a...	{"menuId":61,"par...	21	127.0.0.1	2018-09-21 01:34:02
5	admin	修改菜单	com.leimingtech.a...	{"menuId":61,"par...	14	127.0.0.1	2018-09-21 01:35:26
6	admin	修改菜单	com.leimingtech.a...	{"menuId":61,"par...	18	127.0.0.1	2018-09-21 01:36:53

图 3-101　系统日志

（3）登录日志。

对用户登录情况的统计。展示内容有用户名、用户操作、登录状态、IP 地址、登录时间。支持用户名、登录状态的条件查询。

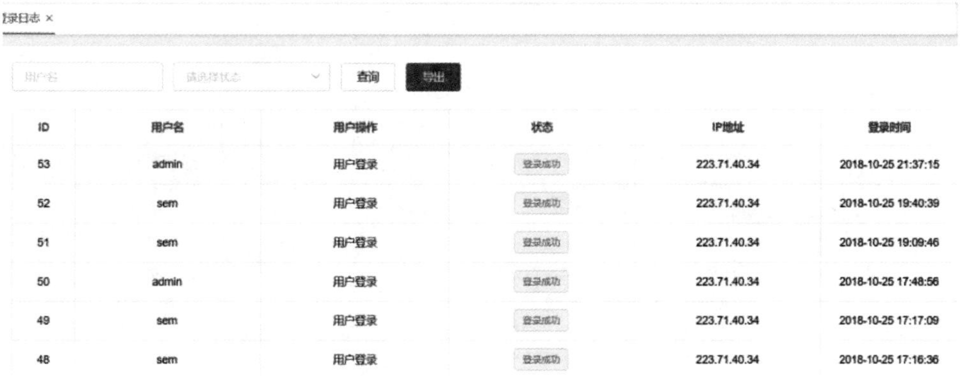

登录日志 ×

用户名　请选择状态　查询　导出

ID	用户名	用户操作	状态	IP地址	登录时间
53	admin	用户登录	登录成功	223.71.40.34	2018-10-25 21:37:15
52	sem	用户登录	登录成功	223.71.40.34	2018-10-25 19:40:39
51	sem	用户登录	登录成功	223.71.40.34	2018-10-25 19:09:46
50	admin	用户登录	登录成功	223.71.40.34	2018-10-25 17:48:56
49	sem	用户登录	登录成功	223.71.40.34	2018-10-25 17:17:09
48	sem	用户登录	登录成功	223.71.40.34	2018-10-25 17:16:36

图 3-102　登录日志

第七节　出版与知识服务标准系统

出版与知识服务标准系统，提供国家标准、行业标准查看与下载，分类展示现行、废止和即将实施的标准。并且提供标准的培训报名入口，注册成为系统机构用户的用户可以参加标准培训，帮助出版业从业者解读现行标准。

一、系统介绍

出版与知识服务标准系统主要分为四个模块：标准查询、培训报名、机构认证、标良认证。

二、系统功能

1. 标准查询

登录国家知识资源服务中心门户网站的用户可以通过标准号和关键词来检索标准。

图 3-103　标准查询

2. 机构认证

填写相关信息注册成为机构用户。

第三章　国家知识服务平台系统建设情况

图 3-104　机构认证

3. 查看培训列表

图 3-105　查看培训列表

4. 报名成为学员

图 3-106　报名成为学员

5. 查询名额使用情况

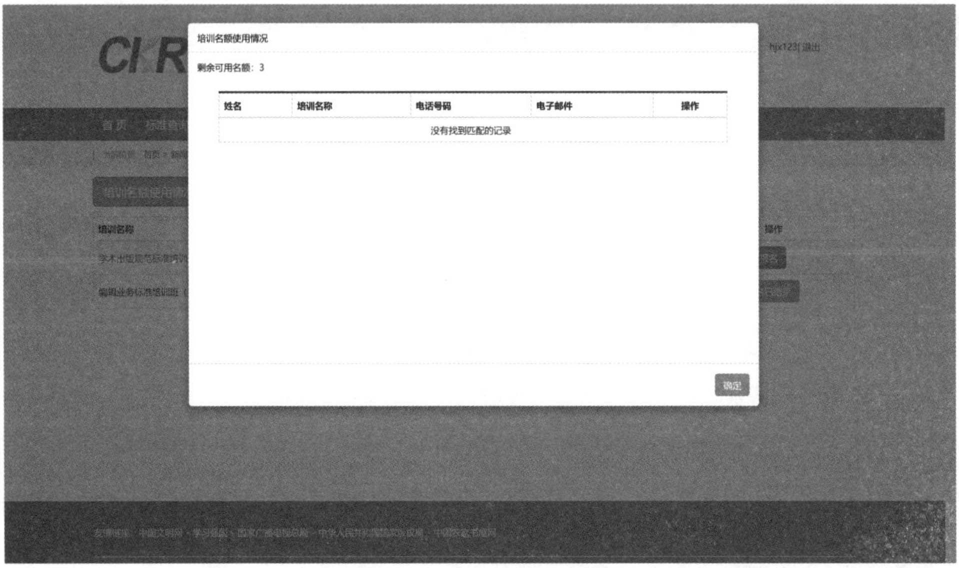

图 3-107　查询名额使用情况

第八节 数字内容正版化公示系统

一、系统介绍

数字内容正版化公示系统是国家知识服务平台建设的围绕数字内容正版化传播和采选的授权管理查询系统，其面向公众市场，实现了出版社可供电子书产品在机构销售和发行的全流程版权及销售授权信息管理。数字内容正版化公示系统通过向出版社、代理商、采选机构三方同时开放信息登记系统，对出版社可供电子书的销售渠道、采选情况等进行公示并交叉验证，实现了有效的正版化传播全流程管理。出版社在该系统注册登记后，可发布其可供电子书产品信息及授权代理商信息；代理商通过有效身份认证后，获取出版社发布的可供电子书产品的销售代理清单，并可面向市场提供该出版社相关电子书产品的代理销售服务；采选机构可选择经正式公示的销售代理，并可以将需采购（或已采购）电子书产品信息上传至系统，进行产品版权和授权信息的有效性检查，规避版权风险。依托本系统正版化传播的全流程动态管理基础，开展公开的授权信息查询、核验与保护、多维度数据运营分析等工作，并为采选机构招投标服务提供投标者正版化授权证明，有效避免了采购中数字内容版权风险。数字内容正版化公示系统通过正版化数字内容版权登记、代理商授权清单登记、数字资源采购信息记录，进行全面的数据统计分析，并基于可视化数据报表引擎，实现了可供电子书版权授权管理和运营信息的统计分析，从多角度、多方面将可供电子书版权授权的各种数据信息以适当的方式进行展示。

二、详细描述

1. 总体架构

整个系统包含数字内容正版化授权查询系统、版权内容授权登记系统、正版化验证系统以及授权统计分析系统。

项目整体的框架如下:

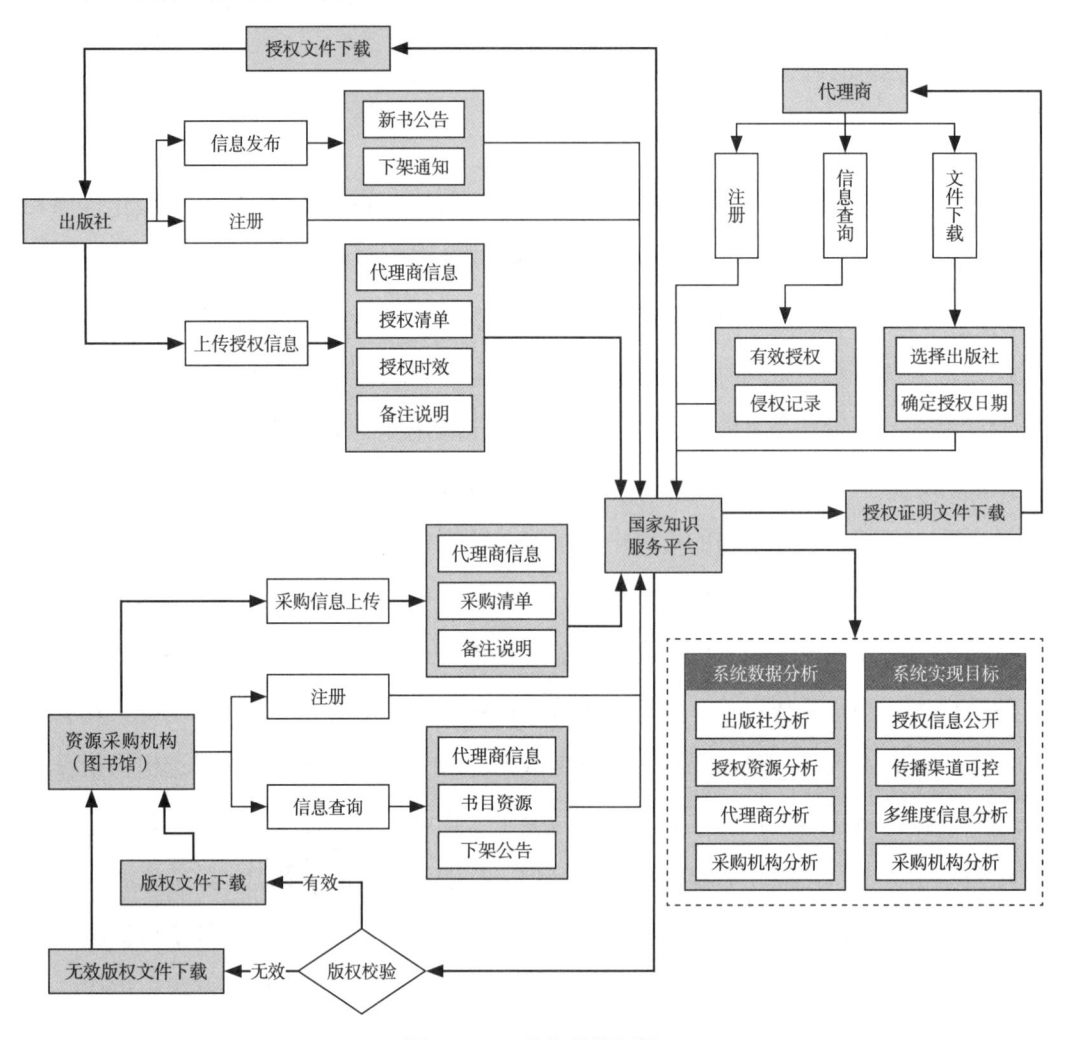

图 3-108　系统总体框架

2. 业务流程

（1）用户认证流程。

普通用户在注册并登录版权查询系统，可在后台提交不同类型的认证信息，进行用户认证。认证信息通过管理员审核通过后，普通用户即变更为认证用户，并赋予不同认证用户的权限功能。

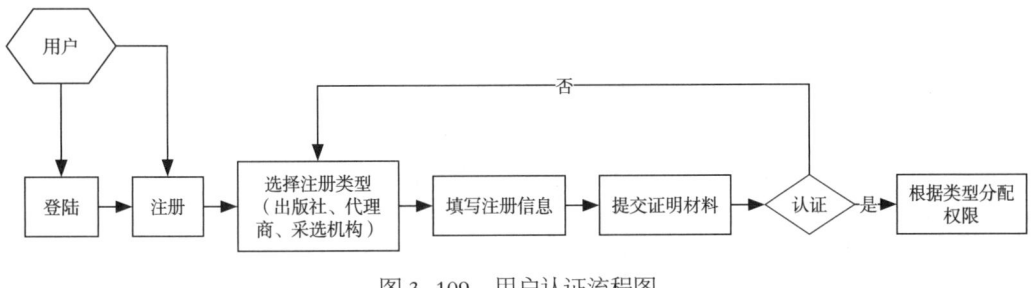

图 3-109　用户认证流程图

（2）出版社功能流程。

出版社功能权限必须审核通过才可获取其权限。主要包括版权信息登录登录与查询、授权信息登录与查询、相关信息公告等功能。

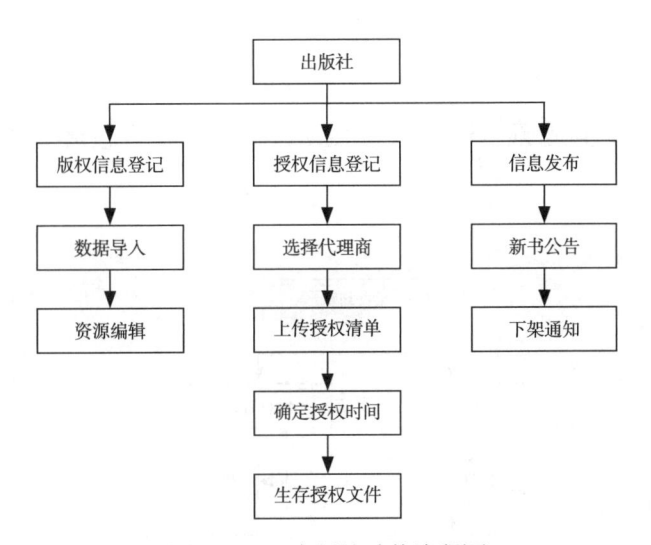

图 3-110　出版社功能流程图

（3）代理商功能流程。

代理商功能权限必须审核通过才可获取其权限。主要包括授权信息查询、授权文件校验、下载等功能。

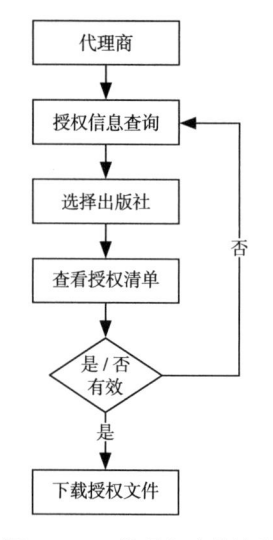

图 3-111　代理商功能流程

（4）采选机构功能流程。

采选机构功能权限必须审核通过才可获取其权限。主要包括授权信息查询、版权校验、下载等功能。

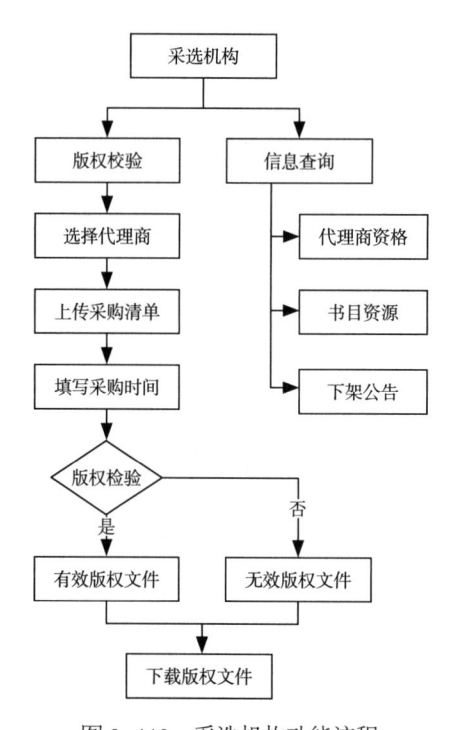

图 3-112　采选机构功能流程

三、系统功能

1. 授权查询门户

提供可供电子书的授权查询服务，主要包含信息公告、资源查询、出版社查询、代理商查询、采选机构查询等功能。

（1）资源查询。

支持可供电子书产品各项元数据（如：书名、ISBN、作者、出版时间等）进行模糊检索，并可直接通过资源链接查看资源详细介绍，介绍显示所查询资源的书名、ISBN、作者、出版社、出版时间、关键词、简介、授权代理商、授权方式、授权时效等信息。

图3-113 资源查询示意图

（2）出版社查询。

通过查询方式或导航方式，查询并显示当前出版社可供电子书的品种情况、所授权的代理商（可直接通过链接查看代理商的详细介绍），显示出版社的企业身份、企业类型、法定代表人、统一社会信用代码、成立日期、住所等基本信息和当前出版社的资源清单。

图 3-114　出版社查询示意图

图 3-115　出版社详细信息示意图

（3）代理商查询。

通过查询方式或导航方式，查询并显示代理商的企业身份、企业类型、法定代表人、统一社会信用代码、成立日期、住所等基本信息和当前代理商所获代理授权的出版社列表。

图 3-116　代理商查询示意图

图 3-117　代理商详情信息示意图

（4）采选机构查询。

通过查询方式或导航方式，查询显示采选机构的详细信息。支持以出版社、代理商、采购时间、学科专业等多个维度对采选资源进行统计分析。

2. 版权信息登记

用户能够通过 Excel 数据文件的方式导入外部系统的信息；支持图书、图片、音视频等不同资源的录入和管理；提供资源信息的查询功能，能够按资源名称、类型、作者、ISBN、出版时间、版权状态等进行查询。

图 3-118　版权信息管理示意图

3. 授权信息登记

提供代理商通过 Excel 数据文件的方式导入，同时提供资源授权时间范围；支持授权信息的查询功能，提供按代理商、授权时间、资源名称、类型、作者、ISBN、出版时间、版权状态等进行查询；支持下载授权文件。

图 3-119　授权信息管理示意图

4. 代理商认证系统

代理商在系统上注册并通过认证后，可以进行授权信息查询和授权文件下载，便于参与相关数字内容采购活动。

（1）信息查询。

提供代理商授权信息的查询。主要分为：有效授权信息查询、侵权信息记录和信用等级查看。支持通过输入关键字搜索对提供代理商授权信息进行查询。

（2）授权文件下载。

选择出版社和授权日期，提交系统进行校验，通过后生成可供电子书授权证明文件进行下载，为代理商参加相关数字内容资源采购提供证明材料。

图 3-120 搜索授权信息示意图

5. 机构采选校验系统

采选机构在系统上注册并通过认证后，支持代理商资格、最新书目、下架通知等信息查询。通过将采购信息上传，由系统进行版权校验，确定采购清单中的数字内容是否存在版权或授权渠道问题。

图 3-121　信息查询示意图

采购资源校验提供采购资源通过 Excel 数据文件的方式导入，同时提供导入采购资源授权时间范围；支持授权信息的查询功能，提供按代理商、授权时间、资源名称、作者、ISBN、出版时间、版权状态等进行查询；支持下载授权文件。

6. 数据统计

基于可视化数据报表引擎实现可供电子书版权授权管理和运营信息的统计分析功能，能够从多角度、多方面将可供电子书版权授权的各种数据信息以适当的方式进行展示，为领导的决策提供依据。系统支持各种类型的报表和展示，支持柱状图、饼图、折线图等多种图像展现方式，授权分析提供的内容从资源概况、机构概况、内容形态、版权状态、授权渠道等多维度统计分析。

第三章　国家知识服务平台系统建设情况

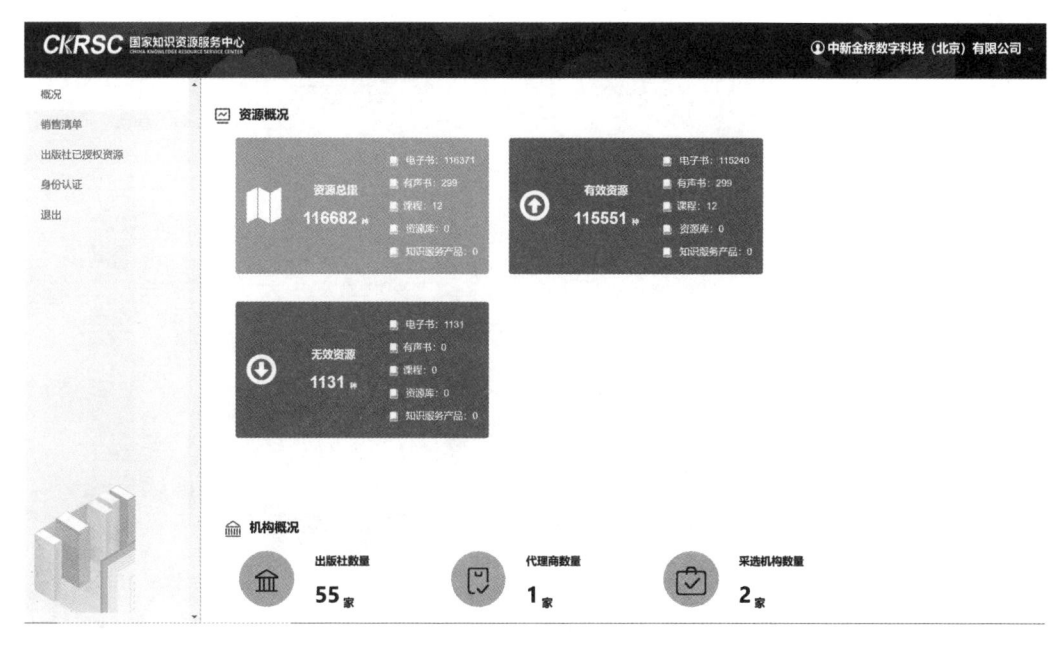

图 3-122　资源概况示意图

图 3-123　机构概况示意图

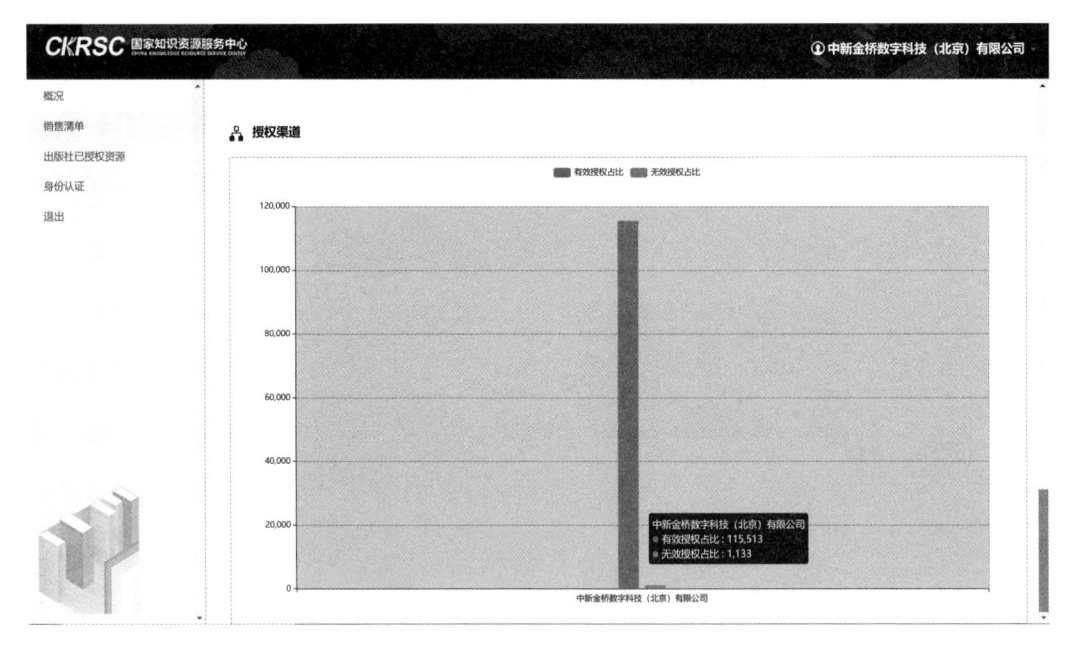

图 3-124　授权渠道示意图

第九节　数字版权保护工具

"数字版权保护技术研发工程"是国家新闻出版重大科技专项，于 2016 年完成研发并投入使用。工程拥有专利 22 项，提供的技术服务包括数字作品（批量）登记技术、数字水印（批量）嵌入与提取技术、媒体指纹（批量）提取与匹配检测技术、数字资源加解密（含定制播放器）技术、时间戳技术、区块链技术、版权授权公示系统开发、侵权追踪服务等。

版权保护保护工具是在研发工程竣工之后，在推广使用过程中，结合实际对工程成果进行不断迭代优化形成的一系列工具。

目前，版权保护工具已无缝集成到国家知识服务平台，可以为知识服务保驾护航，同时也可以作为独立的版权保护工具集，提供相关版权保护服务。

一、版权保护工具描述

1. 总体架构

数字版权保护工具系统包括以下不同类别的工具：登记注册类、时间戳类、文件水印类、文件特征值类、加密与解密类、媒体播放器类。

表 3-12　版权保护工具类目

	分类	细目	备注
版权保护工具	登记注册	作品登记	任意格式；单文件／批量
		唯一标识符分配	任意格式；单文件／批量
		侵权投诉	任意格式
	时间戳	添加时间戳	任意格式；单文件／批量
		验证时间戳	任意格式；单文件／批量
版权保护工具	文件水印	文本水印嵌入	单文件／批量
		文本水印提取	单文件
		图像水印嵌入	单文件／批量
		图像水印提取	单文件
		音频水印嵌入	单文件／批量
		音频水印提取	单文件
		视频水印嵌入	单文件／批量
		视频水印提取	单文件
		视频课件水印嵌入	单文件／批量
		视频课件水印提取	单文件／批量

续表

分类		细目	备注
版权保护工具	文件特征值	文本文件特征值提取和储存	单文件/批量
		文本文件相似度比对	两个文件
		文本文件抄袭检测	单文件
		图像文件特征值提取和储存	单文件/批量
		图像文件相似度比对	两个文件
		图像文件抄袭检测	单文件
		音频文件特征值提取和储存	单文件/批量
		音频文件相似度比对	两个文件
		音频文件抄袭检测	单文件
		视频文件特征值提取和储存	单文件/批量
		视频文件相似度比对	两个文件
		视频文件抄袭检测	单文件
	加密与解密	文件加密	任意格式；单文件
		文件解密	任意格式；单文件
		视频文件添加透明水印	单文件
	媒体播放器	音频文件解密播放器	单文件
		视频文件解密播放器	单文件

（1）登记注册类。

作品登记：通过网站登记作品信息、权利信息、权利人信息（不需要上传作品文件本身），为后续的作品保护、侵权跟踪等功能作准备。支持各种格式的作品，可以登记单个作品文件，也可以批量登记。

唯一标识符分配：登记作品时，网站服务后台会自动为每一个作品文件赋予唯一的标识符，用于后续的水印嵌入、跟踪等工作。

侵权投诉：用户通过网站提交投诉信息，包括作品信息、侵权信息、维权诉求等。投诉后将建立侵权追踪任务。

（2）时间戳类。

添加时间戳：文件保护的手段之一，通过添加时间戳标记（内含文件所有者、授权时间、对应的电脑网卡地址等信息）到指定文件中，为后续的维权工作提供证据。支持各种文件格式；可以单个文件处理，也可以批量处理。

验证时间戳：通过验证文件内含的时间戳标记，确认文件所有者、授权时间、对应的电脑网卡地址等信息，为后续的维权工作提供证据。支持各种文件格式；可以单个文件处理，也可以批量处理。

（3）文件水印类。

文本水印嵌入：针对文本文件，嵌入文字水印。支持的文件格式有 pdf、cebx、epub；可以单个文件嵌入，也可以批量嵌入。该水印不可见，需要用专门的工具提取。

文本水印提取：针对文本文件，提取文字水印，支持的文件格式有 pdf、cebx、epub；可以单个文件提取。提取水印可为维权工作提供证据。

图像水印嵌入：针对图像文件，嵌入文字水印。支持的文件格式有 jpg、bmp、png、tif、gif；可以单个文件嵌入，也可以批量嵌入。该水印不可见，需要用专门的工具提取。

图像水印提取：针对图像文件，提取文字水印。支持的文件格式有 jpg、bmp、png、tif、gif；可以单个文件提取。提取水印可为维权工作提供证据。

音频水印嵌入：针对音频文件，嵌入文字水印。支持的文件格式有 mp3、wav；可以单个文件嵌入，也可以批量嵌入。该水印不可见，需要用专门的工具提取。

音频水印提取：针对音频文件，提取文字水印。支持的文件格式有 mp3、wav；可以单个文件提取。提取水印可为维权工作提供证据。

视频水印嵌入：针对视频文件，嵌入文字水印。支持的文件格式是 mp4 等常见视频格式；可以单个文件嵌入，也可以批量嵌入。该水印不可见，需要用专门的工具提取。

视频水印提取：针对视频文件，提取文字水印。支持的文件格式是 mp4 等常见视频格式；可以单个文件提取。提取水印可为维权工作提供证据。

视频课件水印嵌入：针对一些特殊的视频文件（主要是背景颜色单一的视频文件，多为视频课件），嵌入文字水印。支持 mp4 等常见的多种文件格式；可以单个文件嵌入，也可以批量嵌入。该水印不可见，需要用专门的工具提取。

视频课件水印提取：针对一些特殊的视频文件（主要是背景颜色单一的视频文件，多为视频课件），提取文字水印。支持 mp4 等常见的多种文件格式；可以单个文件提取，也可以批量提取。提取水印可为维权工作提供证据。

（4）文件特征值类。

文本文件特征值提取和储存：针对文本文件，提取和储存文件特征值、建立特征值库。为后续的侵权跟踪提供依据。可以单个文件提取和储存，也可以批量提取和储存。支持 txt、html、pdf、epub、cebx 格式。

文本文件相似度比对：针对两个文本文件，根据特征值进行比对，给出相似度（百分比）。支持 txt、html、pdf、epub、cebx 格式。

文本文件抄袭检测：针对给定的单个文本文件，根据特征值与特征值数据库中的文件进行比对，给出相似度百分比，为抄袭判定提供依据。支持 txt、html、pdf、epub、cebx 格式。

图像文件特征值提取和储存：针对图像文件，提取和储存文件特征值、建立特征值库。为后续的侵权跟踪提供依据。可以单个文件提取和储存，也可以批量提取和储存。支持 png、jpg、bmp 格式。

图像文件相似度比对：针对两个图像文件，根据特征值进行比对，给出相似度（百分比）。支持 png、jpg、bmp 格式。

图像文件抄袭检测：针对给定的单个图像文件，根据特征值与特征值数据库中的文件进行比对，给出相似度百分比，为抄袭判定提供依据。支持 png、jpg、bmp 格式。

音频文件特征值提取和储存：针对音频文件，提取和储存文件特征值、建立特征值库。为后续的侵权跟踪提供依据。可以单个文件提取和储存，也可以批量提取和储存。支持 mp3、wma、wav 格式。

音频文件相似度比对：针对两个音频文件，根据特征值进行比对，给出相似度（百分比）。支持 mp3、wma、wav 格式。

音频文件抄袭检测：针对给定的单个音频文件，根据特征值与特征值数据库中的文件进行比对，给出相似度百分比，为抄袭判定提供依据。支持 mp3、wma、wav 格式。

视频文件特征值提取和储存：针对视频文件，提取和储存文件特征值、建立特征值库。为后续的侵权跟踪提供依据。可以单个文件提取和储存，也可以批量提取和储存。支持 mp4、avi、mpg、mpeg、avses 格式。

视频文件相似度比对：针对两个视频文件，根据特征值进行比对，给出相似度（百分比）。支持 mp4、avi、mpg、mpeg、avses 格式。

视频文件抄袭检测：针对给定的单个视频文件，根据特征值与特征值数据库中的文件进行比对，给出相似度百分比，为抄袭判定提供依据。支持 mp4、avi、mpg、mpeg、avses 格式。

（5）加密与解密类。

文件加密：支持任意格式文件加密；基于 RC4/CTR 加密算法，技术成熟、安全性高、速度快。对 1G 大小的文件加密，只需要 1 分钟时间。加密后的媒体只能通过指定的客户端播放；可以实现授权期限控制（授权权限结束后，资源不能继续播放）、授权终端控制（可以限制资源只能在指定的终端上播放）。加密为单文件操作。

文件解密：这是上述加密操作的逆运算。支持任意格式文件解密；基于 RC4/CTR 加解密算法，技术成熟、安全性高、速度快。对 1G 大小的文件解密，只需要 1 分钟时间。解密为单文件操作。

视频文件添加透明水印：以透明的 png 或 jpg 格式图像为水印文件，添加到视频文件中，使得播放视频文件时，能看到水印，实现媒体文件中相关的课程标题、主讲教师姓名、版权声明、标题图像等保护。由于水印与加密技术结合，比一般水印破解难度大。可以在单个视频文件加密的过程中添加水印。

（6）媒体播放器类。

音频文件解密播放器：针对已加密的音频文件进行播放，播放时不生成解密文件（安全性高）。支持 mp3、wma、flac、aac、amr、m4a、ogg、mp2、wav 等多种格式的音频文件。有播放、退出、快进、快退、暂停、继续等功能。

视频文件解密播放器：针对已加密的视频文件进行播放，播放时不生成解密文件（安全性高）。支持 mp4、vob、avi、mpg、mov、flv、rmvb、mkv、3gp 数十种常见格式的视频文件。有播放、退出、快进、快退、暂停、继续、放大、缩小、调整宽高比等功能。播放时可以显示出已添加的明水印。

2. 关键技术解决方案

对时间戳、水印、加密等工具的授权：采用服务器端验证，结合本机的主板号、MAC 地址完成授权与验证。

批量嵌入水印功能：整合各个单一的水印嵌入功能，用程序枚举子目录下的所有文件，摒弃由用户填写 Excel 文件的方法，增强了易用性。

解决授权软件在部分电脑上不能获取到主板号的问题：针对旧版授权方式在某些电脑上会获取不到主板号的问题，改进了算法，并提供了通过 MAC 地址进行授权的方式，解决了这一问题。

解决指纹系统对文本文件提取指纹失败的问题：指纹系统最初有较大的概率提取失败，通过对算法进行了改进，大幅度减少了失败的几率。

安装过程简化：以前的每个工具都需要专业人员进行安装部署、调整参数，比较复杂，改进以后可以作为一键安装，方便了普通用户使用。

二、工具功能

1. 文本水印嵌入

运行文本水印嵌入工具后，点击"选择"按钮，选择需要添加水印的文本文件（可以是 pdf，cebx 或 epub 文件），在"水印字符"框中填写一小段文字作为水印，然后点击"确定"按钮。系统进行嵌入动作，完成后有提示。

图 3-125　文本水印嵌入（1）

图 3-126　文本水印嵌入（2）

成功嵌入水印后，系统会在原文件所在目录内新建一个子目录 watermark，嵌入水印后的文件会保存在这个子目录中。

2. 文本水印提取

运行文本水印提取工具后，点击"选择"按钮，选择需要提取水印的文本文件（可以是 pdf, cebx 或 epub 文件），然后点击"确定"按钮。系统进行提取动作，完成后有提示。

图 3-127　文本水印提取（1）

图 3-128　文本水印提取（2）

成功提取水印后，系统会在"水印字符"框中显示所提取的水印文字。

3. 图像水印嵌入

运行图像水印嵌入工具后，点击"选择"按钮，选择需要添加水印的图像文件（可以是 jpg、png、gif、bmp 文件），在"水印字符"框中填写一小段文字作为水印，然后点击"确定"按钮。系统进行嵌入动作，完成后有提示。

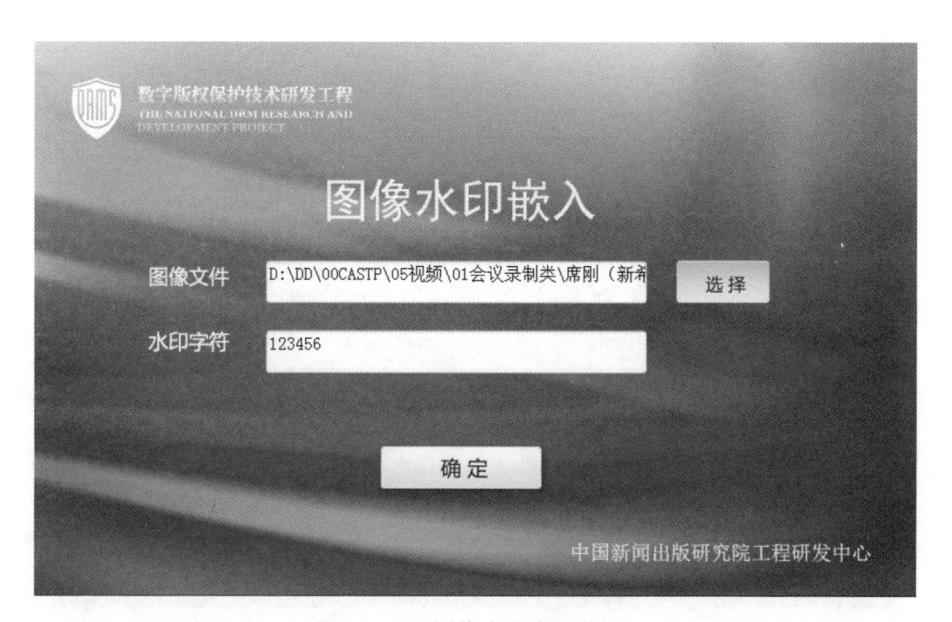

图 3-129　图像水印嵌入（1）

图 3-130　图像水印嵌入（2）

成功嵌入水印后，系统会在原文件所在目录内新建一个子目录 watermark，嵌入水印后的文件会保存在这个子目录中。

4. 图像水印提取

运行图像水印提取工具后，点击"选择"按钮，选择需要提取水印的图像文件（可以是 jpg、png、gif、bmp 文件），然后点击"确定"按钮。系统进行提取动作，完成后有提示。

图 3-131　图像水印提取（1）

图 3-132　图像水印提取（2）

成功提取水印后,系统会在"水印字符"框中显示所提取的水印文字。

5. 音频水印嵌入

运行音频水印嵌入工具后,点击"选择"按钮,选择需要添加水印的音频文件(可以是 mp3、wav 文件),在"水印字符"框中填写一小段文字作为水印,然后点击"确定"按钮。系统进行嵌入动作,完成后有提示。

图 3-133　音频水印嵌入(1)

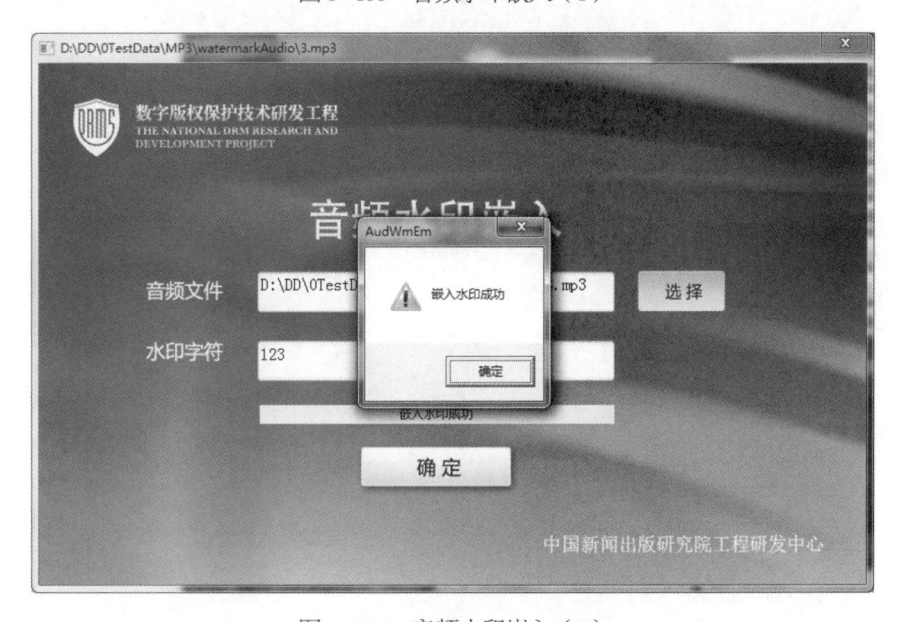

图 3-134　音频水印嵌入(2)

成功嵌入水印后，系统会在原文件所在目录内新建一个子目录 watermark，嵌入水印后的文件会保存在这个子目录中。

6. 音频水印提取

运行音频水印提取工具后，点击"选择"按钮，选择需要提取水印的音频文件（可以是 mp3、wav 文件），然后点击"确定"按钮。系统进行提取动作，完成后有提示。

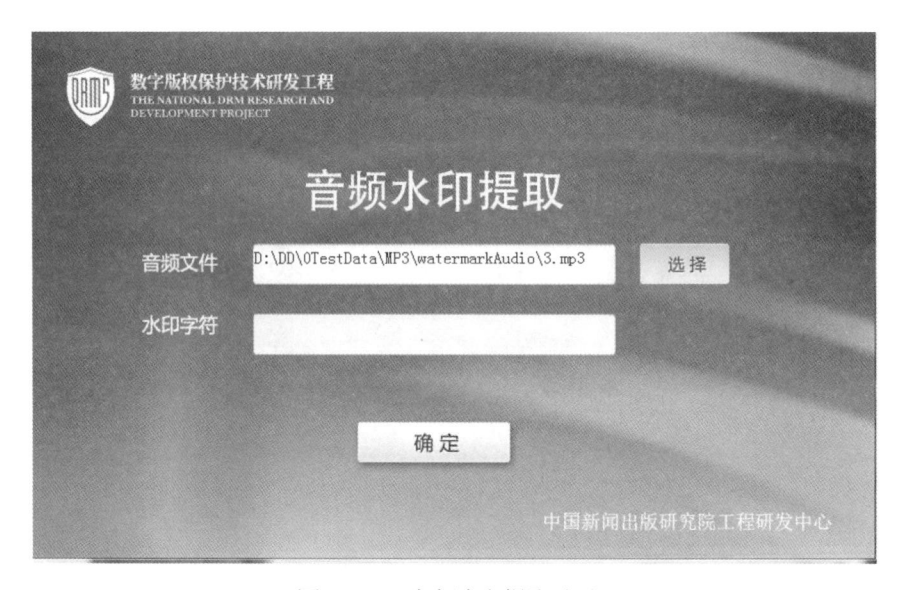

图 3-135　音频水印提取（1）

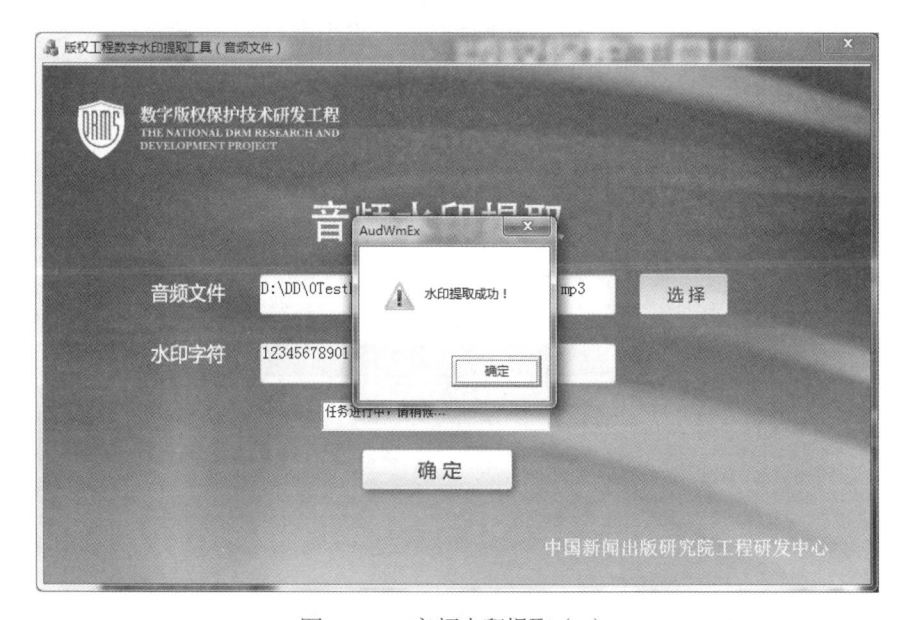

图 3-136　音频水印提取（2）

成功提取水印后，系统会在"水印字符"框中显示所提取的水印文字。

7. 视频水印嵌入

运行视频水印嵌入工具后，点击"选择"按钮，选择需要添加水印的视频文件（可以是 mp4、avi 文件），在"水印字符"框中填写一小段文字作为水印，然后点击"确定"按钮。系统进行嵌入动作，完成后有提示。

图 3-137　视频水印嵌入（1）

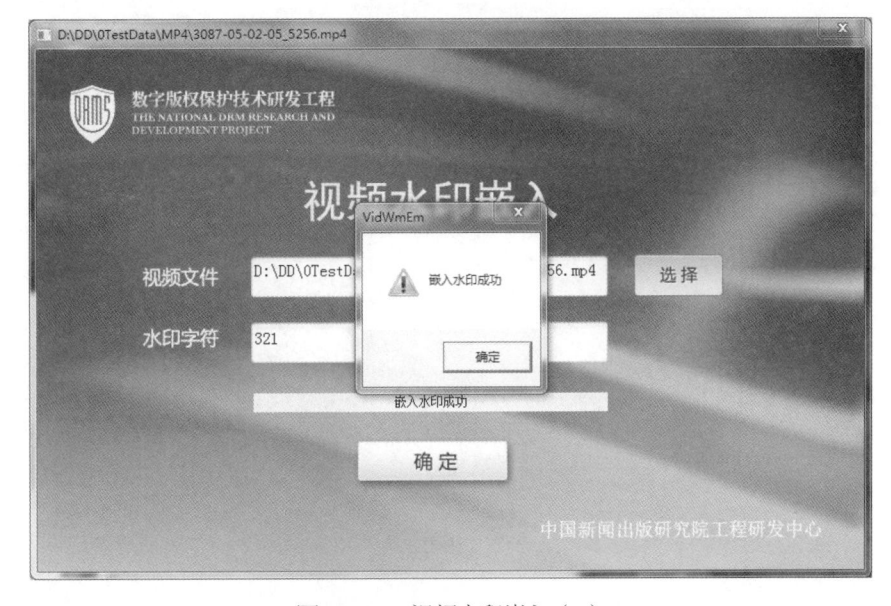

图 3-138　视频水印嵌入（2）

成功嵌入水印后，系统会在原文件所在目录内新建一个子目录 watermark，嵌入水印后的文件会保存在这个子目录中。

8. 视频水印提取

运行视频水印提取工具后，点击"选择"按钮，选择需要提取水印的视频文件（可以是 mp4、avi 文件），然后点击"确定"按钮。系统进行提取动作，完成后有提示。

图 3-139　视频水印提取（1）

图 3-140　视频水印提取（2）

成功提取水印后,系统会在"水印字符"框中显示所提取的水印文字。

9. 批量水印嵌入

运行批量水印嵌入工具后,点击"选择"按钮,选择需要添加水印的文件所在的目录(目录中包含 pdf、cebx、epub;jpg、png、gif、bmp;mp3、wav;mp4、avi 格式的文本、图像、音频、视频文件),系统会自动创建一个 excel 文件记录批量嵌入的文件以及是否嵌入成功;在"水印字符"框中填写一小段文字作为水印,然后点击"确定"按钮。

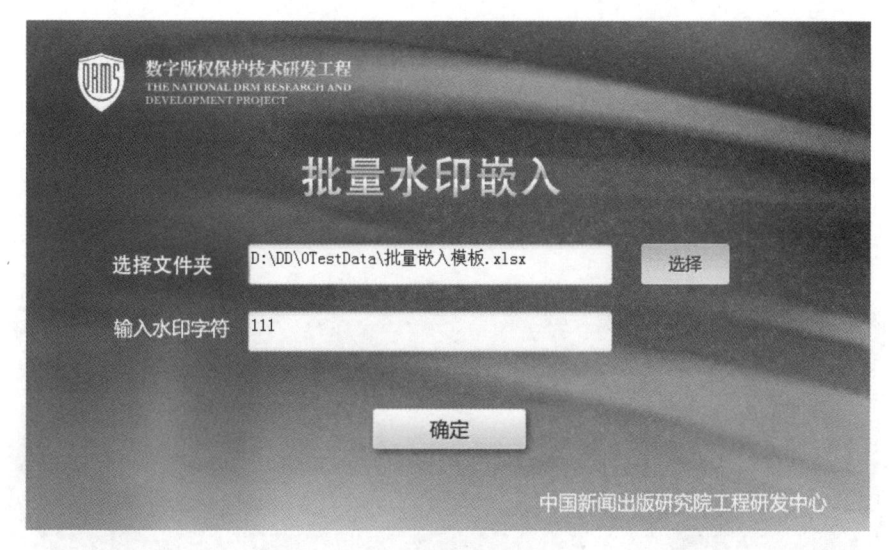

图 3-141　批量水印嵌入(1)

图 3-142　批量水印嵌入(2)

系统进行嵌入动作，完成后会提示是否保存 excel 文件，建议保存。

成功嵌入水印后，系统会在原文件所在目录内新建一个子目录 watermark，嵌入水印后的文件会保存在这个子目录中。

保存 excel 以后，建议打开检查一下里面的文件是否成功嵌入了水印。

10. 时间戳

运行时间戳工具前，要确认已经有相应的授权。运行后，输入口令并登录。

时间戳工具支持的格式有：txt、html、pdf、epub、cebx、mp3、wma、wav、png、jpg、bmp、mp4、avi、mpg、mpeg。

图 3-143　时间戳工具登录界面

添加时间戳：该功能主要实现对单个文件、多个文件、目录（包含子目录）添加时间戳操作。

点击"菜单"→"添加时间戳"，系统进入添加时间戳页面，如下图：

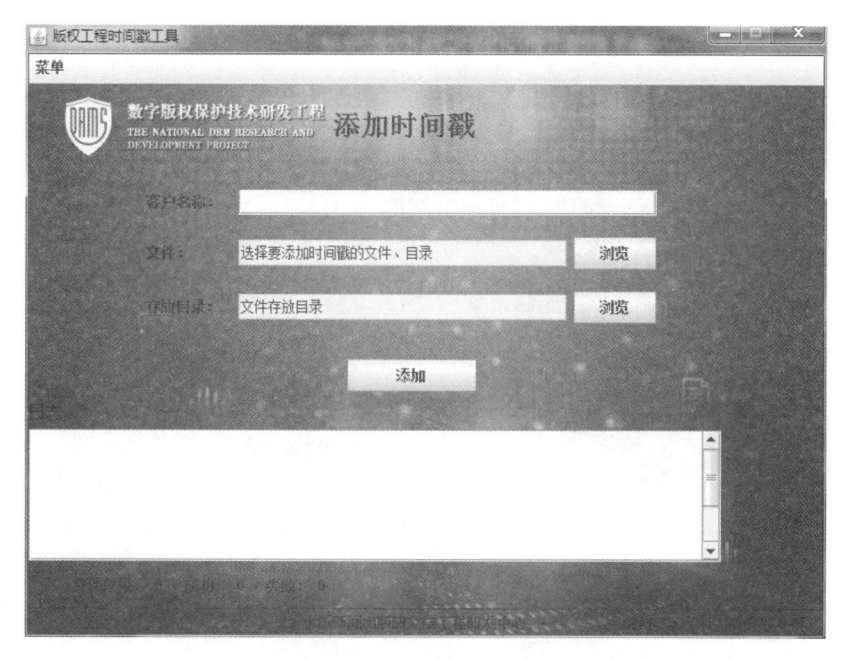

图 3-144　添加时间戳（1）

输入客户名称，选择要申请时间戳的文件，选择签完时间戳文件存放的目录，如下图：

图 3-145　添加时间戳（2）

点击"添加",为文件添加时间戳,如下图:

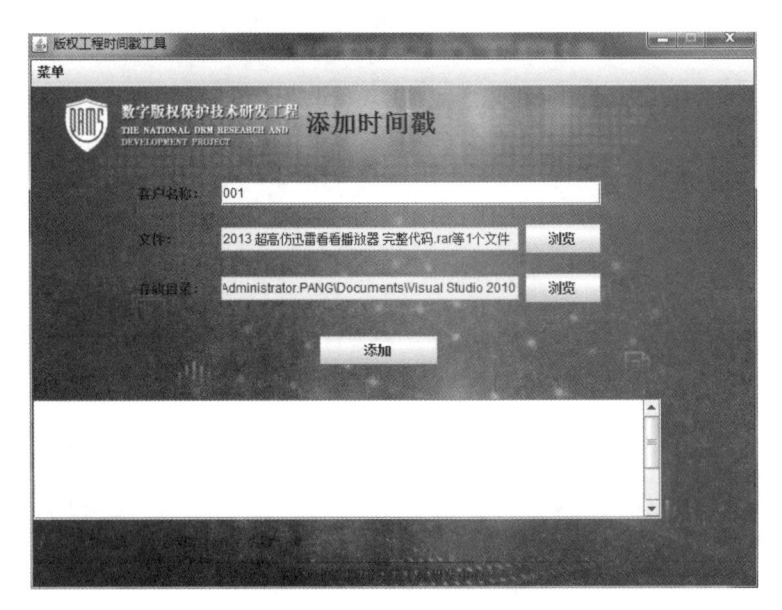

图 3-146　添加时间戳(3)

验证时间戳:该功能主要实现对已经签好时间戳的单个文件、多个文件、目录(包含子目录)验证时间戳操作。

点击"菜单"→"验证时间戳",系统进入验证时间戳页面,如下图:

图 3-147　验证时间戳(1)

选择要验证时间戳的文件，选择验证完时间戳文件存放的目录，如下图：

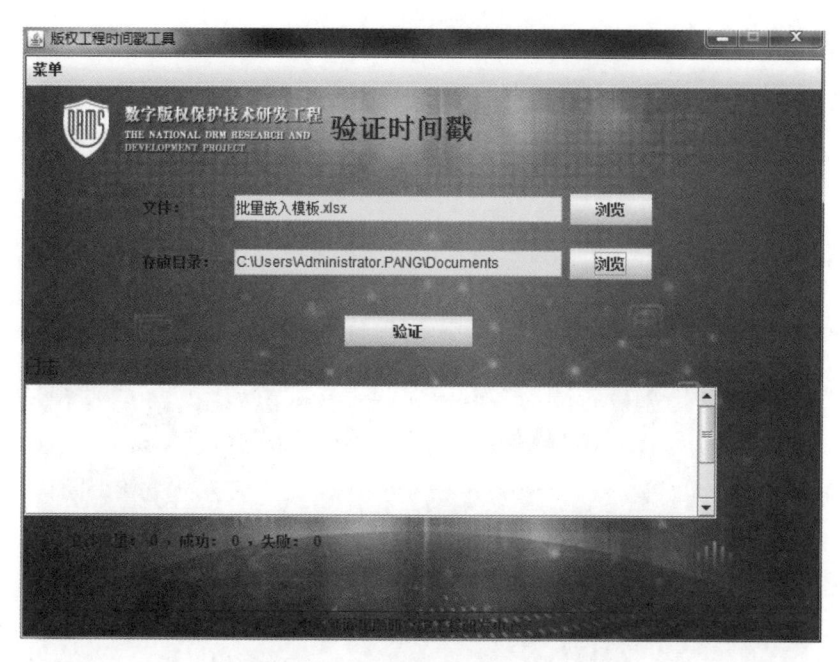

图 3-148　验证时间戳（2）

点击"验证"，为文件验证时间戳，如下图：

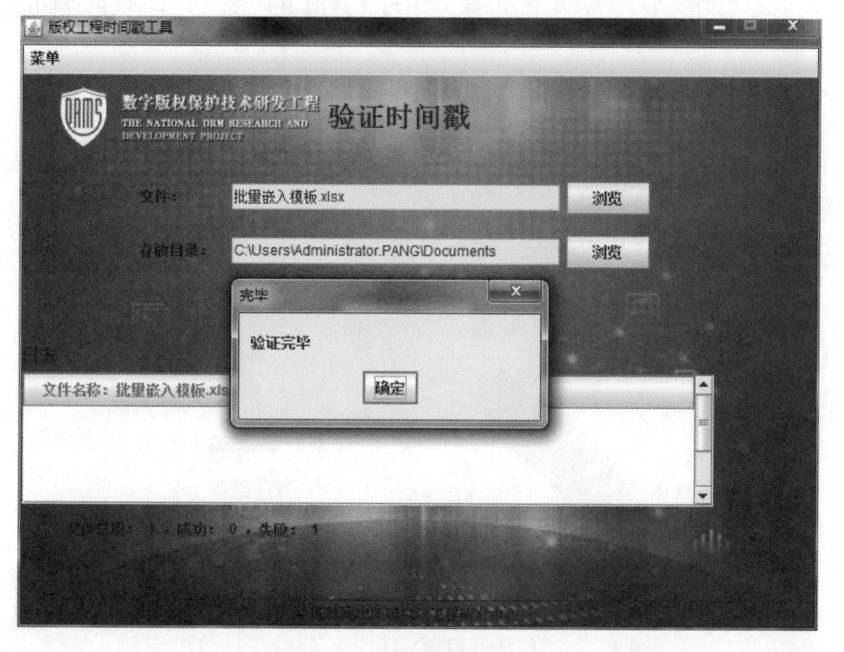

图 3-149　验证时间戳（3）

11. 单色调视频水印嵌入

运行单色调视频水印嵌入工具后，点击"选择"按钮，选择需要添加水印的文本文件（mp4 文件），在"水印字符"框中填写一小段文字作为水印，然后点击"确定"按钮。系统进行嵌入动作，完成后有提示。

图 3-150　单色调视频水印嵌入

该工具需要与加密锁配合使用，否则会出现下图中的提示，并且不能成功嵌入水印。

图 3-151　单色调视频水印嵌入（错误提示）

成功嵌入水印后，系统会在原文件所在目录内新建一个子目录 watermark，嵌入水印后的文件会保存在这个子目录中。

12. 单色调视频水印提取

运行单色调视频水印提取工具后，点击"选择"按钮，选择需要提取水印的文本文件（mp4 文件），然后点击"确定"按钮。系统进行提取动作，完成后有提示。

图 3-152　单色调视频水印提取

该工具需要与加密锁配合使用，否则会出现下图中的提示，并且不能成功提取水印。

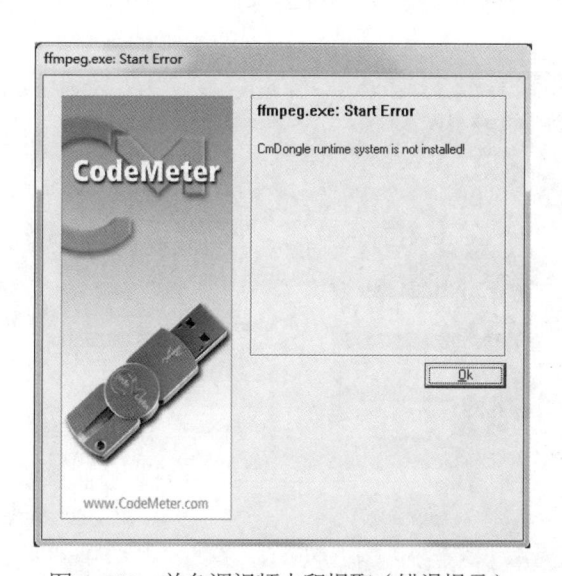

图 3-153　单色调视频水印提取（错误提示）

成功提取水印后，系统会在"水印字符"框中显示所提取的水印文字。

13. 音视频文件加密

运行音视频文件加密工具后，点击第一排的"选择"按钮，选择需要加密的音视频文件（可以是 mp3、wma、wav、mp4、avi、mpg、mpeg、wmv、rm、rmvb、3gp、mid、flv 文件）；如果是视频文件还可以添加明水印，做法是点击第二排的"选择"按钮，选择透明的 png 图像作为水印图像，如果是音频文件就不要做一步了；在"输入密码"框中填写密码，然后点击"加密"按钮。系统进行加密动作，完成后有提示。

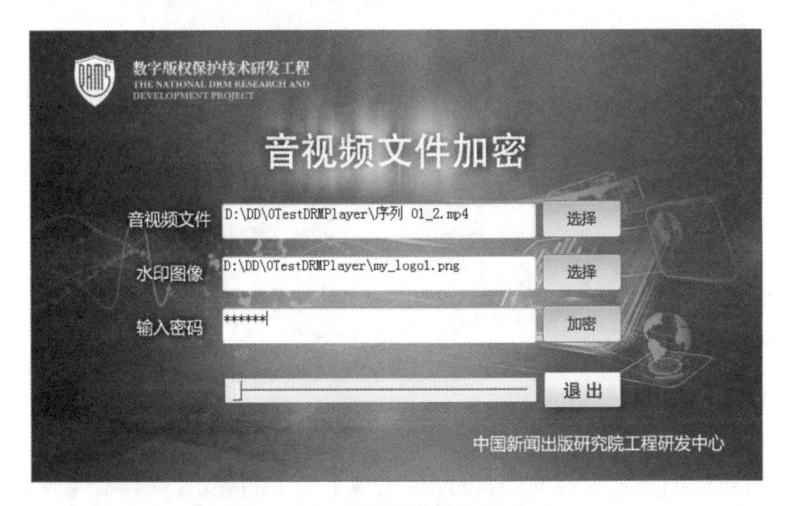

图 3-154　音视频文件加密（1）

图 3-155　音视频文件加密（2）

成功完成加密后，系统会在原文件所在目录内新建一个文件，新文件名是在原文件名后增加"_DRM"字样。如果是音频文件，或者是视频文件但不添加明水印，则新文件后缀名与原文件相同，否则为原文件后缀之后再增加一个".png"的后缀名。

加密产生的文件只能用 DRM 播放器播放，并且必须提供正确的密码。

14.DRM 播放器

运行 DRM 播放器后，点击"选择"按钮，选择需要播放的音视频文件（可以是 mp3、wma、wav、mp4、avi、mpg、mpeg、wmv、rm、rmvb、3gp、mid、flv 文件，包括加密时已添加 png 后缀的文件），输入密码，然后点击"播放"按钮。系统进行播放。

图 3-156　DRM 播放器

图 3-157　DRM 播放器播放效果

图 3-158　DRM 播放器（错误提示）

如果用户提供的密码错误，将不能播放。

15. 媒体指纹检测

打开浏览器，输入媒体指纹检测工具的网址，即可访问。此工具支持的文件格式包括 txt、html、pdf、epub、cebx、mp3、wma、wav、png、jpg、bmp、mp4、avi、mpg、mpeg。

管理员以管理员账户登录，普通用户需要注册后使用。登录后界面如图所示，其中"文本""图像""音频""视频"的子菜单是类似的，以下以"图像"为例进行说明。

图 3-159　主界面

图像指纹库建立：用于将图像文件的指纹提取后保存到数据库，以便以后进行检测和比对。使用方法：点击"上传图像"，选择一个或多个图像文件，确定后点击"创建指纹库"。

图 3-160　图像指纹库建立

查询图像文档：按文件名查询某一个文件是否已经通过建库操作将其指纹保存到了指纹库中。

图 3-161　查询图像文档

图像查重检测：将用户指定的文件与指纹库中的文件进行对比，给出两个文件的"相似度"。

图 3-162　图像查重检测

图像指纹更新：类似于"图像指纹库建立"，但只针对单个文件操作。用于日常少量文件的指纹提取。

图 3-163　图像指纹更新

图像指纹删除：从指纹库中删除某个文件的指纹数据。需要输入文件名，然后点击"删除"。

图 3-164　图像指纹删除

图像指纹匹配：用户提供两个文件，系统对这两个进行对比，给出其相似度。用于少量文件的检测对比，不需要建库。

图 3-165　图像指纹匹配

第十节　大数据支撑系统

一、系统介绍

本系统是知识服务平台的大数据支撑系统，提供数据采集、数据分析、报表生成等多种功能。

二、详细描述

1. 业务架构

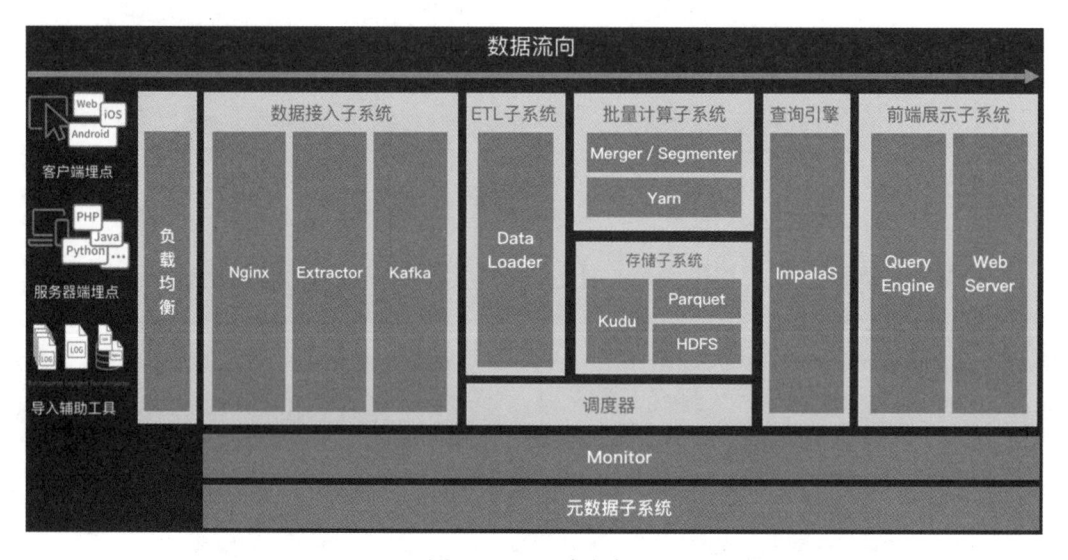

图 3-166　业务架构

表 3-13　子系统名称及功能

子系统名称	子系统功能
数据接入子系统	数据接入子系统承接各个 SDK、导入工具采集的数据，进行简单高效的预处理：格式校验、字典映射、二次开发插件等，然后将数据写入消息队列，等待 ETL 子系统导入数据库中。
ETL 子系统	ETL 子系统负责从数据接入入子系统中，将格式化的原始数据处理，转换后最终导入存储子系统中。
存储子系统	系统存储最细粒度的数据。在每次查询时，查询引擎都从最细粒度数据开始读取、聚合和计算。而为了实现实时导入和秒级查询，系统在存储子系统做了很多优化，尽可能减少磁盘吞吐量，加快查询速度。

续表

子系统名称	子系统功能
批量计算子系统	批量计算子系统承担了系统里比较特殊的计算任务。
查询引擎	系统使用 Impala 满足秒级多维分析需求，对它做了大量的优化工作，并且解决了 Impala 处理中文时候的一些 bug，支持秒级查询存储子系统中的最细粒度的数据。
前端展示子系统	承载供用户使用的可视化分析界面。
元数据子系统	元数据子系统存储了整个系统的元数据，并提供修改和查询的接口。

2. 架构说明

（1）数据接入子系统。

数据接入子系统承接各个 SDK、导入工具采集的数据，进行简单高效的预处理，如格式校验、字典映射、二次开发插件等，然后将数据写入消息队列，等待 ETL 子系统导入数据库中。数据接入子系统设计目标包括：

● 容灾与高可用性：当节点宕机时，不影响系统整体数据导入；

● 扩容和高性能：能够平滑扩容，满足各种数据量的导入；

● 提供二次开发机制：允许客户在这一层对处理采集的数据进行二次处理；允许客户实时获取这一层处理后的数据。

① 负载均衡 +Nginx。

Nginx 负责接收各个 SDK、采集工具通过 HTTP/HTTPS 协议上传的数据，进行解压缩和协议解析之后，实时写入本地文件。

Nginx 本身没有任何的业务逻辑。在实际部署中，为了保证性能和可靠性，每个节点可以部署多个 Nginx 实例，然后通过负载均衡模块将流量分散到各个节点的多个 Nginx 实例中。此外，当节点网络故障或宕机时，负载均衡模块也能保证流量的迁移。

② Extractor。

Extractor 是数据接入模块，实时监控 Nginx 产出的日志文件，对数据进行解析、校验、清晰，并允许开发者以插件形式，对每条数据进行二次处理，最后格式化成符合系统数据协议的 JSON 格式，实时发送到 Kafka 中。

开发者通过添加 Extractor 插件，可以对每条数据进行二次处理：

修改数据内容：修改事件名称、添加、删除、修改事件/用户属性。例如，在用户支付订单事件中,查询业务数据库获取商品相关业务信息,将商品库存、商品销量等,作为事件属性加入支付订单事件中,然后进行后续的精细化分析。

删除数据:可校验,并根据规则抛弃错误数据。

添加数据:可根据规则,由一个事件衍生出多个事件。

虽然 Kafka 是一个高可用的系统,当 Kafka 出现故障时,Extrator 模块产出的数据会缓存在本地磁盘中,待 Kafka 恢复时导入。

③ Kafka。

Kafka 是一个消息队列,负责接收并持久化所有 Extractor 实例实时发送的数据,供所有的下游消费者使用。

为了保证数据可靠性,Kafka 配置了多个副本,另外数据也会保留一定的时间(例如一周),以应对可能的数据回溯和数据重做等特殊要求。

开发者可订阅系统的 Topic,实时获取导入的数据,进行如反作弊、推荐等应用。

(2)数据 ETL 子系统。

ETL 子系统负责从数据接入子系统中,将格式化的原始数据处理、转换后最终导入存储子系统中。

DataLoader 是 ETL 模块,它从订阅 Kafka 实时获取数据,按照日期、Event 分桶生成分区的数据文件,并存储子系统中。

(3)存储子系统。

系统存储最细粒度的数据。在每次查询时,查询引擎都从最细粒度数据开始读取、聚合和计算。为了实现实时导入和秒级查询,系统在存储子系统做了很多优化,尽可能减少磁盘吞吐量,加快查询速度。

同时,用户可以直接通过 MapReduce 或 Spark 读取系统的原始数据,进行各种二次开发。

① HDFS。

系统的存储子系统构建在 HDFS 上,默认配置三副本,利用 HDFS 保证数据容灾,提供扩容和平滑迁移的能力。

为了满足实时导入和秒级查询,系统将存储分为 WOS(Write Optimized Store,写优化)和 ROS(Read Optimized Store,读优化)两部分。WOS 中的数据会定期转入 ROS 之中，以提高查询性能。

② Parquet。

系统选择了面向分析型业务的列式存储格式 Parquet 作为 ROS 存储。Parquet 作为列式存储格式，能大大减少扫描数据时，读取"列"的磁盘吞吐量。

Parquet 本身具备两大优点：

数据压缩：针对不同的数据类型，Parquet 都提供了很好的压缩比；

按列查询：列式存储的特性，扫描数据时只扫描查询必要的列。

针对多维分析场景，系统对 Parquet 文件的分区方式做了很细致的优化，进一步减少了扫描数据时需要扫描的"行"：

● 按照事件发生的日期和事件名称对数据做 Partition；

● 同一个 Partition 内，会有多个文件，单文件大小尽量保持在 512MB 左右；

● 每个文件内部先按照 Distinct ID 的哈希值有序，再按照 DistinctID 有序，最后则按照事件发生的时间有序；

● 使用一个单独的索引文件记录每个 Distinct ID 对应数据的文件的偏移量。

③ Kudu。

Kudu 是一个融合低延迟写入和高性能分析的存储系统，系统将 Kudu 作为 WOS 存储。

（4）批量计算子系统。

批量计算子系统承担了比较特殊的计算任务，主要包括两大类：

Segmenter：系统允许用户自定义规则创建用户分群。Segmenter 模块根据规则生成用户分群。

Merger：在 ETL 子系统中，由于"事件时间"与"日志接收时间"的差异，导致数据导入任务可能会更新 Parquet 文件的多个 Partition，而每个 Partition 可能也会对应多个小文件。

Merger 模块主要是调用 Impala 的相关接口，完成文件合并的工作。

（5）查询引擎。

系统使用 Impala 满足秒级多维分析需求，对它做了大量的优化工作，并且解决了

Impala 处理中文时候的一些 bug，支持秒级查询存储子系统中的最细粒度的数据。

①硬件选型。

按照应用场景的实际要求选择合适的硬件，同时在部署阶段对 CPU、内存、网络、磁盘等进行详细的性能测试，保证各个硬件没有性能瓶颈，最大化资源利用率。

②快速抽样。

改造 Impala 查询引擎，结合 Parquet 的存储，实现在存储层面的动态快速抽样计算，达到等比例的查询效率升。

③并行查询优化。

改造 Impala 查询引擎，使得单个节点的聚合、排序等操作支持多线程同时进行，最大化 CPU、内存资源的利用率，加速查询。

④留存查询优化。

使用自定义的 UDAF 函数实现留存的计算，替代了传统的需要 SQL JOIN 的方式，查询速度有 3—5 倍的提升。

⑤漏斗查询优化。

采用自定义的 UDAnF 函数进行漏斗计算，替代了传统的预定义规则和预计算的方式，使得漏斗步骤可以完全自定义。同时结合 Parquet.Kudu 的有序存储结构，优化了漏斗计算过程中最耗资源的排序过程，查询速度有 5—8 倍的提升。

⑥ Session 查询优化。

采用实时计算的方式构建 Session 视图，替代了传统的需要预先离线计算 Session 表的方式，使得 Session 可以实现完全的自定义功能，且查询性能和非 Session 模式接近。

⑦ JOIN 优化。

对于事件表和用户表的 JOIN 操作，使用 Bloom Filter、Hash 预加载等速度进行了加速，相比 Impala 默认的 JOIN 实现有 2—5 倍的性能提升。

（6）前端展示子系统。

① Web Server。

承载供用户使用的可视化分析界面。

② Query Engine。

负责将可视化分析界面对应的各种数据查询请求，翻译成优化后的 SQL 交付执行。

为优化产品体验，Query Engine 设计了查询缓存机制。例如，对于数据概览中，各个漏斗模型和留存分析的计算条件，在每天凌晨等使用低峰，主动触发已有历史数据的查询，并将查询结果保存。

（7）其他模块。

①调度器。

调度器主要管理系统内部各种定期脚步的巡检。如：

● 定时启动 Segmenter 任务，执行用户分群；
● 定期启动 Merger 任务，完成 Parquet 小文件的合并；
● 调度其他的一些定时清理任务，清理过期数据；
● 在上述任务失败后，进行相应的重试和报警处理。

② Monitor。

Monitor 主要用于监控各个内部和外部常驻内存模块的运行状态。一方面，将运行状态写入到元数据子系统中，用于完成后续的展现和报警；另一方面，根据对运行状态的分析，也在必要时完成重启、主从切换等操作，并且在操作后修改相应的修改对应的元数据。

③元数据。

元数据子系统存储了整个系统的元数据，并提供修改和查询的接口。

三、系统功能

1. 数据采集

数据采集是构建数据系统的核心要素，数据采集应丰富、完整，采集的数据应准确且能够关联，以确保用户行为采集分析项目的应用效果。

包括：网站数据采集（JavaScript SDK）、后端数据采集（Java SDK、Python SDK、PHP SDK）和历史数据导入。

2. 数据分析与生成统计报表

包括：事件分析、Session 分析、漏斗分析、留存分析、分布分析、路径分析、点击分析、用户分群、用户属性分析、用户行为序列等。

（1）事件分析。

● 支持任意维度的交叉组合、下钻、筛选、对比；

● 支持实时查询；

● 支持不断点击下钻查看用户明细列表和个人行为序列；

● 支持导出全量查询结果数据。

（2）Session 分析。

● Session 灵活自定义创建，任意设定切割时间；

● 支持任意维度的交叉组合、筛选、对比、下钻至用户明细列表和个人行为序列；

● 支持实时查询。

（3）漏斗分析。

● 支持漏斗实时创建；

● 完全自定义漏斗步骤；

● 自定义漏斗转化窗口期；

● 任意漏斗均可对历史数据进行回溯，回溯与修改能够实时响应；

● 支持任意维度的交叉组合查看、筛选及下钻查看用户明细列表和个人行为序列；

● 支持实时查询。

（4）留存分析。

● 自定义起始步骤与结束步骤；

● 支持起始步骤和结束步骤的自定义属性过滤；

● 支持任意维度的组合筛选及下钻查看用户明细列表和个人行为序列；

● 支持实时查询。

（5）分布分析。

● 任意事件的任意指标的分布查看；

● 支持自定义分布区间；

● 支持任意维度的组合筛选及下钻查看用户明细列表和个人行为序列；

● 支持实时查询。

（6）路径分析。

●任意自定义起始事件或结束事件；

●支持查询全部或部分用户的行为路径；

●支持实时查询；

●支持 Session 灵活的自定义路径切割；

●支持按事件属性灵活展示路径和用户属性过滤；

●支持不断点击下钻查看用户明细列表和个人行为序列。

（7）点击分析。

● APP 点击分析支持一年上的历史数据回溯；

●支持实时连接 APP 对任意页面中的元素点击情况进行分析；

● APP 及 WEB 页面点击分析支持可视化的（在网页端）呈现分析结果；

● APP 及 WEB 页面点击分析都支持任意维度的用户筛选，并下钻查看用户。

（8）用户分群。

●支持通过用户属性分群；

●支持通过用户行为分群；

●支持通过用户严格的行为序列分群；

●支持通过其他分析模型的分析结果保存分群；

●支持分群结果群里使用事件、漏斗、分布、留存、路径分析等功能进行多维分组下钻及筛选分析；

●支持任意分群不断点击下钻查看用户明细列表和个人行为序列。

（9）用户属性分析。

●支持任意维度的交叉组合、下钻、筛选、对比；

●支持实时查询；

●支持不断点击下钻查看用户明细列表和个人行为序列。

（10）用户行为序列。

在系统的所有分析功能中均支持查看用户行为序列，有关行为序列的具体展示。

第四章　国家知识服务平台安全、测试及运维情况

本章将从安全、测试及运维等方面进行介绍，包括反爬虫系统、第三方软件测试、三级等保测评、服务器虚拟化运维、服务器监控预警系统。

第一节　反爬虫系统

反爬虫系统在国家知识服务平台中属于安全防护系统，其目的是为了保护国家知识服务平台本身在遭受爬虫攻击的时候及时预警、阻断，同时保证资源的安全性。

一、系统介绍

"深度威胁识别系统（反爬虫，Advanced Threat Detection）"，不同于传统安全产品，这是一套基于机器学习和大数据分析技术的反爬系统。它可以分析外网和内部系统中存在的异常威胁，无须复杂的配置，即可有效识别防御各种攻击，包括爬虫、低频爬虫等。它将无监督学习首次应用于安全领域，摒弃了传统的"复杂安全策略模式"。反爬虫同时采用了实时离线大数据分析技术、旁路部署技术、内核包丢弃技术等，精准识别威胁，也可拦截非法操作，帮助企业轻松防范和抵御爬虫等隐形的安全风险，保护网站的数据安全。

反爬虫系统是一套私有云部署的大数据分析平台，旨在保护网站的核心数据和用户数据的安全，避免数据泄露和被恶意窃取。它能有效识别并拦截爬虫等恶意访问，避免网络资源的浪费，提升用户体验。反爬虫平台具有一站式统一管理后台，能够实

时查看威胁数据、报表统计、告警统计等，便于运维人员能够在网站遇到爬虫攻击时，提供有效数据，支撑统计分析和总计。反爬虫具有全面的管理文档，包括配置使用文档、二次对接开发文档、数据库说明文档、日志对接文档等。

二、详细描述

1. 总体架构

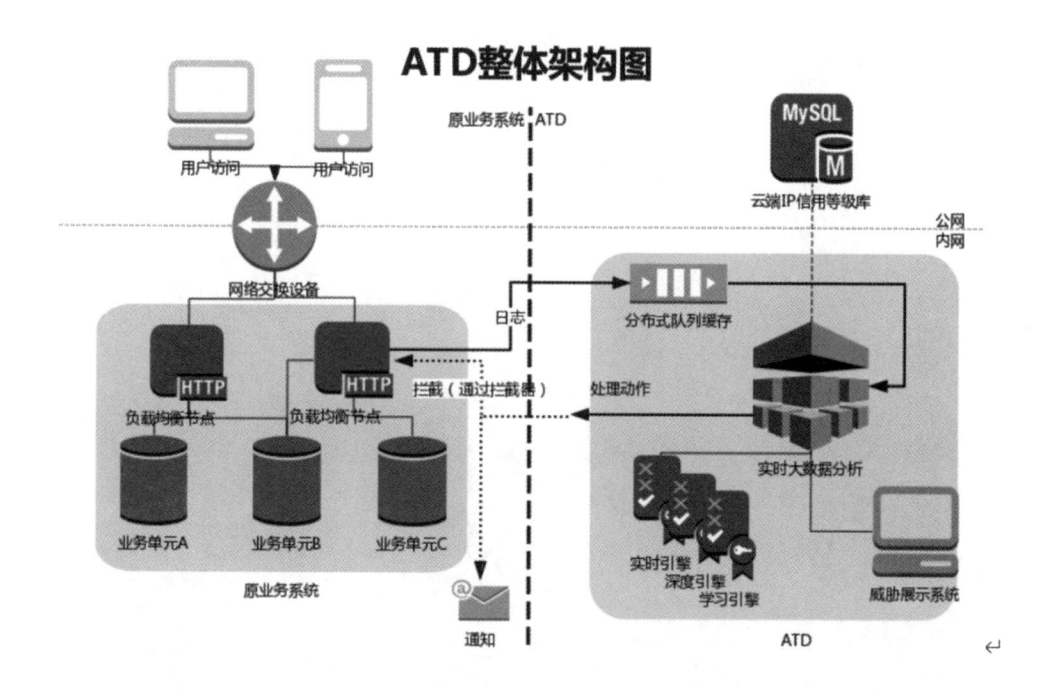

图 4-1　总体架构图

2. 业务流程

反爬虫系统的总体业务工作流程设计简洁合理。平台接收到用户的行为日志后将复杂多元的基础数据进行筛选、解析、统一化并且临时存储到数据缓存处理系统，数据缓存处理系统中的分布式队列将行为特征输送到决策引擎。决策引擎分为实时决策引擎、深度决策引擎和学习引擎，前者使用滑动窗口技术对于异常行为进行实时分析，后者使用机器学习中的无监督聚类技术通过行为聚类来识别出异常行为。通过决策引擎识别出的异常行为特征会被输送到威胁识别模块，在这个模块中，各类异常行为将根据他们的不同的特点进行标注，最终形成各自的威胁原因。识别出威胁原因后，会用各种展示维度的图表对威胁态势进行展示，展示的图包括整体态势、威胁地域分布、威胁原因分布、被攻击的业务分布、攻击原因时段分布等。通过这些展示维度的图和报表，用户可以清晰地看到整体业务被威胁的程度和原因；展示的同时也可以对威胁进行不同的阻断策略，实现网站的防御保护。业务流程示意图如下：

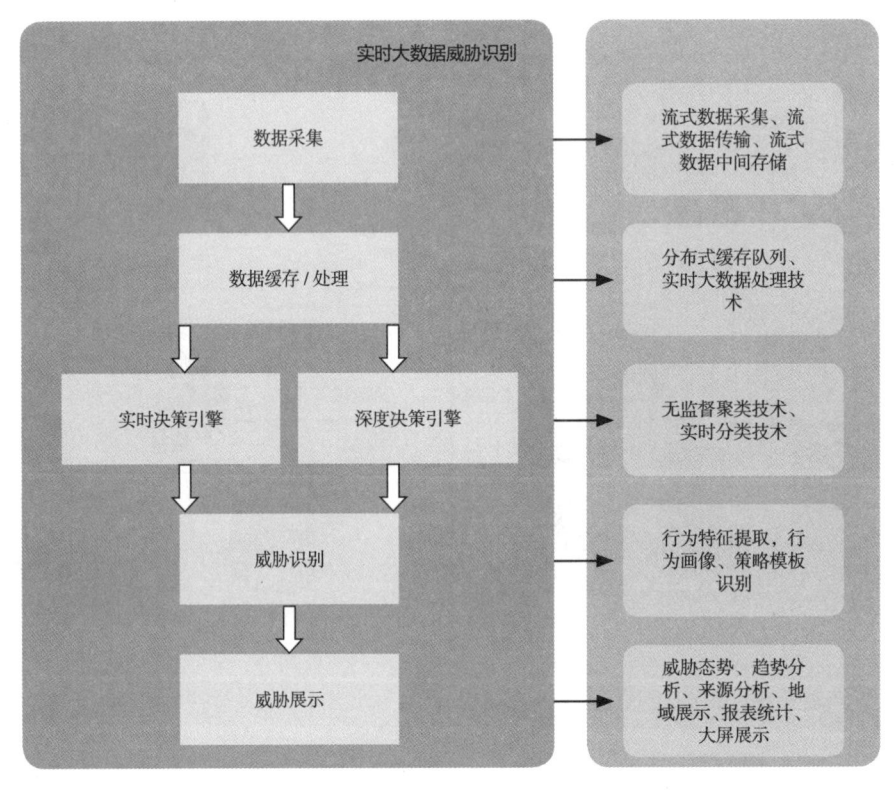

图 4-2　业务流程图

反爬虫系统主要组成模块：

● Kafka 队列：用于收集 HTTP 请求日志，进行缓存和高效的读取。

● 实时离线大数据分析平台：用于将实时收集的 HTTP 请求日志进行分析，具有毫秒级的时效性、高可扩展性和每秒可处理 100 万条请求的特点。

● 算法引擎：利用无监督聚类算法分析，无须人工标注，通过离群点分析正常用户和异常用户的请求行为差异，进而识别出异常行为。

●拦截器（可选）：拦截器主要起到在内核层拦截攻击包的作用，性能是应用层拦截的10倍以上，如果用户有自行拦截机制，可以不安装此模块。

●威胁展示：用于界面展现和控制，包括业务分析、威胁事件回溯、组件管理、告警中心、配置中心、日／周报设置等。

3. **关键技术解决方案**

（1）大数据分析模块。

传统的实时行为分析系统不是基于用户访问行为，而是基于规则，所以通常以特征库的大小来衡量防护效果和系统安全。随着网络安全风险的加剧，安全事件越来越多，很多攻击可以在很短的时间造成非常严重的影响。针对这一情况，通常会采用对攻击行为进行针对性的事件处理策略配置、定义具体攻击行为的匹配规则定制。但是，对于制定规则与策略，只能根据已有的攻击行为来制定规则，攻击行为稍加变种或者伪装就有可能因无法拦截而对数据的安全造成不可挽回的后果。

大数据分析模块采用能够处理实时数据，同时可以处理高并发大数据，低延时的Storm大数据计算平台来进行实时大数据分析。Storm大数据计算平台用于将实时收集的HTTP请求日志进行分析，内置了核心行为分析和学习算法，可以识别多种类型的攻击。Storm是一个分布式的、容错的实时计算系统，它被托管在GitHub上，遵循Eclipse Public License 1.0。由于客户业务每秒并发量可能达到100万以上甚至更高，因此需要Storm保证特征分析的低于3秒的延时。而Storm大数据计算平台，不需要分析用户的流量，因此这种分析方式可以降低访问响应时间。

以Storm大数据分析平台得出的用户行为特征向量，结合机器学习的算法来给用户的行为分类，可以分为异常和正常两类。

其中，在机器学习里面主要是两大问题，一个是分类，一个是聚类。

如何智能根据用户的访问行为对用户进行分类，主要涉及如下六个步骤：

●得到一个有限的训练数据集合。需要收集海量的用户攻击日志。

●确定包含所有可能的模型的假设空间，即学习模型的集合。对收集好的海量的用户攻击日志建模。

● 确定模型选择的准则，即学习的策略。需要考虑学习什么样的模型和如何学习模型，以使模型对数据进行准确的预测与分析，同时还需要尽可能地提高学习效率。

● 实现求解最优模型的算法，即学习的算法。

● 通过学习方法，选择最优模型。

● 利用学习的最优模型对新数据进行预测或分析。实现对未知威胁的预测与防护。

（2）特征降维。

首先，在机器学习中，特征值（也可称之为维度，或 feature，或参数）不能太多。

如果模型训练完毕后，发现模型在样本集上表现良好，但在新数据上准确率低于或高于某阈值，可基本判定发生了过拟合。例如：在新数据上准确率低于 50% 或高于 90%。也可在模型训练阶段采用交叉验证来检测是否发生了过拟合。基本方法是将训练数据分为一个或多个数据集，用一部分数据集训练模型，另一部分验证模型准确度。如果分类结果在训练集合和测试集合上相差很多，那么就是产生了过拟合。

产生过拟合时，就需要使用特征降维来减少维度，去除过拟合现象。

特征抽取和特征降维并不相同。例如某个特征是一张图片，将这张图片中的点、线条或颜色提取出来并参数化，就是一个特征抽取的过程，且这个过程是升维的。因此这个例子是特征抽取，而不是特征降维。

实时大数据威胁识别中采用的是 PCA 算法，又名主成分分析算法（Principal Component Analysis）。PCA 本质是一种去相关算法，最接近原始数据，但是 PCA 并不试图去探索数据内在结构。

（3）实时威胁识别。

实时大数据威胁识别项目中的实时威胁识别模块就是根据客户的业务日志来判断用户的行为。输入的是业务日志，输出的就是异常用户的信息。实时威胁识别模块包括两部分，一个是特征工程，一个是分类器。简单来说，就是大数据计算平台拿到用户输入的日志，通过特征工程得到用户的特征向量，然后分类器根据用户的特征向量对用户进行分类，选出异常用户，最后通过调用接口输出异常用户信息。

所谓特征工程就是将业务日志转化为特征的过程。输入的是一条一条 JSON 格式的日志，输出的是用户的特征向量。总体上特征可以分为两类，一类是用户特征，一类是域名特征。当前的用户特征就是一个 IP 的特征，域名特征就是被防护域名的特征。用户常见的特征有：PV、访问最多路径占比、访问了多少个不同的路径、重复路径占比、请求路径占比、不同 UA 的数量、重复 UA 环占比、危险 UA 环占比、2XX 状态码的个数、3XX 状态码的个数、4XX 状态码的个数、5XX 状态码的个数、404 状态码的个数、HTTP 响应包平均大小、HTTP 请求平均时长。域名常见的特征有：PV、危险 UA 的数量、2XX 状态码的个数、3XX 状态码的个数、4XX 状态码的个数、5XX 状态码的个数、404 状态码的个数、HTTP 响应包平均大小、HTTP 请求平均时长。

所谓分类器就是将已提取好特征的日志输入威胁规则分类器，从而标识出威胁和正常的用户（IP）信息。这里所讲的规则是一个逻辑表达式，返回值是 TRUE 或是 FALSE。例如：clientIP.PV> 50 and clientIP.requestPath.most> 0.99。针对不同的威胁类别设置不同的规则逻辑表达式。分类器由多个如上的规则组成，每个 IP 需要通过分类器中的所有规则进行匹配，如果全部规则返回为 FALSE，则认为这个 IP 是正常的，否则就认为这个 IP 是异常的。对于具有实时性特征的威胁，如刷单、刷票、刷粉等，通过实时威胁识别模块将会被实时的识别，并进行相应处理动作的处理。

（4）分布式队列缓存。

实时大数据威胁识别系统中涉及处理海量日志、用户行为等大数据。系统中需要一个统一的信息收集平台，能够实时的收集反馈信息，并需要能够支撑较大的数据量，且具备良好的容错能力。

系统采用 Kafka 分布式队列缓存。它是一个分布式消息系统，由 Linkedin 使用 scala 编写，用作 LinkedIn 的活动流（Activity Stream）和运营数据处理管道（Pipeline）的基础，具有高水平扩展和高吞吐量。Kafka 对消息保存时根据 Topic 进行归类，发送消息者成为 producer，消息接受者成为 Consumer。此外，Kafka 集群由多个 Kafka 实例组成，每个实例（server）都是一个 broker。无论是 Kafka 集群，还是 producer 和 consumer，都依赖于 zookeeper 来保证系统可用性集群保存一些 meta 信息。

生产者生产消息、Kafka 集群、消费者获取消息构成这样一种架构，如下图：

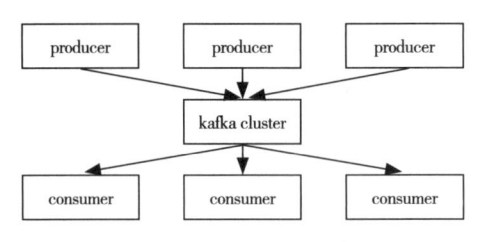

图 4-3　分布式队列缓存图

Kafka 集群中的消息，是通过 Topic（主题）来进行组织的，如下图：

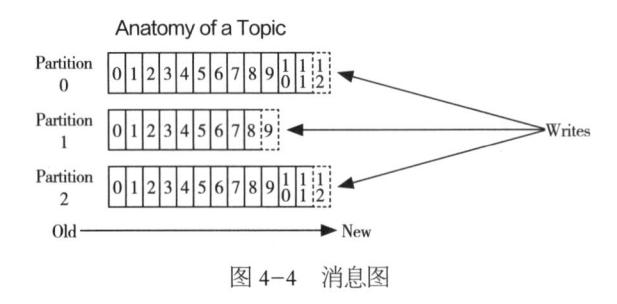

图 4-4　消息图

工作图如图所示：

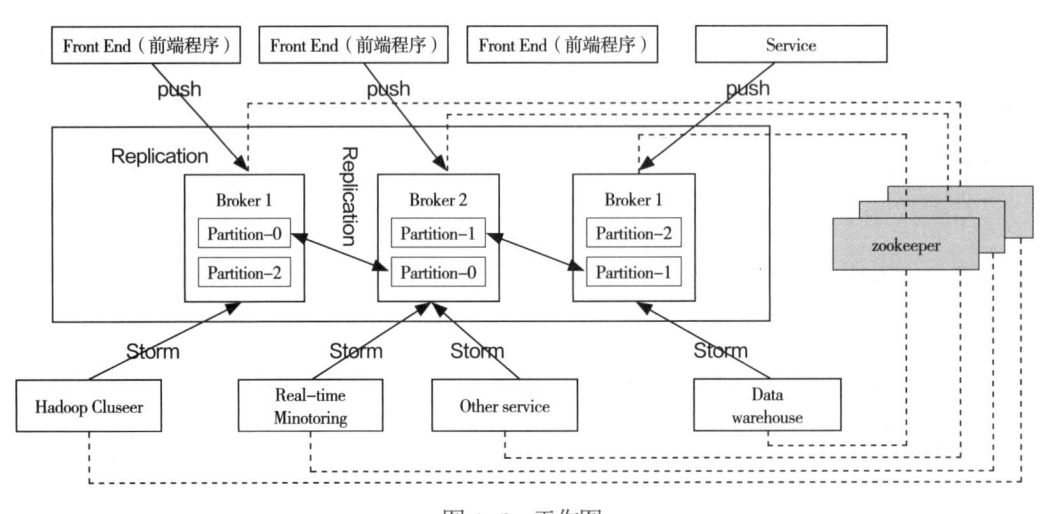

图 4-5　工作图

（5）内核包丢弃。

对于恶意行为的防护，传统的拦截方式是 L7 层拦截：发现攻击，L7 层返回给攻击者错误的状态码。但如果攻击者并发量特别大，依然会消耗负载均衡的系统资源。

因此在 L7 层协议层进行拦截，性能较低。为了解决性能低，实时大数据威胁识别采用在内核级网络协议栈层而不是 L7 层协议层进行可疑 IP 的拦截，达到高性能拦截。不同于传统的负载均衡 L7 层拦截（在负载均衡程序或者设备上直接拦截），而是使用基于 Iptables 的 4 层拦截方式在内核态进行拦截，比传统模式快 10 倍以上。同时，拦截器可以大大增加攻击者成本，并且较少了负载均衡系统资源使用量。

通过研究，Iptables 可实现安全策略应用中的许多功能，如数据包过滤、数据包处理、地址伪装、透明代理、动态网络地址转换（Network Address Translation，NAT），以及基于用户及媒体访问控制（Media Access Control，MAC）地址的过滤和基于状态的过滤、包速率限制等。Iptables/Netfilter 的这些规则可以通过灵活组合，形成非常多的功能、涵盖各个方面，这一切都得益于它的优秀设计思想。

Iptables 是 Linux 操作系统核心层内部的一个数据包处理模块，它具有如下功能：

● 网络地址转换（Network Address Translate）；

● 数据包内容修改；

● 以及数据包过滤的防火墙功能。

Iptables 制定了数据包的五个挂载点。Iptables 原理图如下所示：

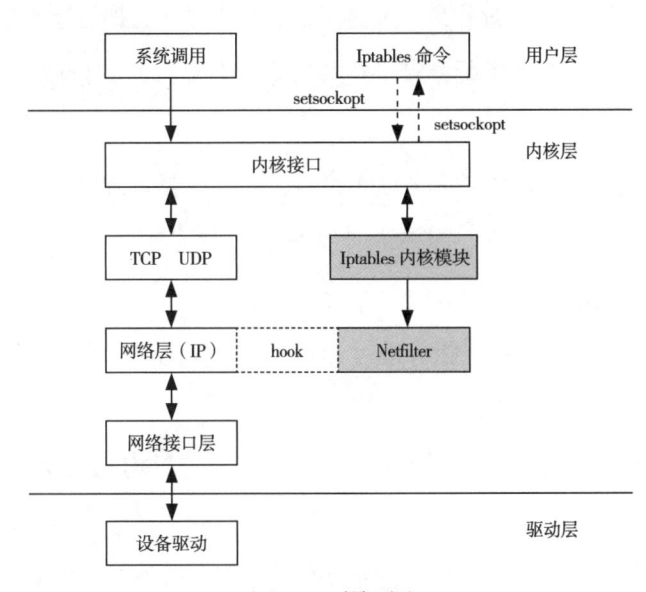

图 4-6 原理图

实时大数据威胁识别使用 Iptables 配合字符串规则来拦截 HTTP 请求：

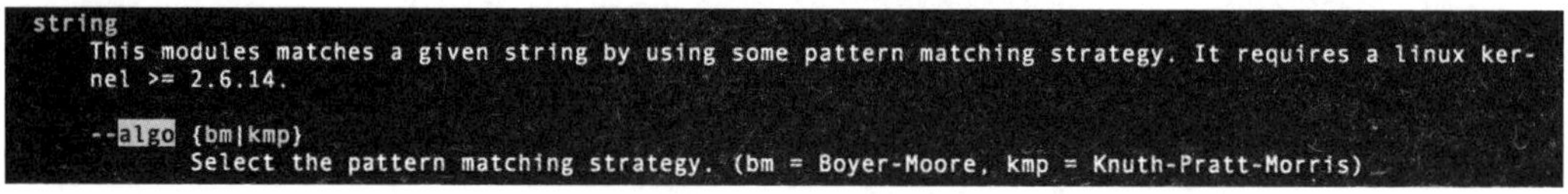

```
string
    This modules matches a given string by using some pattern matching strategy. It requires a linux ker-
    nel >= 2.6.14.
--algo {bm|kmp}
    Select the pattern matching strategy. (bm = Boyer-Moore, kmp = Knuth-Pratt-Morris)
```

图 4-7　HTTP 拦截图

通过启用 Iptables string 模块，来识别 HTTP 请求，如当匹配到"Host: www.baidu.com"时，可以认为该包为一个 HTTP 请求数据包。

当发现为攻击包时，则通过 Iptables queue 将其推送到一个队列处理程序，队列处理程序分析包类型，将除了 syn 和 fin 之外的包类型改为 rst，即达到释放已建立连接的目的。与此同时，攻击者一直收不到回包，直到超时为止，从而实现增加攻击者成本。

（6）信用等级。

在安全领域，IP 是标识用户的最通用的最基础的标识，如果能够获取针对 IP 的用户肖像，将对确认异常用户起到非常关键的作用。然而，目前市面的已有的 IP 信息库，主要集中在地理位置的分析，缺少了对于 IP 背后的特征及行为画像的分析，而基于行为的 IP 大数据分析，对于数据的防窃取、防隐私泄露方面至关重要。因为有了 IP 用户画像，就可以知道每个 IP 背后是人还是机器，如果是人，那么是 1 个人还是多个人，多个人话，是家庭还是办公场所，有了这些数据信息后，对识别威胁的准确性将是非常关键的。

IP 信用等级的数据来源主要是 CDN 的日志数据、第三方 IP 库（定时更新）和第三方 IP 黑名单库（定时更新）。基本的计算逻辑：

●每天计算出预定义指标；

●一天的一个或多个预定义指标进行计算或者归一化得到中间值；

●多个中间值得到日平均；

●一个周期内根据每天或者每个工作日、休息日的日均值加权平均或交叉计算后得到具体指标；

●多个周期内的各个具体指标分别加权平均后得到最终具体指标。

最后呈现出的具体指标包括出口 IP 概率、办公出口 IP 概率、家庭出口 IP 概率、真人 IP 概率、信用污点、使用人数等。

从威胁识别的角度看，对 IP 进行分类，实际上是为了能够优化威胁识别的规则。同一类的 IP，风险往往会相同，这样就可以使用相同的识别规则策略。比如，基站 IP 下用户数量非常大，这类 IP 上不能使用过于严苛的频次限制策略。机房 IP，比如阿里云、腾讯云、运营商数据中心等等。一般情况下，机房 IP 都会对应到某一台服务器上去。如果发现某个用户是通过机房 IP 访问的，那么代理 / 爬虫访问的可能性很大。

由此可见，IP 信用等级对与威胁识别系统的识别准确性具有重要的意义。

三、系统功能

1. 审计功能

支持审计安全，系统所有操作支持安全审计，所有用户的操作记录包括时间和操作内容全部保存，保存周期受磁盘空间限制，默认保存时间不低于 6 个月。

系统可提供日报、周报、月报和不限时间段立即生成报表，报表支持本地下载和主动邮件发送等功能，便于用户对历史爬虫威胁时间进行统计分析和总结。支持 7*24 小时全国爬虫动态地图展示界面。实时动态展示界面包括实时全国爬虫动态地图展示、历史统计威胁动态展示、系统监控动态实时展示、全球威胁情报中心实时动态展示。

2. 操作配置功能

支持 IP、UA 黑白名单的管理，支持 IP 增加、删除、修改和查看功能，支持 Path、Referer 白名单的增加、删除、修改和查看。

系统支持静态资源配置是否分析，默认提供常见的 54 种常见静态资源内容，并可以根据客户需求，进行静态资源内容的增加、修改、删除等操作。

3. 查询展示功能

系统支持 IP 和 ID 等多维度分析和数据统计、查询。

系统支持多种细粒度的查询方式，可以按时间、源 IP、源 ID、URL 等作为查询和统计条件。

系统支持查看当天攻击次数、当天攻击源数、当天处理的日志量、最近一段时间最易受到攻击的时间段、攻击情况走势、最易受到攻击的路径排行。

系统支持查看攻击源排行，支持查看统计当前正在被拦截中的 IP、拦截剩余时间，提供白名单、黑名单功能，支持查看攻击源地理位置分布情况。

系统支持以展示攻击源的详细信息，包括IP、时间、原因、请求数、位置、运营商、处理结果、决策引擎。

系统要求在IP和ID双维度实时展示爬虫报表。ID维度支持用户device-id、user-id等进行爬虫展示。

系统可下载和查看报表，支持生成Excel、Html等格式。

4. 系统监控功能

系统支持故障报警等功能，并支持查看每日告警数量以及历史变化趋势；支持邮件和微信报警方式；支持自定义报警策略，包括设置报警条件、设置报警接收人、设置勿打扰时间段。报警内容能够以日报、周报和月报的方式进行统计，并以邮件方式发送给接收人。

5. 爬虫识别和拦截功能

爬虫识别的种类包括网页爬虫和浏览爬虫。

爬虫识别的维度包括IP和ID双维度进行有效识别爬虫，支持常见的操作系统，例如Linux和Windows系统的爬虫，支持PC端和移动端的爬虫识别。

系统能识别伪装的爬虫，包括伪装HTTP header、伪装cookie、使用代理IP/动态IP池、驱动浏览器访问等。支持以分钟、小时为时间窗口的基于统计概率学的爬虫和特征分析；支持通过算法识别机器访问行为。

支持多种爬虫处理方式，包括阻断式的爬虫控制，可以直接禁止爬虫访问；系统也支持非阻断式的爬虫控制，可以通过接口与业务系统或WAF设备进行联动阻断，即反爬虫系统实时将爬虫威胁事件反馈给业务或WAF，由业务或WAF根据爬虫威胁程度进行不同的方式阻断，包括验证码阻断、提高响应时间阻断、响应4XX状态码阻断和蜜罐阻断。

支持账号类攻击、刷单类攻击、CC、威胁UA等异常行为的检测。

6. 数据存储备份功能

可对原始日志、经过范式化后的日志和报警日志进行分布式存储，数据存储在多个节点中，存储方式包括对象存储、文件存储、索引模式支持字段索引或者全文索引。反爬虫系统利用分布式存储，有效解决了海量日志存储不易读取的问题，实现数据的分片可扩展。此外，反爬虫系统的分布式存储还支持冷热分级存储，通过数据温度的评估，自动将热数据存储在索引结构表中，而冷数据则以对象存储方式进行归档处理。

系统支持日志的统计存储，并对存储的日志提供丰富的后台管理界面、用户可以轻松地通过控制台了查询和分析存储的数据，同时也可以观测数据的使用量、请求数量、磁盘状况等。

第二节　第三方软件测试

为确保国家知识服务平台各系统满足功能性、性能效率、信息安全性、兼容性、可靠性和易用性等要求，通过询价方式确定了第三方软件评测机构，并完成了软件测试相关工作。

一、测试依据及测试方法

1. 测试依据

根据"被测软件基本信息"中需求依据，经认真分析与沟通，形成双方认可的全面、规范测试需求作为本次测试依据，需求依据包括软件技术测试合同和各系统的需求规格说明书。内容由被测软件测试项组成，包括功能性、性能效率、信息安全性、可靠性、易用性和兼容性方面的测试要求。

表 4-1　被测软件基本信息模板

被测软件		版本号	
项目名称			
委托单位		邮政编码	
委托单位地址			
联系人		联系方式	
测试单位			
测试地点			
测试日期			
测试标准			
需求依据			
参考文件			

2. 测试方法

测试以测试需求为基础，从专业第三方测试角度出发，确认被测软件测试要求项的符合情况。测试标准选取"被测软件基本信息"测试标准中有关内容，完成测试需求范围内所有测试项的测试用例与执行。测试标准为：GB/T 25000.51-2016《系统与软件工程系统与软件质量要求和评价（SQuaRE）第51部分：就绪可用软件产品（RUSP）的质量要求和测试细则》。

二、测试原则

第三方软件评测机构遵循的测试原则，包括最小影响原则、可控性原则、整体性原则、标准性原则、规范性原则和保密性原则。

1. 最小影响原则

测试过程中应尽可能小地影响系统和网络的正常运行，不能对现网的运行和业务的正常提供产生显著影响。

2. 可控性原则

测试的范围和内容要在双方认可的范围之内，测试的进度要按照进度表进度的安排，保证委托方对测试工作的可控性。

3. 整体性原则

测试内容应当整体全面，包括委托方提出的测试需求中的各个方面，避免由于遗漏造成未来的应用隐患。

4. 标准性原则

测试实施方案的设计与实施应依据国内或国际或规范体系的相关标准进行。

5. 规范性原则

测试工作中的过程和文档要具有很好的规范性，以便于项目的跟踪和控制。

6. 保密原则

应对测试的过程数据和结果数据严格保密，未经授权不得泄露给任何单位个人，不得利用此数据进行任何侵害委托方的行为。

三、测试流程

第三方测试流程分为测试准备、测试分析及设计、测试执行和测试收尾四个阶段。

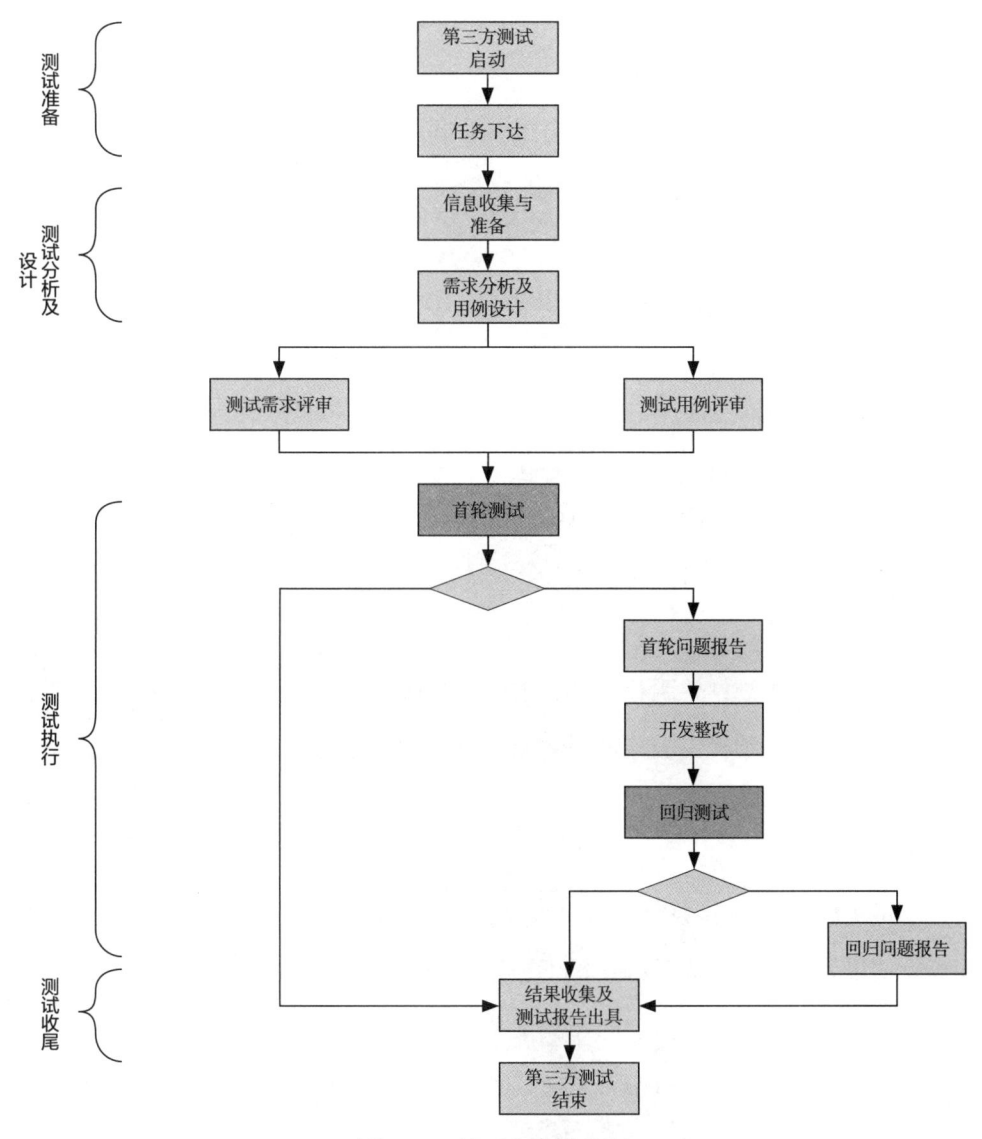

图 4-8 第三方测试流程

1. 测试准备

包括对委托方的测试需求、范围、工作量、成本等方面评估,确认是否具备测试条件,通过评估则进入合同管理。双方敲定合同后由被委托方对合同进行评审。双方签订合同后，测试项目正式开始，进行测试样品交接或现场测试。同时，测试项目具体准备工作还包括搭建沟通平台、收集项目基本信息、确认派单、评价表等。

2. 测试分析及设计

测试分析及设计包括测试需求分析、测试设计两部分。

（1）测试需求分析。

测试需求分析是根据软件测试任务书、合同或其他等效文件，以及被测软件的需求规格说明或者设计文档，对测试任务进行测试需求分析，形成软件《测试需求》。

（2）测试设计。

测试设计由测试计划编制和测试用例设计组成。

①测试计划编制。

是指根据软件测试任务书、合同或其他等效文件，以及软件需求规格说明和设计文档等进行测试计划编制。计划的内容包括：确定测试策略；确定测试需要的技术或方法；确定测试的进度；确定用于测试的资源要求；进行测试风险分析以及确定任务的结束条件，并按所确定的文档要求形成正式测试计划。

②测试用例设计。

是根据测试需求规格说明和测试计划进行测试用例的设计和实现。主要的工作包括：按需求分解测试项；说明测试用例设计方法的具体应用；设计测试用例；编制测试用例设计说明和测试说明。

3. 测试执行

即测试实施过程。测试执行是指按照测试计划和测试说明的内容和要求执行测试，并将执行结果如实填写测试原始记录，形成测试执行记录集。

测试执行将分为首轮测试、回归测试共计两个轮次。首轮测试依据测试用例，对被测软件进行覆盖执行。执行中若发现的缺陷（问题）如实记录，并形成首轮问题报告正式发布；若未发现缺陷（问题）将进入测试报告出具流程。

首轮问题报告发布后，开发单位须完成缺陷（问题）的确认、整改、自测及新版本部署等工作，最后发出回归测试的邮件申请。

第三方软件测试单位收到回归测试邮件申请后，冒烟测试通过后正式开展最后一轮的回归测试。测试完成后收集有关测试记录，进入测试收尾阶段。

4. 测试收尾

是指根据软件测试任务书、合同（其他有效文件）、被测软件文档、测试需求规格说明、测试计划、测试说明和测试问题报告等文档资料，对测试工作和被测软件进行分析和评价，并编写测试报告，最终完成测试报告出具交付。

四、测试结论

第三方软件评测机构根据"被测软件基本信息"需求依据中的功能性、性能效率、信息安全性、兼容性、可靠性和易用性等要求对系统进行测试。测试完成后根据测试结论判定规则给出测试结论。

1. 测试结论判定规则

本次测试结论判定规则为：

（1）"通过"结论须满足下列全部条件。

● 测试用例通过率为100%；

● 问题报告中不存在致命、严重的缺陷。

（2）"基本通过"结论须满足下列全部条件。

● 测试用例通过率为95%（含）以上；

● 问题报告中不存在致命、严重的缺陷。

不符合上述两种判定规则之外的，为"整改后通过"。

2. 测试结论

根据上述测试结论判定规则，国家知识服务平台最终测试结论为：通过。

第三节　三级等保测评

为了保障系统安全稳定运行，保证信息的安全，国家知识资源服务中心门户网站完成了三级等保测评的相关工作。

一、定级

包括确定业务信息安全保护等级、确定系统服务安全保护等级和确定安全保护等级。

根据系统的业务信息、业务信息受到破坏时所侵害客体、信息受到破坏后对侵害客体的侵害程度，并按照《国家信息系统安全等级保护定级指南》中"业务信息安全保护等级矩阵表"，确定"国家知识资源服务中心门户网站"的业务信息安全保护等级为第三级。

根据系统服务描述、系统服务受到破坏时所侵害客体、信息受到破坏后对侵害客体的侵害程度，并根据《国家信息系统安全等级保护定级指南》中"系统服务安全保护等级矩阵表"，确定"国家知识资源服务中心门户网站"的系统服务安全保护等级为第三级。

信息系统的安全保护等级由业务信息安全等级和系统服务安全务安等级的较高者决定。所以，"国家知识资源服务中心门户网站"的安全保护等级为第三级。

二、备案

以书面的形式说明确定"国家知识资源服务中心门户网站"系统为相应安全保护等级的方法和理由，形成了"国家知识资源服务中心门户网站"系统等级保护定级报告，根据业务系统的部署情况完成"国家知识资源服务中心门户网站"系统安全等级保护备案表，并向相应的公安机关进行了备案。

三、第三方测评

聘请具有国家信息安全等级保护测评资质的第三方安全测评机构对国家知识资源服务中心门户网站开展信息系统安全等级测评工作。

1. 测评目的及测评依据

（1）测评目的。

安全等级测评的目的是通过对目标系统在安全技术及管理方面的测评，对目标系统的安全技术状态及安全管理状况做出初步判断，给出目标系统在安全技术及安全管理方面与其相应安全等级保护要求之间的差距。测评结论作为进一步完善系统安全策略及安全技术防护措施依据。

（2）测评依据。

● GB/T 22239-2008：《信息安全技术信息系统安全等级保护基本要求》。

- GB/T28448-2012：《信息安全技术信息系统安全等级保护测评要求》。
- GB/T28449-2012：《信息系统安全等级保护测评过程指南》。

2. 测评流程

测评包括四个阶段，分别为：测评准备、方案编制、现场测评、分析与报告编制。等级保护测评工作流程如下图所示：

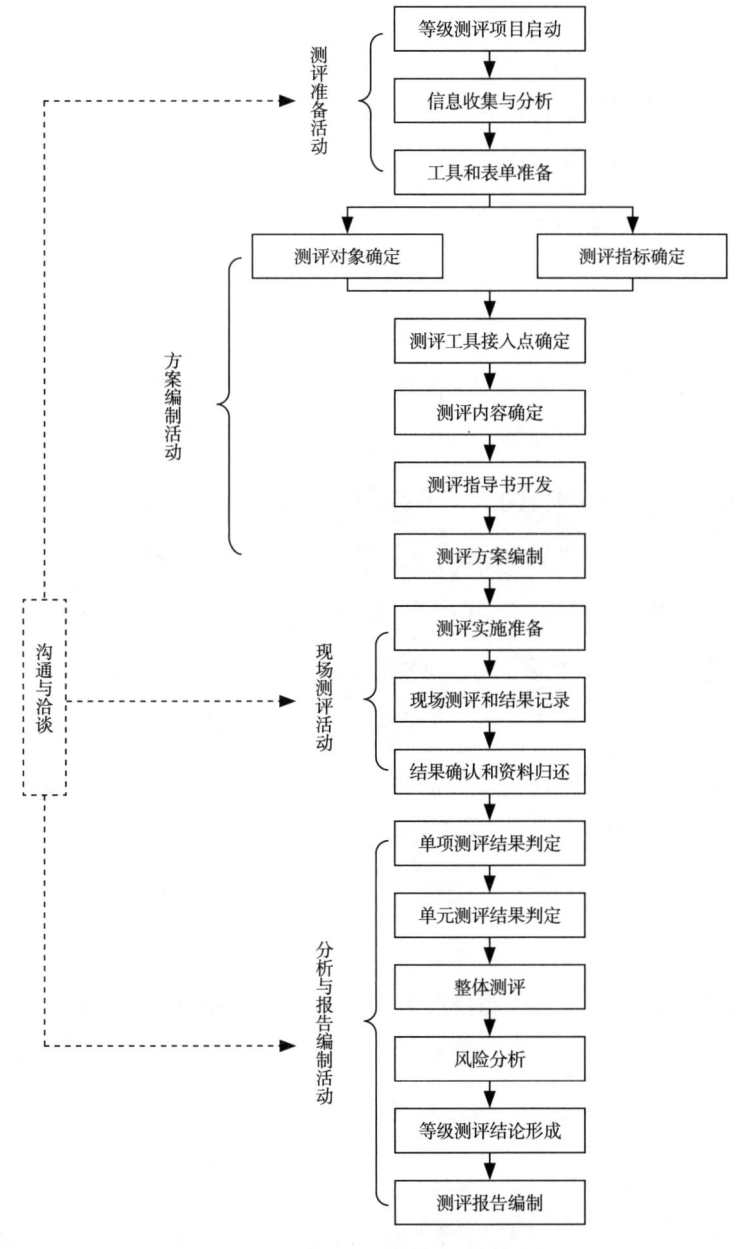

图 4-9 等级保护测评工作流程

3. 测评方式

本次等级测评的主要方式包括访谈、检查、测试和风险分析。

（1）访谈。

本次测评采取访谈方式涉及对象为物理安全、网络安全、系统安全、应用安全、数据安全、安全管理等方面内容。其中物理安全、安全管理重点采取访谈方式。在访谈的广度上，访谈覆盖不同类型的系统运维管理人员，包括系统负责人、机房管理员、系统管理员、网络管理员、开发人员、应用业务人员、文档管理员等。对测评对象采取抽样的形式确定测评数量；在访谈的深度上，访谈包含通用和高级的问题以及一些有难度和探索性的问题。测评人员访谈技术负责人、系统管理员、业务开发人员等系统技术架构的实现及配置；访谈系统负责人系统的整体运行状况、安全管理的执行成效。

（2）检查（包括文档核查及配置核查）。

本次测评采取检查方式主要涉及对象为物理安全、网络安全、主机系统安全、应用安全、数据安全及安全管理等方面的内容。除物理安全、安全管理主要采取文档核查方式外，其他方面主要采取系统配置核查方式。在核查的广度上，数量上采取抽样的形式，基本覆盖系统所包含的网络设备、安全设备、主机设备、应用软件、管理制度文档等不同类型对象；在核查的深度上，详细分析、观察和研究除了功能上的文档、机制和活动外，还包括总体/概要和一些详细设计以及实现上的相关信息。

（3）测试（包括案例验证测试、漏洞扫描测试、渗透性测试）。

本次测评采取测试方式主要涉及对象为网络安全、主机系统安全、应用安全、数据安全等方面的内容。其中，案例验证测试主要通过测试工具或案例验证网络安全、应用安全、数据安全的安全功能是否有效；漏洞扫描测试主要分析网络设备、操作系统、数据库等安全漏洞。在核查的广度上，基本覆盖不同类型的机制，在数量、范围上采取抽样方式；在测试的深度上，功能测试涉及机制的功能规范、高级设计和操作规程等文档及深度验证系统的安全机制是否实现，包括冗余机制、备份恢复机制的实现。

（4）风险分析。

本项目依据安全事件可能性和安全事件后果对信息系统面临的风险进行分析，分析过程包括：

- 判断信息系统安全保护能力缺失（等级测评结果中的部分符合项和不符合项）被威胁利用导致安全事件发生的可能性；
- 判断由于安全功能的缺失使得信息系统业务信息安全和系统服务面临的风险；
- 结合信息系统的安全保护等级对风险分析结果进行评价，即对国家安全、社会秩序、公共利益以及公民、法人和其他组织的合法权益造成的风险。

4. 测评与风险分析

（1）单元测评。

单元测评主要从物理安全、网络安全、主机安全、应用安全、数据安全及备份恢复、安全管理制度、安全管理机构、人员安全管理、系统建设管理、系统运维管理等十个方面，按照基本指标中所列内容进行测评。

（2）整体测评。

从安全控制间、层面间、区域间和验证测试等方面对单元测评的结果进行验证、分析和整体评价。

（3）总体安全状况分析。

总体安全状况分析包括系统安全防护评估和安全问题风险评估。[1]

5. 给出等级测评结论，编制测评报告

综合上述测评与风险分析结果，根据符合性判别依据给出等级测评结论，并计算信息系统的综合得分，之后编制测评报告。

四、系统上线

根据第三方安全测评机构给出的等级测评结论和得分，国家知识资源服务中心门户网站通过了三级等保测评，在取得第三方安全测评机构的信息系统安全等级测评报告后，系统上线。

---

[1] 中华人民共和国国家标准 GB/T 28449-2012 信息安全技术－信息系统安全等级保护测评过程指南。

第四节　服务器虚拟化运维

随着信息化基础建设的增强，应用系统不断优化，信息安全保障体系不断完善。但与此伴随的是 IT 基础设施的运营成本的不断提高，因此，为了解决现有服务器硬件、集中存储资源零散存储、缺乏统一管理的现状，需要建设一套内部服务器虚拟化平台。

一、系统介绍

建设一套内部服务器虚拟化平台，通过服务器虚拟化的整合，可以提高 CPU、内存、存储、网络等设备的利用率，同时保证原有服务的可用性，使其安全性及性能不受影响，并为今后新业务系统的扩充提供支持和保障。

二、总体架构

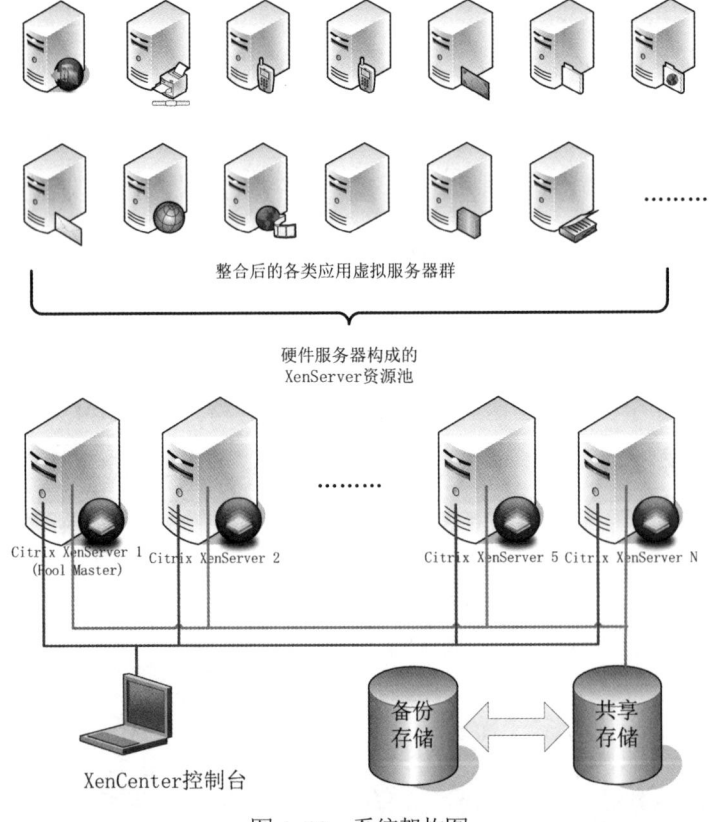

图 4-10　系统架构图

本系统采用裸金属架构，无须绑定操作系统即可搭建虚拟化平台。

虚拟机之间可以做到隔离保护，其中每一个虚拟机发生故障都不会影响同一个物理机上的其他虚拟机运行，每个虚拟机上的用户权限只限于本虚拟机之内，以保障系统平台的安全性。

虚拟机可以实现物理机的全部功能，如具有自己的资源（内存、CPU、网卡、存储），可以指定单独的 IP 地址、MAC 地址等。

能够提供性能监控功能，对资源中 CPU、网络、磁盘使用率等指标的实时数据统计，并能反映目前物理机、虚拟机的资源瓶颈。

虚拟化软件可以在线进行版本升级，不同版本之间可以相互兼容。

三、系统功能

1. 内存调用机制

具有合理的内存调度机制，能够实现内存的过量使用（如共享页面技术等），保障内存资源的充分利用。

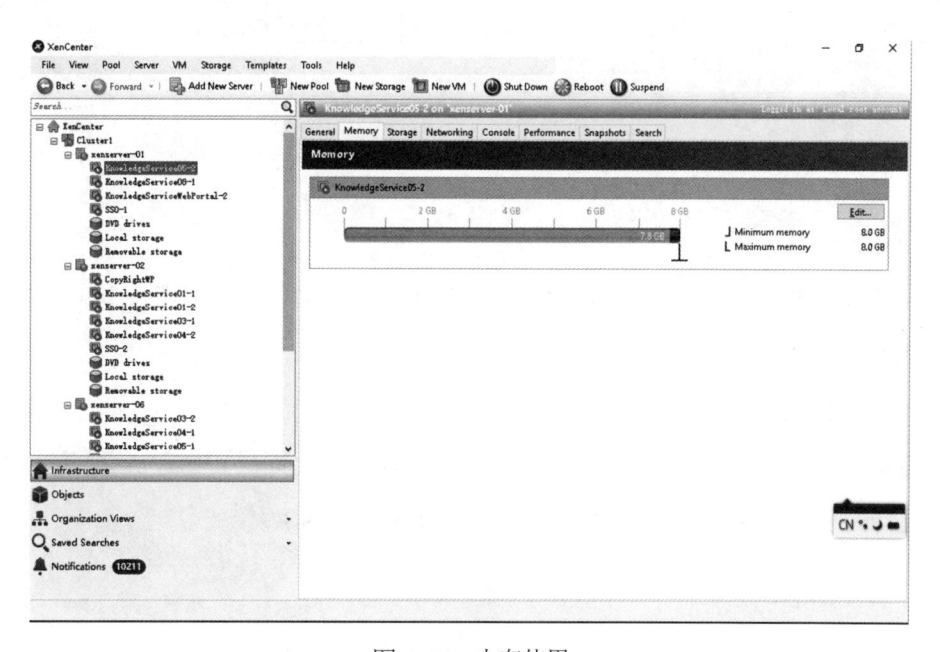

图 4-11　内存使用

2. 服务器集群

支持将多个物理机组成集群，同时支持动态资源分配功能，可以实现 VM 所拥有的资源（尤其是内存、存储等）可以自动地进行再分配，保障业务系统的服务水平。

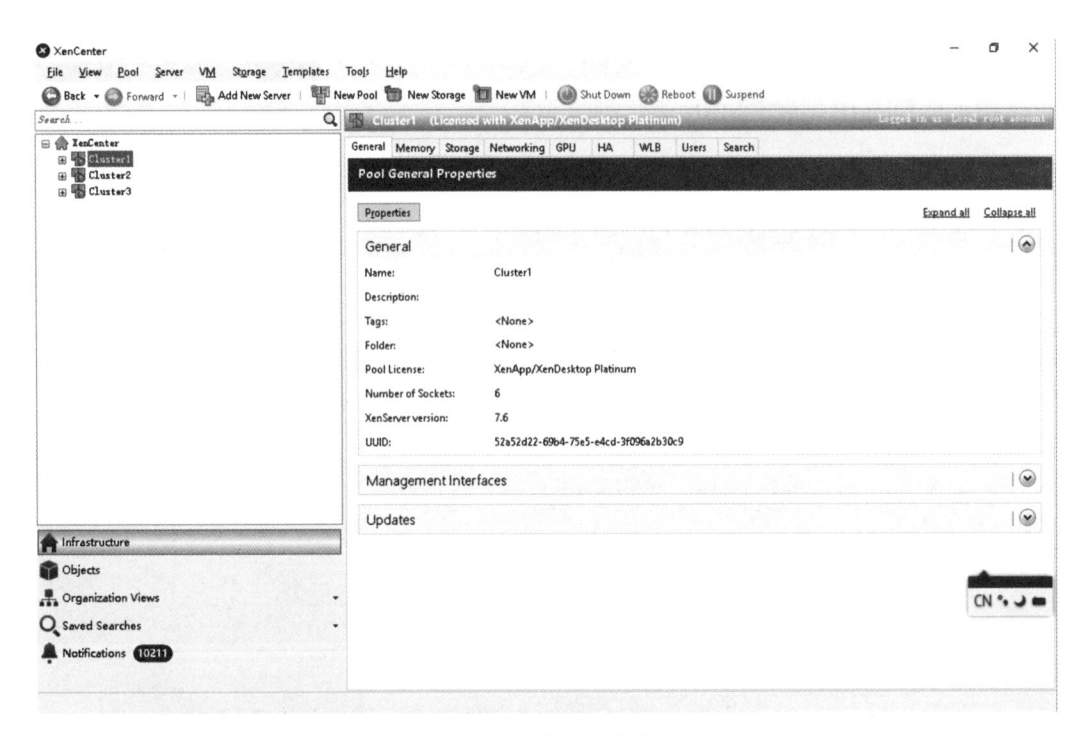

图 4-12　服务器集群

3. 电源管理

具有智能的电源管理功能，可以将集群内的物理机自行下电，支持节能减排的政策性要求。

4. 虚拟网络

虚拟化平台内建虚拟交换机（vSwitch），实现 VM 之间或与物理机之间的网络调度，支持同一物理机上 VM 之间的网络隔离（支持 VLAN）。

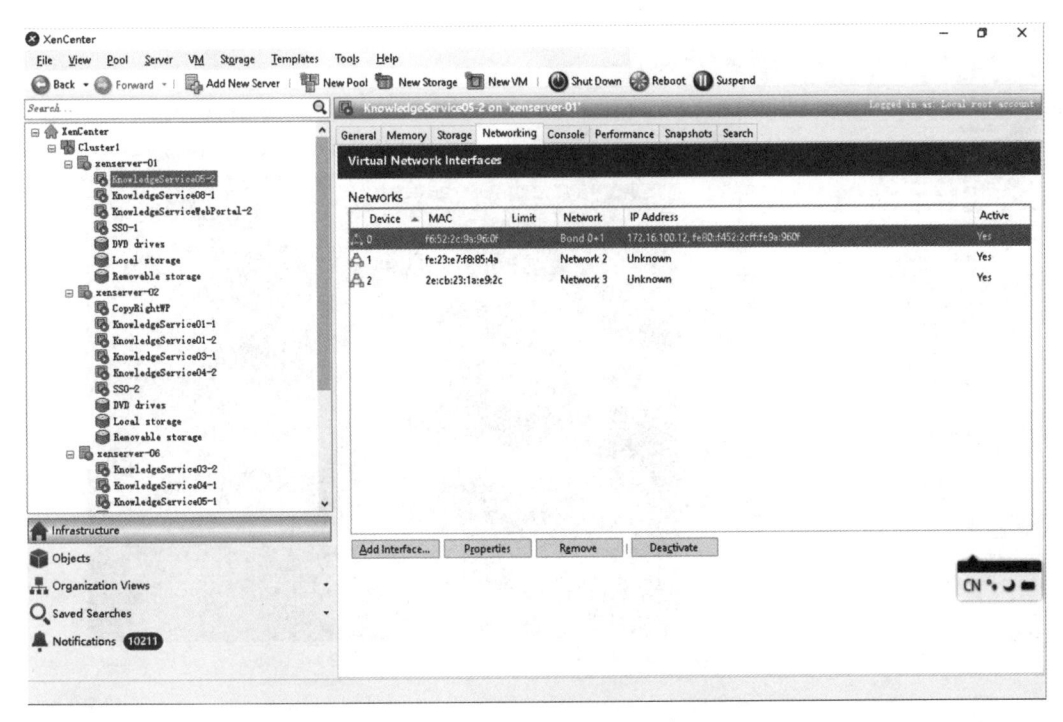

图 4-13　网络情况

5. 存储阵列接口标准

开放存储阵列接口规范，使主流的存储厂商可以将存储软件与虚拟化平台更好的整合。

6. 存储精简配置

具有存储精简配置能力（Thin Provisioning），减少存储容量需求。

7. 资源动态调整

支持热添加 CPU 和内存功能，在不对用户造成中断的情况下，根据需要为虚拟机部署更多 CPU 和内存。

8. 管理界面

提供统一的图形界面管理软件，可以在一个地点完成所有虚拟机的日常管理工作，包括控制管理、CPU 内存管理、用户管理、存储管理、网络管理、日志收集、性能分析、故障诊断、权限管理、在线维护等工作。本系统支持 Web Client 和命令行管理功能，同时也是基于 Linux 平台的管理软件。

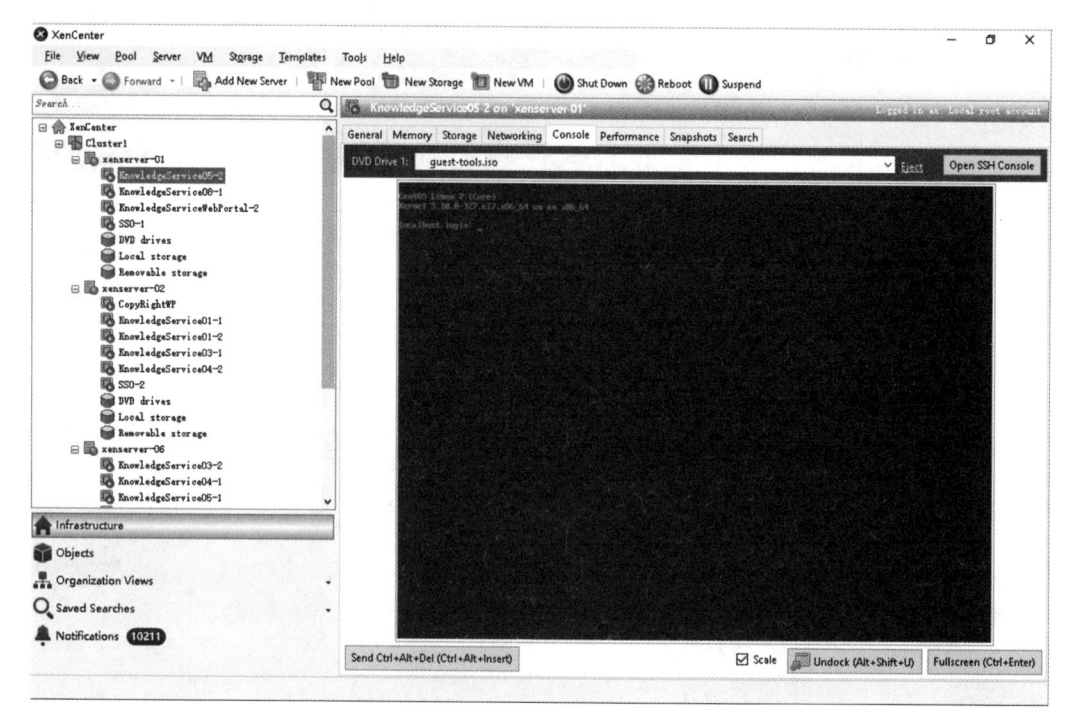

图 4-14 虚拟机控制台

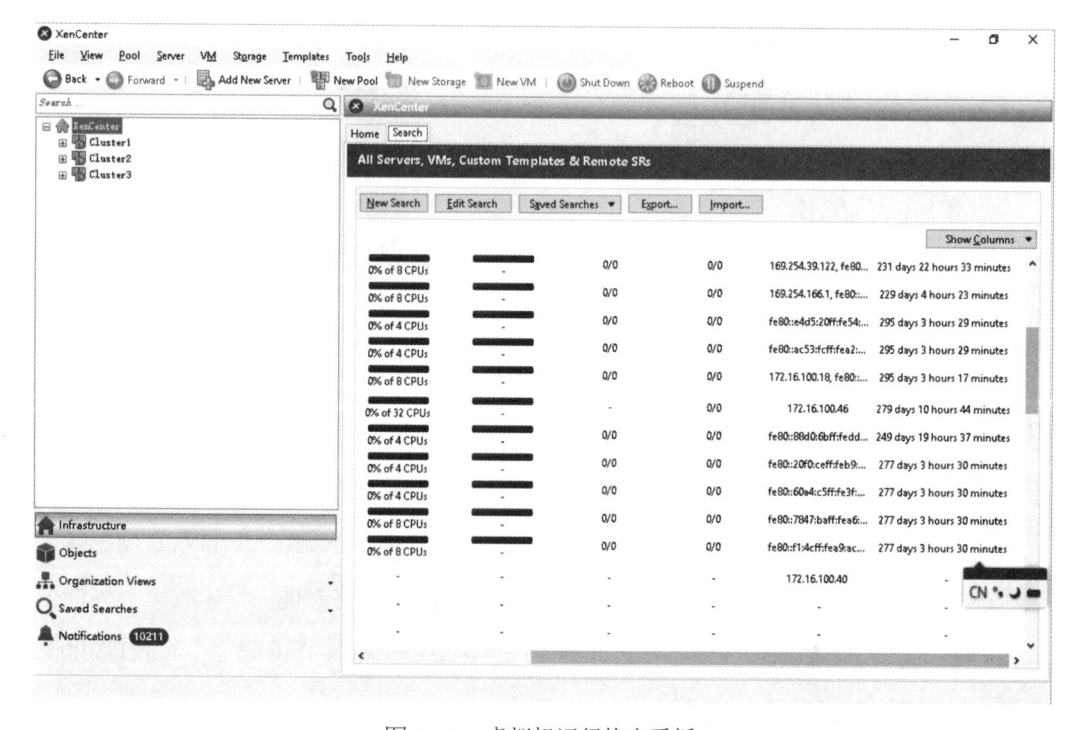

图 4-15 虚拟机运行状态看板

图 4-16　快　照

9. 虚拟机备份

提供整合备份功能，能够利用重复删除技术对 VM 进行快速备份（全备份或增量备份）和恢复；同时提供备份接口，能够与第三方备份软件无缝兼容。

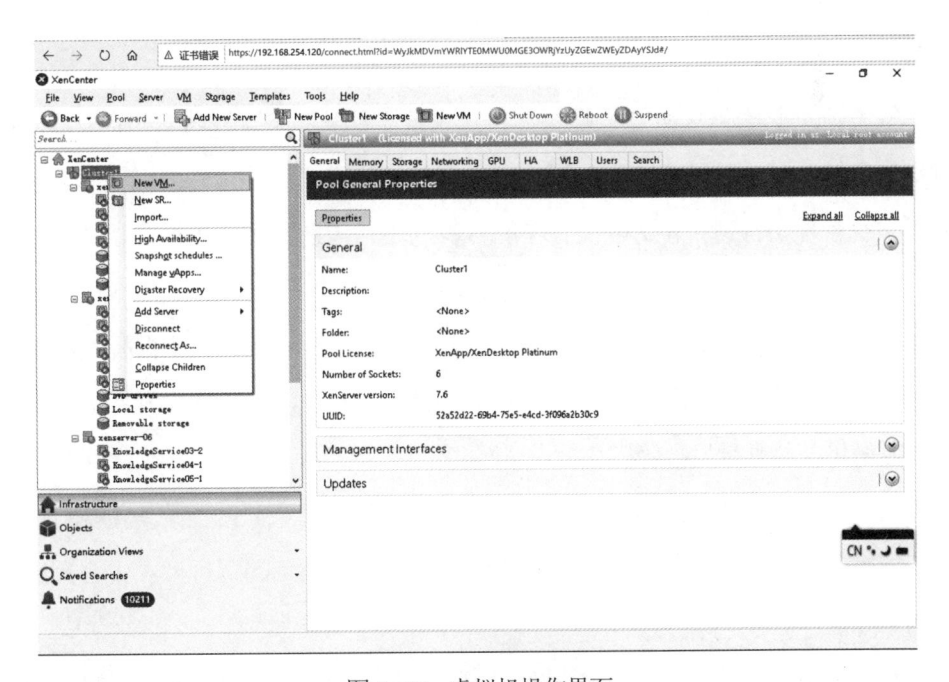

图 4-17　虚拟机操作界面

第五节　服务器监控预警系统

随着项目规模的扩大，一个有着复杂架构的项目部署完成后，如果没有建立完善的监控体系，在系统运行的过程中用户反馈的某些系统故障，维护人员一般都需要花费大量的时间去定位问题。这不仅浪费了太多的时间和人力成本，长期下去更损害了用户的产品体验。而服务器监控预警系统正可以解决这一问题。

一、系统介绍

本系统是一套成熟、可靠的监控告警和日志收集系统，用于实时监控服务器的运行状态，如 CPU、内存、磁盘空间的使用情况，以及服务器上部署的各类应用的运行情况，如 Tomcat、Nginx、MySQL 等。系统具备直观的可视化管理界面，可通过事先定义好的监控模板快速添加或删除被监控的服务器及应用；系统具备企业微信、短信和邮件等多种报警方式；系统将所有应用日志集中收集，并通过不同的索引名称对日志进行分类，以区分不同日志来源，通过分布式全文搜索引擎实现日志的全文检索，快速定位异常日志。

二、总体架构

本系统是一个基于 Web 界面提供分布式系统监视及网络监视功能的企业级开源解决方案。它能监视各种网络参数，保证服务器系统的安全运营，并提供灵活的通知机制以让系统管理员快速定位/解决存在的各种问题；借助本系统可很轻松地减轻运维人员们繁重的服务器管理任务，实现业务系统持续运行。

（1）服务端。从数据库中获取各被监控节点监控项信息，并依据配置中的节点 IP 地址推送到相应客户端。根据客户端抓取的监控项值，和数据库中保存的报警阈值比对，若满足条件则触发报警模块。

（2）客户端。从服务端获取监控项信息，根据事先定义好的监控键值执行相关代码，获取当前服务器上运行状态参数。然后根据配置中指定的运行模式，将相应数据反馈到服务端。

（3）代理端。根据服务器规模大小，可在服务端和客户端之间添加监控代理服务，通常监控服务器超过 50 台左右可考虑部署。代理服务可接受客户端的监控数据，然后统一将数据传给服务端，可有效减轻在大规模部署时服务端的压力。

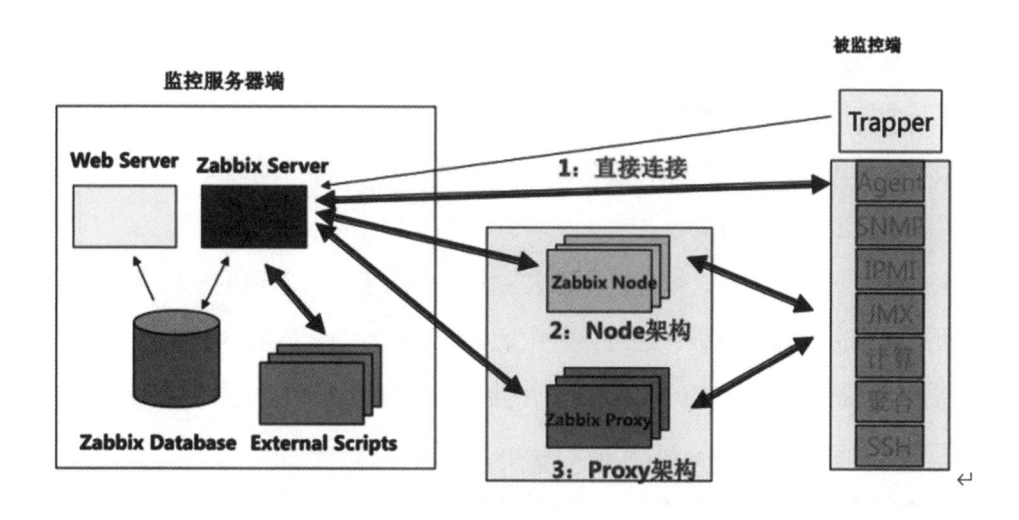

图 4-18　监控分布式架构

三、系统功能

1. 监控

（1）客户端信息采集。

系统采用 B/S 架构方案，在被监控端安装 agent 应用，配置相关必要参数。agent 端支持两种模式：主动模式和被动模式。主动模式下客户端根据从服务端获取的监控项，将采集到的数据主动推送至服务端，在大规模集群下可有效减轻服务端的运行压力；被动模式下服务器端根据模板定义的监控项配置从客户端拉取数据，配置简单快速，不会占用被监控端上运行的业务资源。

客户端提供了自定义监控项配置文件。当服务运行异常，服务端检测到某参数达到报警阈值后，即可自动触发客户端指定的维护脚本，并实现服务自愈。服务自愈后，可发送相关信息给指定的系统维护人员。

（2）可视化管理界面。

系统提供了一个直观简洁的 web 管理界面。系统部署完成后，维护人员即可通过管理页面对监控系统进行配置，主要功能有：系统监控大盘、服务器资产记录、报表管理、主机、模板配置和系统管理。

系统监控大盘的 dashboard 可查看系统的整体运行状态，在图形界面中通过筛选组件查看某个具体监控项或某监控项历史趋势图。

报表页面可以生成某个具体主机的监控报表数据，直观展示主机的运行状态，并且提供报表导出和保存历史数据功能。

主机配置页面可新建、导入、更新和删除某个服务器。新建主机界面中可以为当前主机选择相应的监控模板，通过模板中定义的监控信息，实现对相关服务器运行状态的监控，包括但不限于 CPU、内存、存储空间的使用情况和服务器上应用的运行情况，包括但不限于 Tomcat、MySQL、Nginx 等应用。在加密选项中可以选择客户端和服务端之间的通信加密方式，以保证数据安全。

模板管理页面可新建、导入、更新和删除某个监控模板。新建模板时可自定义模板名称及所属群组，也可以链接继承系统中已存在的模板。监控模板创建后可定义配置模板监控项、触发器以及监控图形。监控项中根据默认或在客户端中自定义的监控键值获取监控数据，然后配置关联相应的触发器，当监控项值满足触发器定义阈值后即可触发报警。定义配置图形可在监控大盘的图形界面查看具体监控视图。

（3）报警通知。

管理菜单中报警媒介类型可配置报警媒介。报警媒介支持多种类型，默认支持电子邮件及短信，系统也提供了脚本方式支持其他报警平台，比如微信平台。

报警媒介配置完成后可在用户管理界面进行关联。在报警媒介中选择相应的媒介类型和报警收件人实现用指定报警方式发送报警信息给指定人员。

用户关联完毕后在配置菜单中配置具体的报警信息。

2. 日志收集

（1）客户端日志收集。

系统的日志收集主要使用 logstash 组件来进行实现。logstash 主要有三大功能模块：

input、filter 和 output，即收集日志、解析日志和发送日志。input 可以直接从文件中抓取，也可以从队列中抓取，还能接收日志生产工具的输出（例如 java 的 log4j 输出）。filter 对无结构化的数据进行解析处理，生成半结构化数据。filter 支持较多插件，比较典型的有 grok、date、goeip、kv、json 和 mutate 等。output 可以输出到 elasticsearch，也可以输出到消息队列（例如 redis、kafka），还能输出给监控系统。input 模块结合 filter 组件实现对日志的实时采集。

（2）日志索引管理。

系统中的全文检索模块使用业界成熟的 ElasticSearch（简称"ES"）组件开发。ElasticSearch 是一个基于 Lucene 的搜索服务器。它提供了一个分布式多用户能力的全文搜索引擎，基于 RESTful web 接口。Elasticsearch 是由 Java 开发的，并作为 Apache 许可条款下的开放源码发布，是当前流行的企业级搜索引擎。ES 可以把一个完整的索引分成多个分片，将一个大的索引拆分成多个，分布到不同的节点上，构成分布式搜索。

（3）可视化检索界面。

Kibana 是一个开源的分析和可视化平台，旨在与 Elasticsearch 合作。Kibana 提供搜索、查看和与存储在 Elasticsearch 索引中的数据进行交互的功能。开发者或运维人员可以轻松地执行高级数据分析，并在各种图表、表格和地图中可视化数据。

第五章　国家知识服务平台应用情况

第一节　国家知识资源服务中心门户网站应用情况

门户网站集成了出版物信息检索、OA开放存取、标准、版权等多个子系统的功能模块，是国家知识服务平台服务于管理部门、出版单位、个人用户的窗口。门户网站于2019年8月份在第一届出版业知识服务大会上发布上线，已经运行一年多了。具体应用情况如下：

一、资源情况

出版信息检索系统已收录CIP数据510余万，出版领域期刊论文等全文数据300余万。图谱引擎已训练数据逾3000万，拥有知识实体200余万，实体关系数超过1100万。

OA开放获取期刊服务系统收录了《全球变化科学研究数据》和《地理学报》两个期刊的论文共计268篇。其中，《全球变化科学研究数据》248篇，《地理学报》20篇。

二、各领域知识服务平台集成接入情况

目前，已有多家试点单位完成了与国家知识资源服务中心门户网站的对接工作，包括中国大百科全书出版社、人民法院出版社、知识产权出版社、人民卫生出版社、社会科学文献出版社、中国社会科学出版社、中国建筑出版传媒有限公司、中国农业出版社、北京语言大学出版社、中国科技出版传媒股份有限公司、福建科学技术出版社等。在国家知识资源服务中心门户网站通过对不同行业的关键词检索，即可检索出各出版单位知识服务案例中相应的内容，用户查看条目的详情则会跳转至各知识服务案例网站。专业检索嵌套跳转对接情况如下表所示。

表 5-1 专业检索嵌套跳转对接情况

序号	单位名称	知识服务平台名称
1	中国大百科全书出版社	中国大百科全书数据库
2	人民法院出版社	法信
3	知识产权出版社	中国知识产权大数据与智慧服务系统
4	人民卫生出版社	临床助手、中医助手
5	社会科学文献出版社	皮书数据库
6	中国社会科学出版社	中国社会科学年鉴数据库
7	中国科技出版传媒股份有限公司	中国植物志库
8	中国农业出版社	智汇三农
9	中国建筑出版传媒有限公司	建筑施工知识库
10	中国纺织出版社	华服志
11	福建科学技术出版社	中国中药知识港服务系统
12	中国语言大学出版社	国际汉语教学文献信息库
13	英大传媒投资集团有限公司	中国电力百科网
14	上海交通大学出版社	中国司法档案数据库·江津卷
15	甘肃教育出版社	敦煌数据库
16	中华医学会杂志社	中华医学会期刊数据库
17	北京万方数据股份有限公司	万方数据
18	中新金桥数字科技（北京）有限公司	可知

第二节 "国家知识服务平台"微信公众号应用情况

为有效提高国家知识服务平台业内外影响力和服务能力，加快推动国家知识服务平台建设及推广工作，国家知识资源服务中心通过"国家知识服务平台"微信公众号，开展了相应知识服务宣传和运营工作。

2020年3月在抗击新型冠状病毒肺炎疫情期间，"国家知识服务平台"微信公众号正式投入使用。

一、疫情期间运营情况

首先在公众号中推出了《抗疫之战,知识护航让出版单位知识服务为战胜疫情构筑坚实堡垒——国家知识资源服务中心致出版单位的倡议书》,之后不断有出版社、期刊社及具专业有影响力的平台、文库、互联网企业等知识服务单位积极响应。倡议书内容如下:

抗疫之战,知识护航
让出版单位知识服务为战胜疫情构筑坚实堡垒
——国家知识资源服务中心致各出版单位的倡议书

各出版单位:

全国新型冠状病毒肺炎疫情形势急迫,疫情防控工作任务艰巨。面对疫情,党中央、国务院高度重视,习近平总书记作出重要指示,强调"生命重于泰山,疫情就是命令,防控就是责任"。传播知识、传承文明是出版单位的职责使命所在,在抗击疫情的关键时刻,出版人要用知识服务大众、服务疫情防控。

我们相信,坚定信心、同舟共济、科学防治、就一定能打赢疫情防控阻击战。为进一步科学防疫,打赢疫情防控攻坚战,国家知识资源服务中心特向各出版单位发出以下倡议:

一、提高政治站位

坚决贯彻执行习近平总书记关于新型冠状病毒感染肺炎疫情防控工作的重要指示精神,把利用知识服务疫情防控、传播防疫科学知识、减少谣言影响作为重大政治任务。

二、发挥媒体影响,做好正面引导

借助信息化平台、微信公众号等信息渠道的公众影响力和传播力,加强疫情防控相关政策和公共卫生知识的正面宣传,教育引导公众正确认识和对待疫情,弘扬社会正气,科学防控,理性应对,切实做好疫情相关知识学习和舆情工作的积极引导。

三、提供优质知识服务内容,为科学防疫提供知识支撑

勇挑重担、敢于担当,充分发挥行业及专业优势,为广大群众梳理、创作、提供更多防疫相关的优质知识服务内容,让群众能在专业知识指导下科学防疫。

在此,我们向所有出版单位征集优质知识服务防疫案例及内容,携手与国家知识资源服务平台联合宣传。若您有相关内容请发送至cndrms@bqpmo.com。

"春前一寸雪,春后一犁金。万里烟瘴息,九农和气深。"让冬雪一扫万里烟瘴,早日迎来万物复苏的春天。让我们同心同德、共克时艰,科学防疫、知识先行,力争尽早打赢这场疫情防控阻击战。

国家知识资源服务中心
中国新闻出版研究院
2020年2月2日

图 5-1　倡议书

在此之后,国家知识服务平台微信公众号在十几天内又相继推出三篇文章《抗击

疫情，国家知识资源服务中心与知识服务单位在行动》《【持续更新】抗击疫情，国家知识资源服务中心与知识服务单位在行动》《"知识抗疫、百舰出航"国家知识资源服务中心与百家知识服务单位在行动》，持续报道相关单位及机构的知识服务防疫案例及内容。从第一篇的 21 家单位，到第二篇的 41 家单位，第三篇时累计参与单位已突破百家。国家知识资源服务中心与 110 家知识服务单位发挥自身特色和优势，为不同行业、不同人群提供内容丰富、专业精准的知识内容，让大家可以随时、免费地查阅到需要的知识信息。

图 5-2 疫情期间公众号文章（一）

图 5-3　疫情期间公众号文章（二）

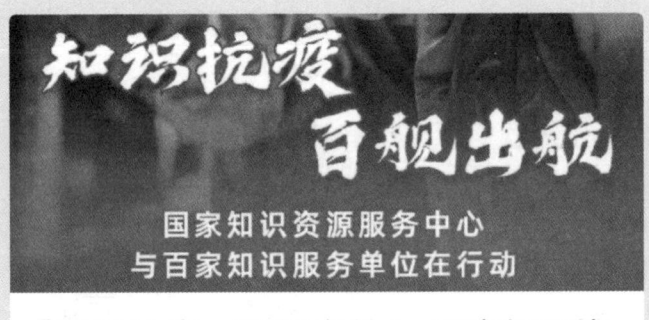

图 5-4　疫情期间公众号文章（三）

截止到 2020 年 3 月 4 日，国家知识服务平台微信公众号累计新增关注用户 410 人次；共发布防控疫情相关文章四篇，累计阅读量 9972 次。其中：

《抗疫之战，知识护航》文章阅读量 1728 次，分享 166 次，引导关注 26 人，送达转化率 57.58%。

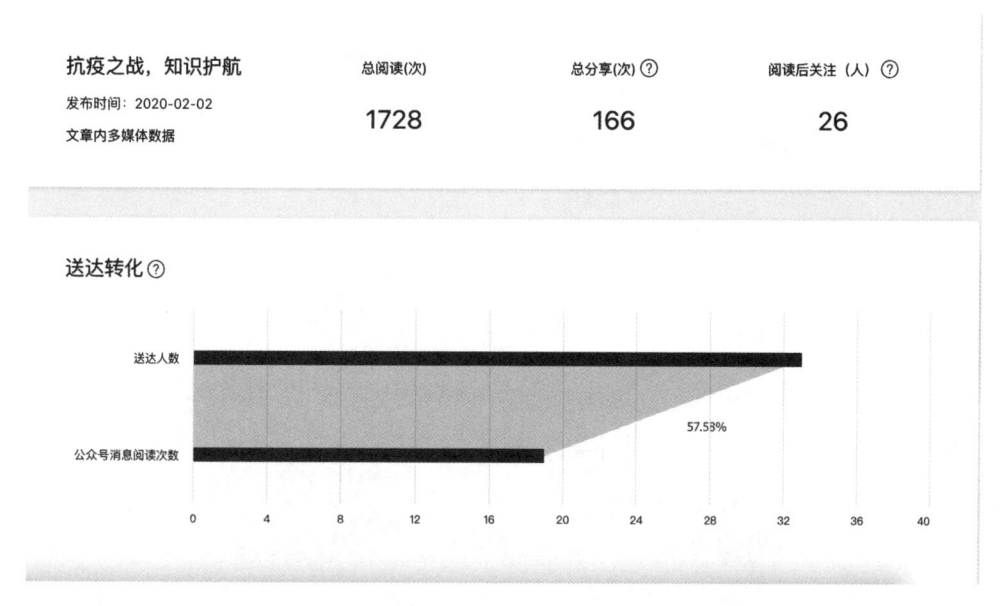

图 5-5 《抗疫之战，知识护航》文章相关数据

《抗击疫情，国家知识资源服务中心与知识服务单位在行动》文章阅读量 3200 次，分享 453 次，引导关注 60 人，送达转化率 41.77%。

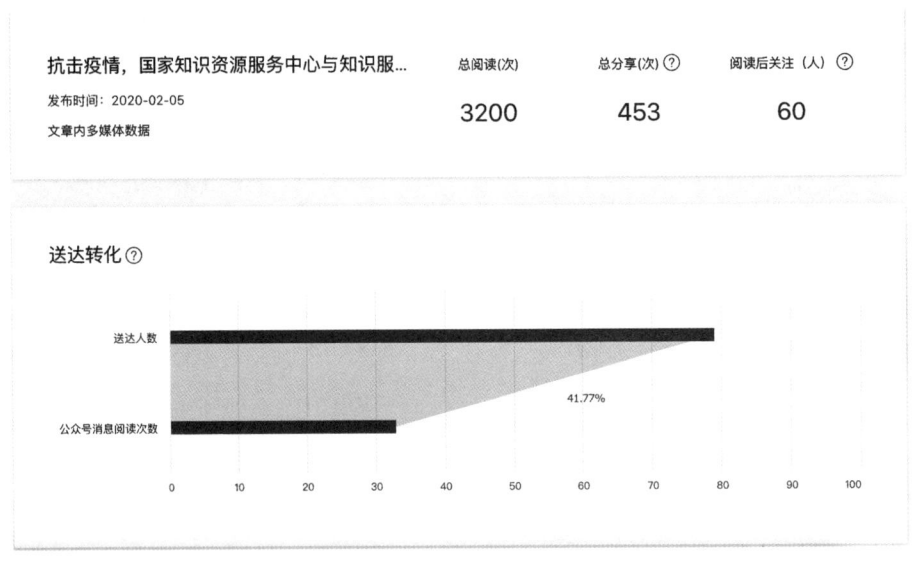

图 5-6 《抗击疫情，国家知识资源服务中心与知识服务单位在行动》文章相关数据

《【持续更新】抗击疫情，国家知识资源服务中心与知识服务单位在行动》文章阅读量 1473 次，分享 179 次，引导关注 22 人，送达转化率 40.11%，且被"中国新闻出版广电报"微信公众号全文转载。

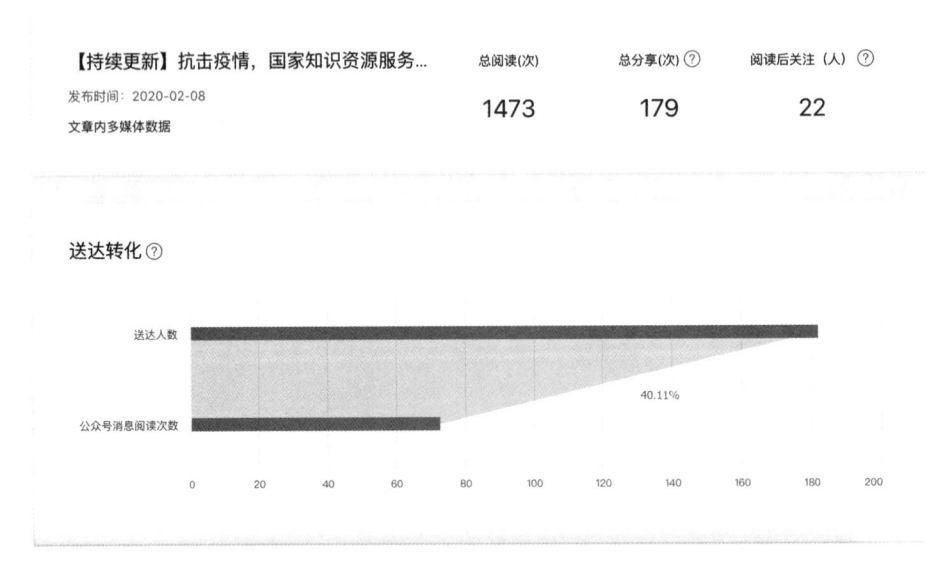

图 5-7 《【持续更新】抗击疫情，国家知识资源服务中心与知识服务单位在行动》文章相关数据

《"知识抗疫、百舰出航"国家知识资源服务中心与百家知识服务单位在行动》文章阅读量3571次，分享480次，引导关注32人，送达转化率35.03%。

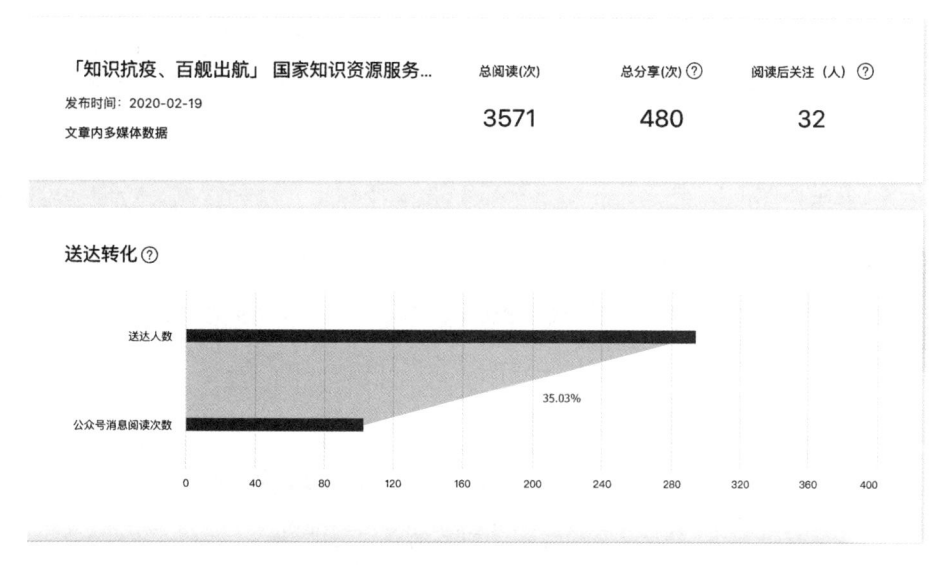

图5-8 《"知识抗疫、百舰出航"国家知识资源服务中心与百家知识服务单位在行动》文章相关数据

二、国家知识服务分平台宣传

"国家知识服务平台"微信公众号推出了"国家知识服务分平台专辑"。从2020年3月开始，在公众号里先后介绍了卫生健康领域、法律领域、建筑领域和电力领域的知识服务。

1.【国家知识服务分平台专辑】卫生健康领域的知识服务

人民卫生出版社"人卫助手"系列知识服务数字平台由"人卫临床助手"、"人卫用药助手"、"人卫中医助手"与人卫inside、人卫CDSS共同组成，于2018年初起陆续入驻中国新闻出版研究院国家知识资源服务中心，并成为国家知识服务平台卫生健康分平台，为用户提供疾病知识、症状体征及中医药等医学专业知识服务。

在文中对人民卫生出版社以及包括人卫临床助手、人卫用药助手、人卫中医助手、人卫inside在内的知识服务数字平台进行了详细介绍。

2.【国家知识服务分平台专辑】法律领域的知识服务

人民法院出版社"法信"平台是中国先进的深度融合法律知识服务与案例大数据服务的数字化网络平台,以为法治中国提供基础性数字化法律服务和为中国法律职业群体提供权威、精准的法律知识服务为目标,通过独有的法律知识导航体系——"法信大纲"和业内领先的类案检索、同案智推、智能问答等大数据和人工智能引擎,对海量法律条文、案例要旨、法律观点、裁判文书等知识资源进行深度加工、分类聚合、串联推送,为用户提供精准、全面、高效的一站式法律解决方案和案例大数据智推服务。

2018年,人民法院出版社"法信"平台与国家知识资源服务中心门户网站完成技术对接,2019年,"法信"平台成为国家知识服务平台法律分平台。通过定位"法律"专业知识库,即可检索"法信"平台法律法规文件。用户查看条目详情时则会跳转"法信"平台具体内容,以提供详尽、专业的法律知识服务。

在文中对人民法院出版社以及"法信"平台2.0版进行了详细介绍。在"法信"平台2.0版的介绍中,包括了法信大纲、类案检索、同案智推、智能问答、延伸服务等多个方面。

3.【国家知识服务分平台专辑】建筑领域的知识服务

在新闻出版业数字化转型升级大背景下,中国建筑出版传媒有限公司(原中国建筑工业出版社)紧跟时代需求,整合优质内容资源,创新数字内容资源知识服务模式。2015年4月成功入选首批专业数字内容资源知识服务模式试点单位。2019年8月23日中国建筑出版传媒有限公司受邀出席了由中宣部出版局指导、中国新闻出版研究院主办的首届"中国出版业知识服务大会",会上被授予"国家知识服务平台建筑分平台"。

在文中对中国建筑出版传媒有限公司、建知(北京)数字传媒有限公司以及中国建筑出版在线和建筑数字图书馆等知识服务平台进行了详细介绍。

4.【国家知识服务分平台专辑】电力领域的知识服务

中国电力百科网是在国家电网有限公司支持下,由英大传媒投资集团有限公司倾力打造的一体化知识服务平台。2019年8月,中国电力百科网与国家知识资源服务中心门户网站完成技术对接,并在首届中国出版业知识服务大会上,获授"国家知识服务平台电力分平台"。

在文中对中国电力百科网从核心优势、特色功能、所获奖励和荣誉等方面进行了详细介绍。

三、相关知识服务文章分享

通过分享其他相关知识服务文章，让用户了解更多与知识服务相关的知识。例如，在公众号中分享过一篇相关的文章：《科技与出版》杂志的《国内外知识服务相关概念追踪与辨析》。文中通过梳理国内外学者对知识服务及相关概念的研究，理清了知识服务概念内涵及演变路径。具体内容包括：国外知识服务及相关概念的起源追踪；国内知识服务概念的起源及领域延伸、基于技术发展视角的知识服务概念演变、基于研究视角的知识服务概念辨析；我国出版界目前对知识服务概念的理解。

四、数字内容正版化公示倡议活动

2020年4月，国家知识服务平台结合2020第六届移动阅读大会发起了"保护知识产权推进正版化——数字内容正版化公示倡议活动"，共有141家单位参与了此次活动。4月26日，正式发布上线了"数字内容正版化公示系统"。通过公众号发布了3篇与数字内容正版化公示倡议相关的文章，同时还在抖音、快手等平台上制作了短视频进行宣传。

第六章　出版业知识服务单位应用情况调查分析

2019年8月,在中宣部出版局的指导下,中国新闻出版研究院召开了第一届中国出版业知识服务大会。中国新闻出版研究院院长魏玉山认为,由专业的机构提供专业的知识服务是知识服务市场健康发展的必由之路。知识服务大会成功举办一年多以来,为进一步了解出版单位参与知识服务建设的具体情况,迎接2020第二届中国出版业知识服务大会的召开,国家知识资源服务中心对出版业知识服务单位的应用情况进行调研。从知识服务产品现状、知识服务参与人员情况、资金投入与收益情况、运营情况、知识服务技术应用情况、未来发展规划、对国家知识服务平台的了解和建议等7个方面,全面了解本次所随机抽选的42家出版业知识服务单位在知识服务项目上的工作开展开展情况,进而分析出版业知识服务单位的发展现状。

出版业知识服务应用情况调研问卷见附录二。

第一节　知识服务产品现状

对出版业知识服务产品现状的考察包括知识服务产品名称、主要知识服务产品类型、终端类型、用户情况、盈利方式等方面。知识服务产品是运用互联网技术和产品思维,进行策划、制作、运营的有付费价值的内容产品。知识服务产品的策划与制作水平不仅是知识服务更加有效的关键,也关乎用户黏度、品牌价值塑造的实现。

一、知识服务主要产品名称

图 6-1 主要知识服务产品名称

从知识服务产品名称的词频看，42 家知识服务单位的产品名称中有 8 次出现了"服务平台"和"服务"，5 家出现"数据库"，4 家出现"数字图书馆"，其余与单位所属的垂直应用领域相关的词汇词频较低。可见，出版业知识服务在产品名称上较突出"服务"属性，旗帜鲜明地表明自身的知识服务产品"身份"，同时又兼顾自身的领域特色。

二、主要知识服务产品类型

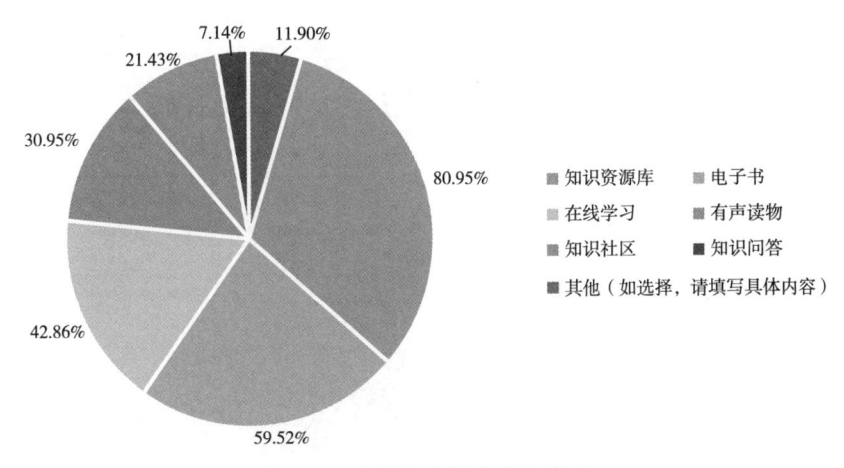

图 6-2 主要知识服务产品类型

知识资源库、电子书、在线学习、有声读物分别占主要形式的前四名。与2019年调研知识服务调查问卷相比，出版业知识服务的产品类型仍以知识资源库和电子书为主，在线学习和有声读物占比有所增加。

三、终端类型

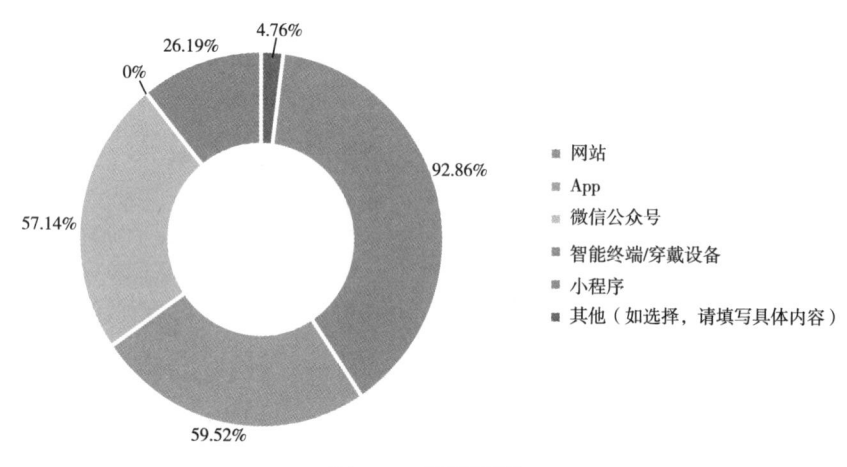

图6-3 终端类型

从知识服务产品终端形式方面来看，网站（92.86%）仍是产品展现途径的标配；而App（59.52%）与微信公众号（57.14%）是产品传播的重要渠道。

四、用户情况

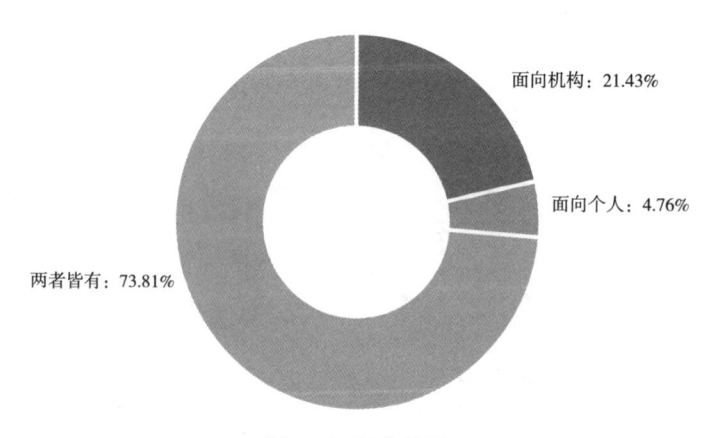

图6-4 用户情况

从上图可以看出，知识服务对象仅面向单一机构或者个人的情况占比较少，分别占比 21.43% 和 4.76%，而两者皆有的选项占比较高，为 73.81%。这说明出版业知识服务单位不局限于单一服务和个人，而是走两者皆有的综合服务路径占为主流。

五、盈利方式

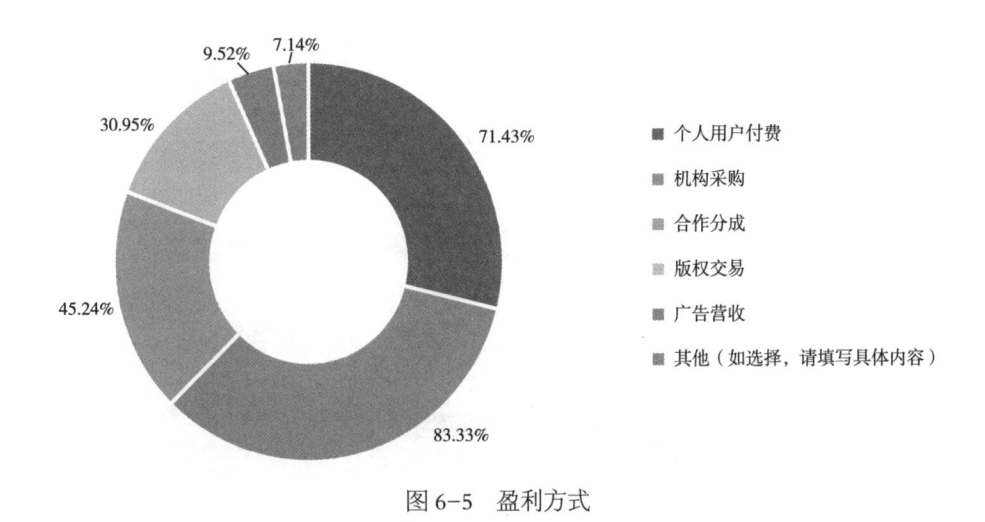

图 6-5 盈利方式

从问卷得知，42 家出版业知识服务盈利模式以机构采购（83.33%）、个人用户付费（71.43%）、合作分成（45.24%）、版权交易（30.95%）为主要盈利方式。42 家出版业知识服务单位仅有 10 家为单一盈利方式，其他单位采取多元化盈利方式。

第二节 知识服务参与人员情况

对出版业知识服务参与人员情况的考察包括人员构成情况、知识服务人员从业时间情况、知识服务人员招聘渠道等方面。

一、人员构成情况

42家知识服务单位人员总数平均为68人，5家超百人。其中，市场营销人员平均为9人，11家超10人；技术人员平均24人，9家超10人；编辑人员平均25人，18家超10人；其他相关人员平均12人，11家超10人；知识服务人员均有自身单位编内人员参与。

二、知识服务人员从业时间情况

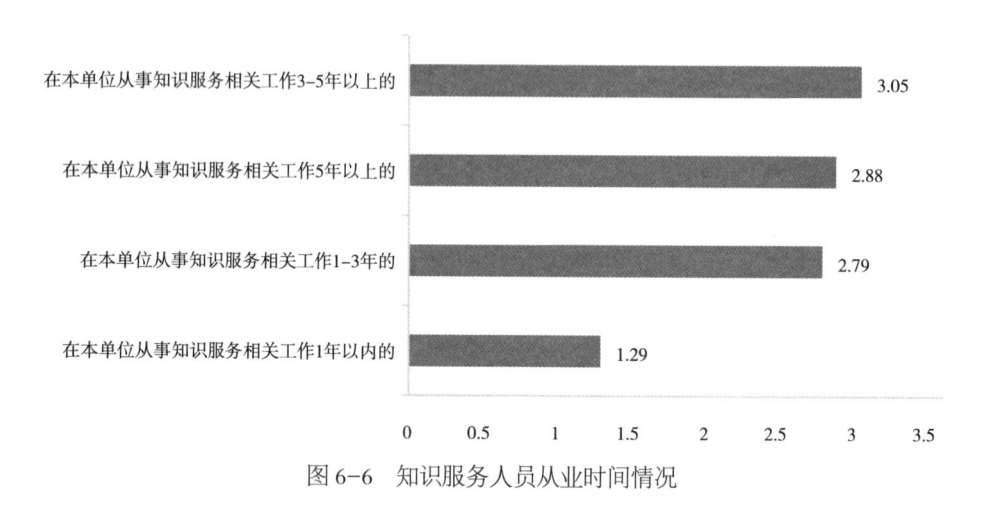

类别	得分
在本单位从事知识服务相关工作3-5年以上的	3.05
在本单位从事知识服务相关工作5年以上的	2.88
在本单位从事知识服务相关工作1-3年的	2.79
在本单位从事知识服务相关工作1年以内的	1.29

图6-6　知识服务人员从业时间情况

从问卷数据得知，本单位从事知识服务相关工作3—5年以上的平均综合得分为3.05，本单位从事知识服务相关工作5年以上的平均综合得分为2.88，本单位从事知识服务相关工作1—3年以上的平均综合得分为2.79。可见，知识服务人员从业时间集中在3年以上，这阶段平均得分5.93大于3年以下的平均得分，这说明知识服务单位对从事人员的工作时限有要求，从侧面说明知识服务单位对于知识服务工作较为重视。

三、知识服务人员招聘渠道

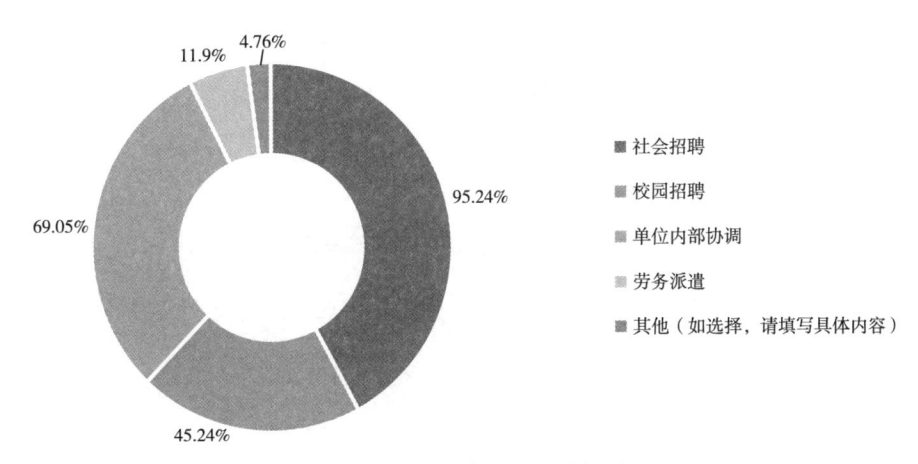

图 6-7 知识服务人员招聘渠道

从招聘渠道数据情况看，知识服务主要的招聘渠道集中于社会招聘（95.24%）、单位内部协调（69.05%）和校园招聘（45.24%）。可见，社会招聘和校园招聘是知识服务单位获取人才，补充新鲜血液的重要方式。

第三节　资金投入与收益情况

一、支撑知识服务部门或相关人员的主要资金来源

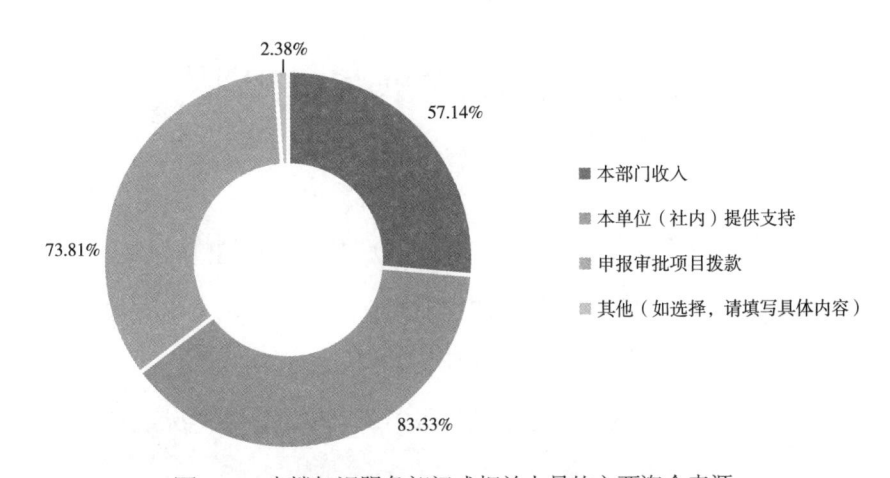

图 6-8　支撑知识服务部门或相关人员的主要资金来源

本单位（社内）提供支持（83.33%）、申报审批项目拨款（73.81%）、本部门收入（57.14%）是支撑知识服务业务展开主要资金来源的"三驾马车"。资金来源仍以本单位及项目拨款支持为主，本部门收入占比与前两个方式相比仍较低。但随着知识服务业务的持续展开，本部门收入仍具有较大潜力，为出版业知识服务业务形成良性的投入产出发展贡献力量。

二、2016—2019年在知识服务产品方面的资金投入与收入情况

根据问卷数据，2016—2019年,42家出版单位在知识服务方面的平均资金投入分别为402.97万元、507.89万元、555.41万元、624.86万元，呈现逐步提升的趋势,2019年比2016年平均投入增幅达1.55倍。

2016—2019年,42家出版单位在知识服务方面的平均资金收入分别为236万元、330.04万元、556.63万元、577.2万元,2019年比2016年平均收入增幅达1.43倍。

可以看出,42家出版业知识服务单位基本呈现高投入高产出的态势。其中，中国科学技术出版社有限公司、人民邮电出版社有限公司、国家行政学院音像出版社、石油工业出版社有限公司、中国人民大学出版社有限公司等投入与产出达到千万元级别。但也有一些企业投入产出很少，根据问卷数据，以2019年资金投入与收入情况为例，在投入上，仍有10家单位少于100万元,1家单位是年无投入；在收入上,16家单位收入少于100万元,5家单位无收入，这与平均投入624.86万元及平均收入577.2万元存在很大的差距。

第四节　知识服务单位运营情况

知识服务旨在帮助用户学习和解决问题，通过知识服务平台大数据技术收集的数据信息，识别知识用户的真实需求，并最终向用户提供高附加值、高层次、知识型的服务，这是开展知识服务的根本目标。用户对知识服务产品认可和满意决定着知识服务产品的成败。运营是维系知识服务生存与发展的重要活动，运营水平的高低决定了开展知识服务工作的水平及成败。考察知识服务试点单位运营情况是知识服务试点单

位开展知识服务工作水平的重要内容。对出版业知识服务单位运营情况的考察包括服务的机构数量、用户规模（机构/个人）、付费意愿、知识服务业务定位、运营困境、运营效果及"新冠"疫情影响等方面。

一、知识服务产品已服务的机构数量

从问卷中得知，知识服务产品已服务的机构数量不一，差别较大。有15家单位达到百家以上，甚至有6家单位已服务的机构数量突破千家，包括社会科学文献出版社、中国大百科全书出版社、知识产权出版社有限责任公司等；但也有9家单位的知识服务产品已服务的机构数量仅为个位数字。

二、知识服务产品用户规模

1. 机构用户规模

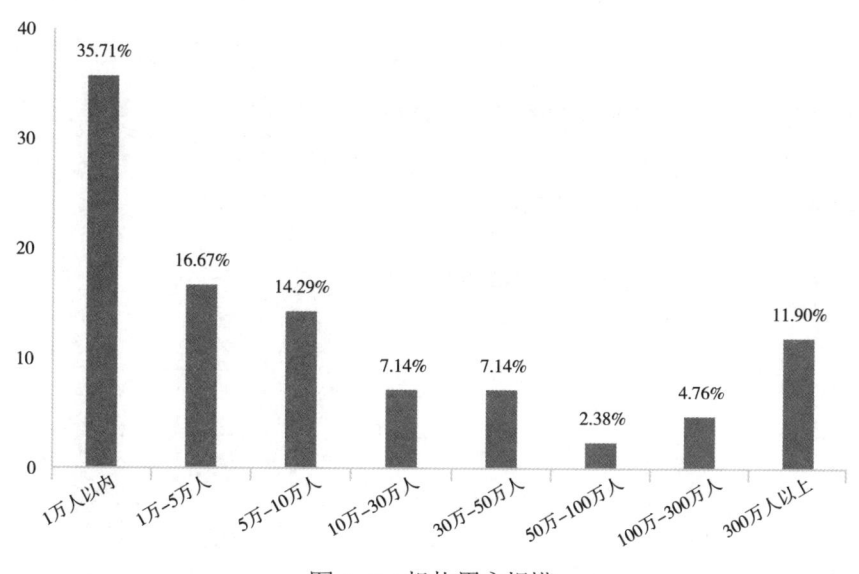

图6-9 机构用户规模

区间	占比
1万人以内	35.71%
1万-5万人	16.67%
5万-10万人	14.29%
10万-30万人	7.14%
30万-50万人	7.14%
50万-100万人	2.38%
100万-300万人	4.76%
300万人以上	11.90%

知识服务产品机构用户规模呈现U形状态，两头集中较多。其中，在1万人以内用户贵规模最多，达35.71%，在整体规模数据中心，10万人以内高达66.67%，300万人以上达11.9%。

2. 个人用户规模

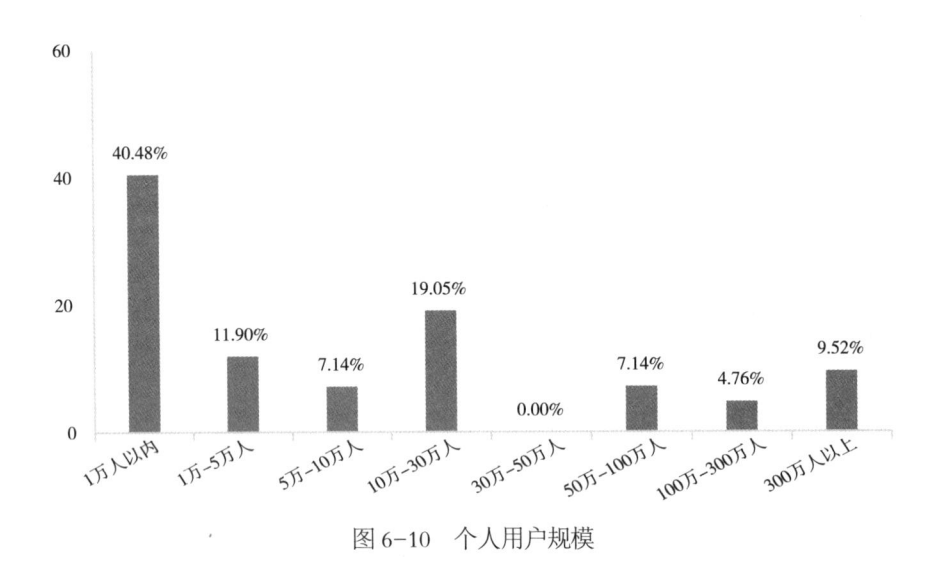

图 6-10 个人用户规模

知识服务个人用户规模集中在 1 万人以内和 10 万—30 万人区间，分别占 40.48% 和 19.05%，整体用户规模集中在 30 万人以内，高达 78.57%。与机构用户相比，客户规模在两端（即 1 万人以内和 300 万人以上区间）占比较多。

三、知识服务产品个人用户付费情况

1. 付费用户人数占全部用户人数的比例

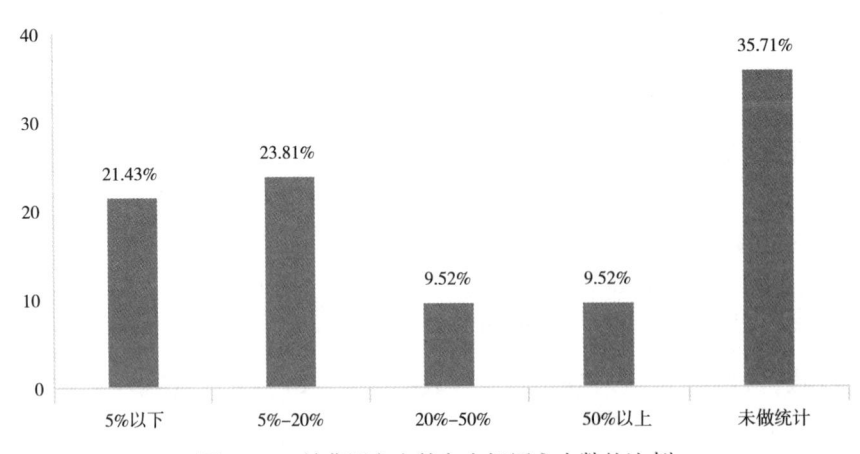

图 6-11 付费用户人数占全部用户人数的比例

从数据可知，付费用户人数占全部用户人数的比例集中在20%以下，占45.24%，未做统计占35.71%，可知部分出版业服务单位对付费占比情况未有要求。

2. 续费用户人数占付费用户人数的比例

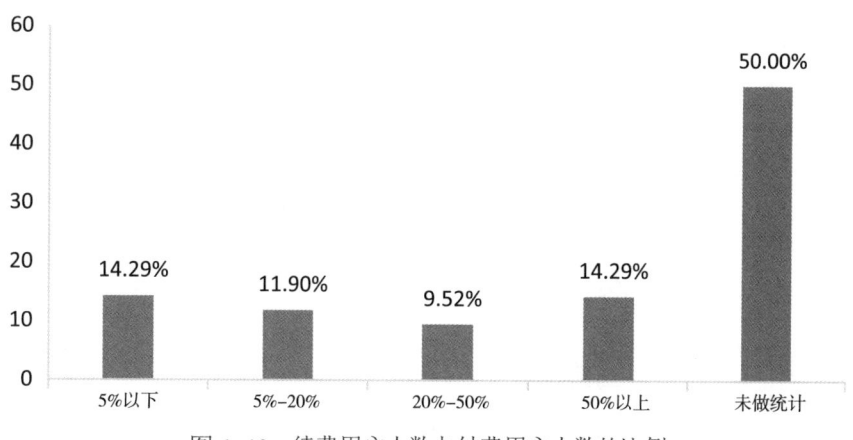

图6-12 续费用户人数占付费用户人数的比例

从数据可知，续费用户人数占付费用户人数的比例分布相对平均，各知识服务单位有一定的客户黏性。值得注意的是，未做统计占50%，可知部分出版业服务单位对续费未有要求，与出版业服务单位对付费占比情况保持一致。

四、知识服务单位认为的付费优势

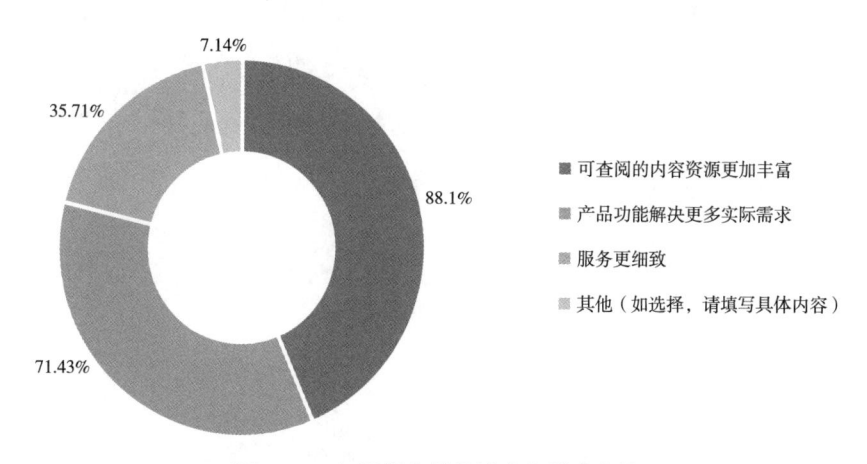

图6-13 知识服务单位认为的付费优势

88.1% 的知识服务单位认为付费可让可查阅的内容资源更加丰富，71.43% 的单位认为付费可使产品功能解决更多实际需求，35.71% 的单位认为付费可为用户提供更细致的服务。可见，出版业知识服务单位作为内容产业，内容的稀缺性是其本质属性，只有通过付费，用户才可以获得更优质、更完整的知识服务产品，从侧面也印证了知识服务产品的精神产品属性是其本质属性。

五、知识服务单位对知识服务工作的定位

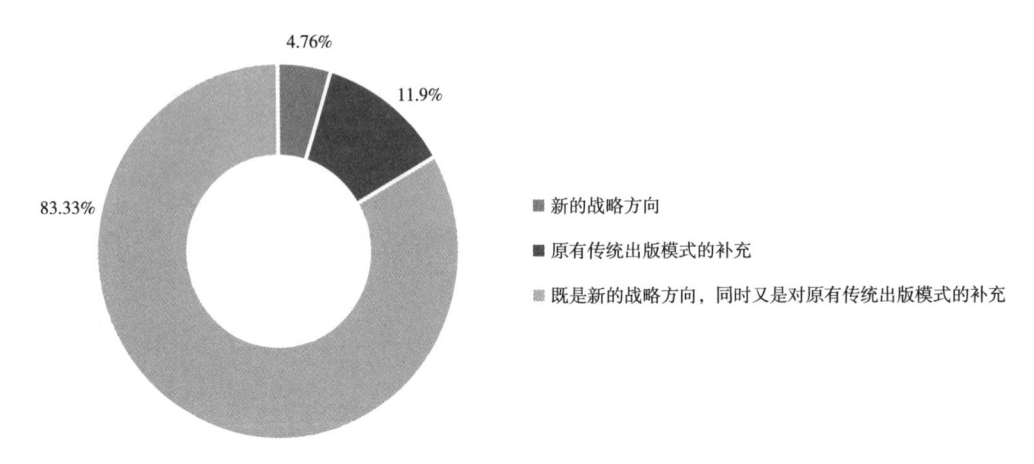

图 6-14　知识服务单位对知识服务工作的定位

从调查结果可以得知，42 家出版业知识服务单位中有 83.33% 选择了"既是新的战略方向，同时又是对原有传统出版模式的补充"，仅有 4.76% 选择了"新的战略方向"。这说明出版业知识服务与出版单位传统出版业务并不冲突，而是与传统出版业务既联系，又有创新，但又不是简单做"嫁接"，而是相互融合。仅有很小一部分把知识服务作为本单位新的战略方向，这也说明了出版业知识服务单位对知识服务业务的定位较为慎重。

六、与数字出版相比，知识服务所带来的变化

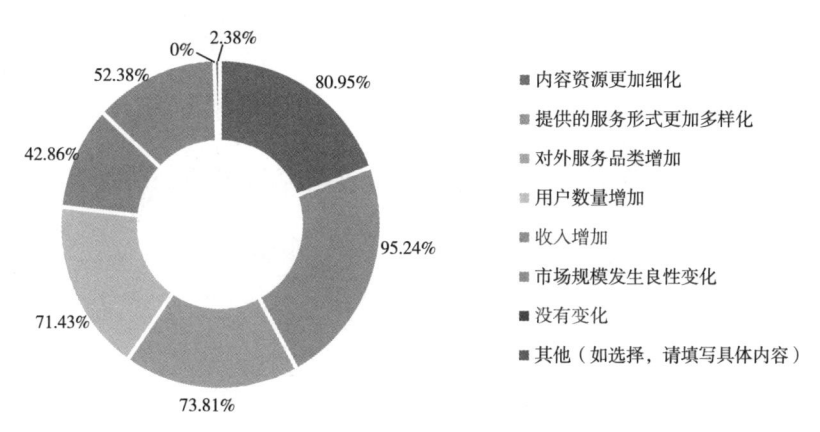

图 6-15　与数字出版相比，知识服务所带来的变化

从调研数据可知，与数字出版相比，知识服务在"提供的服务形式更加多样化（95.24%）""内容资源更加细化（80.95%）""对外服务品类增加（73.81%）""用户数量增加（71.43%）"为知识服务所带来的变化的前四位。问卷中没有1例选择"没有变化"，说明知识服务在承继数字出版的基础上又提供了新的路径。在新的时期下，以内容深耕细作为基础的知识服务，更加突出服务属性，在产品更加多元化和增加用户数量方面与数字出版相比有所增益。

七、在知识服务转型过程中所面临的困难

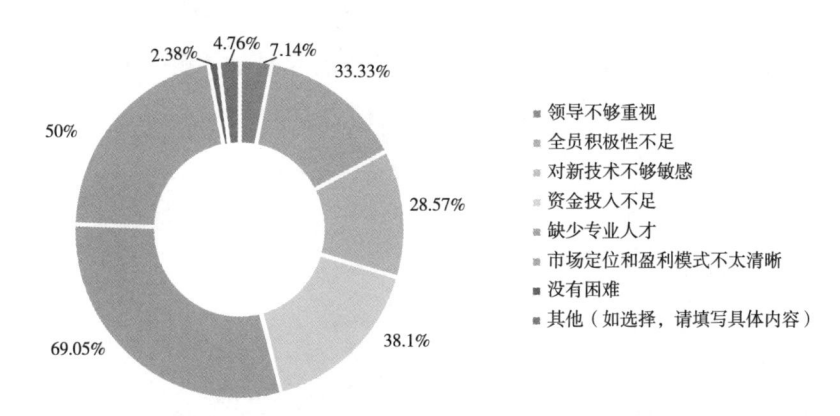

图 6-16　在知识服务转型过程中所面临的困难

从数据可知，42家出版业知识服务单位在知识服务转型过程中所面临的困难集中在"缺少专业人才（69.05%）""市场定位和盈利模式不太清晰（50%）""资金投入不足（38.1%）""全员积极性不足（33.33%）""对新技术不够敏感（28.57%）"五个方面。

八、与互联网企业相比，传统出版单位做知识服务有哪些方面的优势与劣势

1. 优势

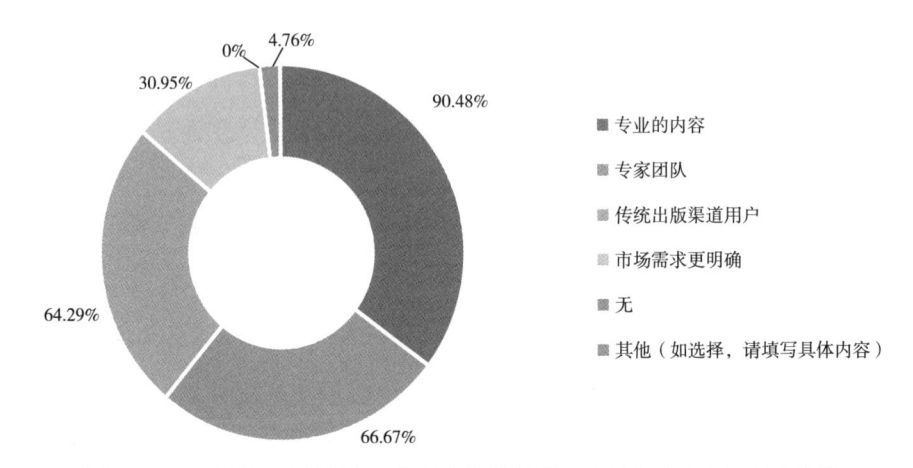

图6-17 与互联网企业相比，传统出版单位做知识服务有哪些方面的优势

从调研数据可知，与互联网企业相比，传统出版单位做知识服务优势在于"专业"，"专业的内容（90.48%）""专家团队（66.67%）""传统出版渠道用户（64.29%）"，这说明传统出版单位长期以来集聚的内容资源优势仍是传统出版单位做知识服务的最大优势。同时，在"明确市场需求"方面受访单位的数据为"0"，也说明传统出版单位与互联网企业相比，对市场的把握与分析较弱。

2. 劣势

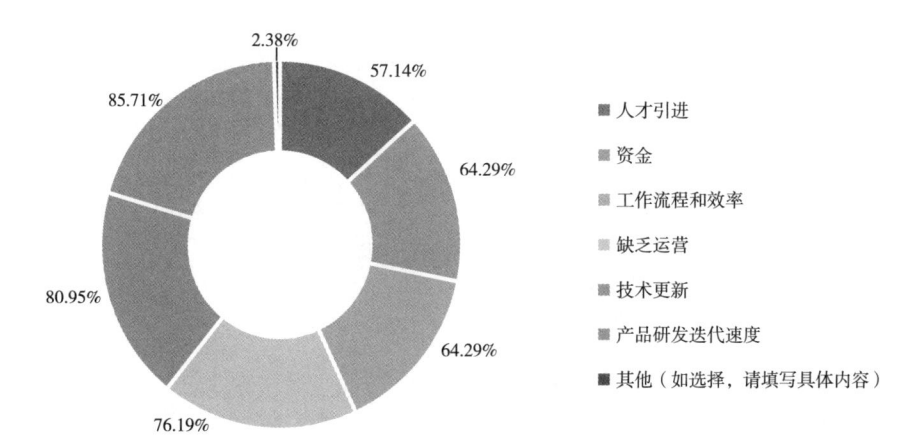

图 6-18　与互联网企业相比,传统出版单位做知识服务有哪些方面的劣势

从调研数据可知,与互联网企业相比,传统出版单位做知识服务劣势在于"技术与运营",人才引进与所处单位的运营机制制约着出版业知识服务业务的开展,这也是受访 42 家出版业知识服务单位遇到的最大运营问题。

九、知识服务产品在运营过程中遇到问题及解决方案

1. 问题

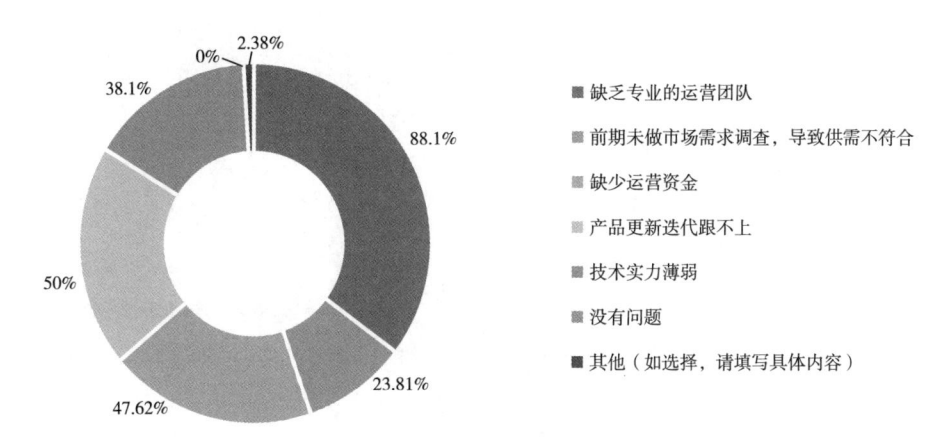

图 6-19　知识服务产品在运营过程中遇到问题

从调查数据可得知,"缺乏专业的运营团队(88.1%)"是最大的问题。承接上题,

传统出版单位做知识服务产品在面对互联网内容企业的竞争时遇到的最大劣势,缺乏专业人才,影响了产品的更新迭代,极大程度制约着知识服务产品的发展。

2. 解决方案

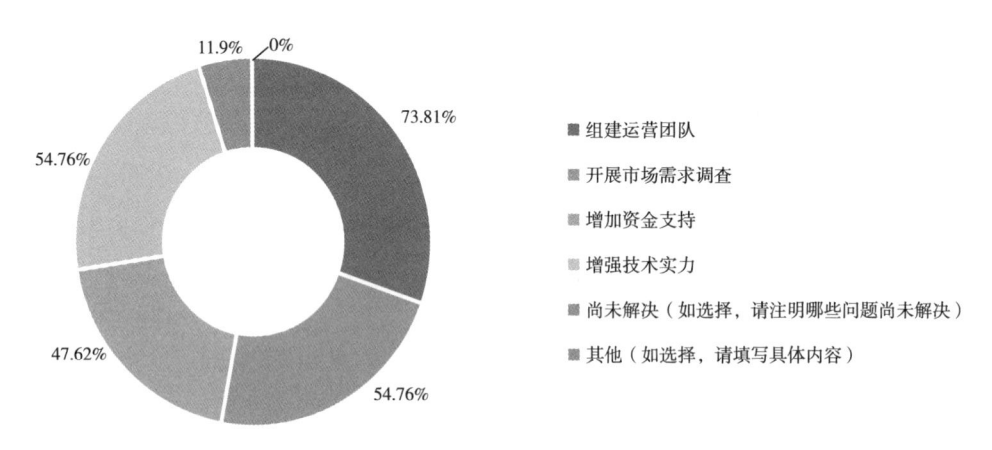

图 6-20 知识服务产品针对问题所做的解决方案

针对知识服务产品在运营过程中遇到问题,首先要从人员方面入手,选择"组建运营团队(73.81%)""开展市场需求调查(54.76%)""增强技术实力(54.76%)"排在前三位。这也说明出版社对引进知识服务专门人才问题的重视,并十分迫切,只有人才问题解决了,才能够陆续解决知识服务的技术问题和市场问题。

十、市场的运营效果调查

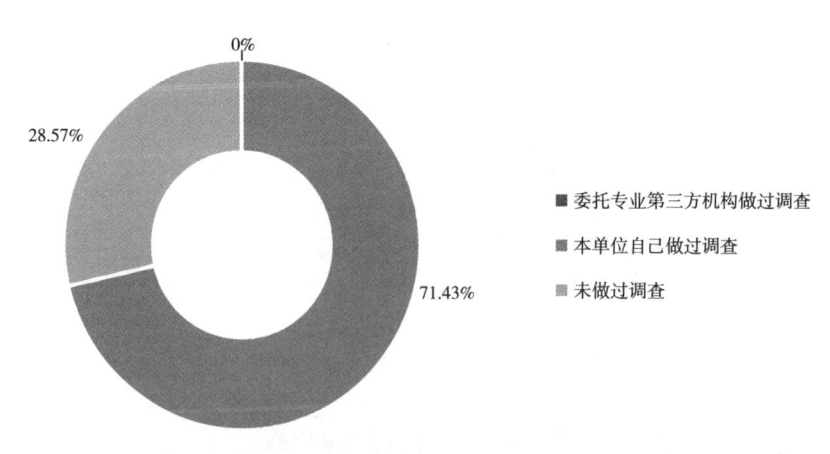

图 6-21 市场的运营效果调查

从调查数据可得知，71.43%的受访单位自己做过调查，28.57%的受访单位未做过调查，调查的所有受访单位均未委托专业第三方机构做过调查。

十一、"新冠"疫情对出版业知识服务单位的影响

1. 知识服务用户

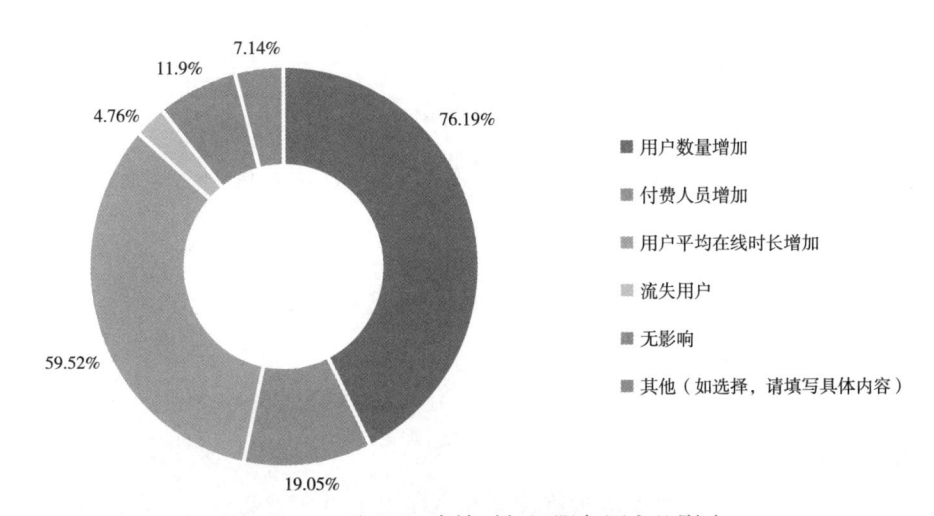

图 6-22 "新冠"疫情对知识服务用户的影响

突发的"新冠"疫情迫使用户从线下转为线上，全民"宅家"的突发环境使得线上需求激增。从数据可得知，"用户数量增加（76.19%）""用户平均在线时长增加（59.52%）"是"新冠"疫情对出版业知识服务工作最显著的变化，这从一定程度也导致了付费人员的增加。

2. 收入及运营方面

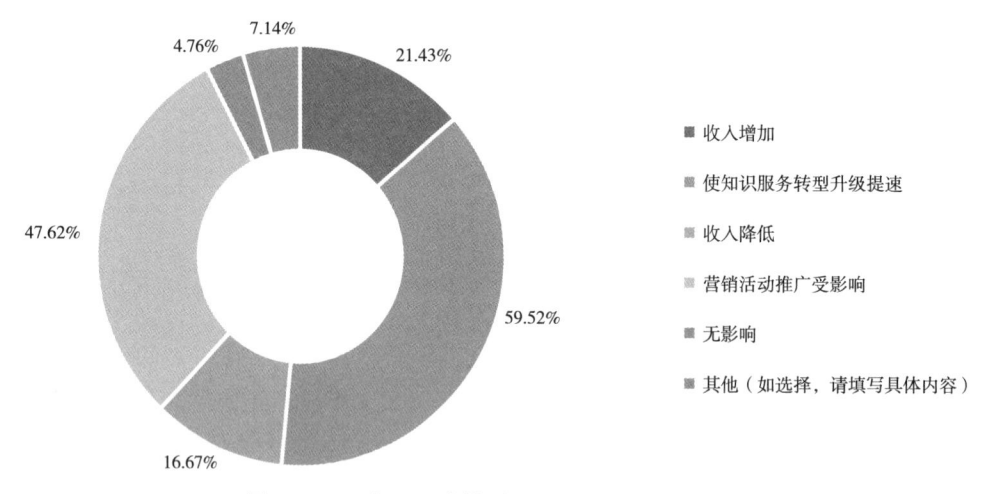

图 6-23 "新冠"疫情对收入及运营方面的影响

从数据可得知,"新冠"疫情在知识服务收入运营方面的主要影响是"使知识服务转型升级提速(59.52%)""营销活动推广受影响(47.62%)"。由于疫情的特殊性,线上用户的急剧增加,这给知识服务转型升级提出了更高的要求,一定程度上刺激了知识服务转型的升级提速。由于"新冠"疫情影响,使得活动过于集中在线上,也影响了线下的活动推广,一定程度上影响了出版业知识服务业务的收入。

第五节　知识服务技术应用情况

对知识服务技术应用情况的考察包括对知识服务产品开发自主性、应用技术、研发方式等方面。

一、知识服务产品开发情况

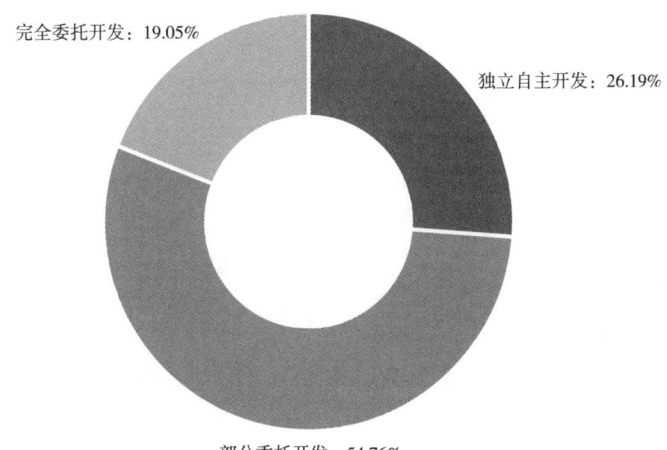

完全委托开发：19.05%
独立自主开发：26.19%
部分委托开发：54.76%

图 6-24　知识服务产品开发情况

从数据可得知，42 家知识服务对知识服务产品开发以"部分委托开发（54.76%）"为主。另外，"独立自主开发（26.19%）"与"完全委托开发（19.05%）"占比较为均衡。

二、在知识服务产品研发过程中，应用前沿技术情况

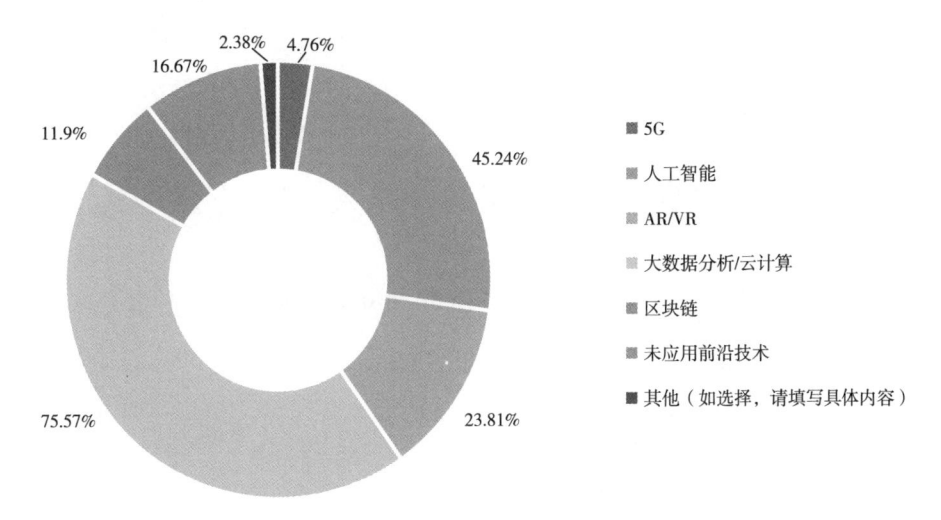

2.38%　4.76%
16.67%
11.9%
45.24%
75.57%
23.81%

- 5G
- 人工智能
- AR/VR
- 大数据分析/云计算
- 区块链
- 未应用前沿技术
- 其他（如选择，请填写具体内容）

图 6-25　在知识服务产品研发过程中，应用前沿技术情况

从数据可得知，在知识服务产品研发过程中，知识服务单位把"大数据分析／云

计算（78.57%）""人工智能（45.24%）""AR/VR（23.81%）"作为主要的前沿技术应用方向。

三、应用的前沿技术的研发方式情况

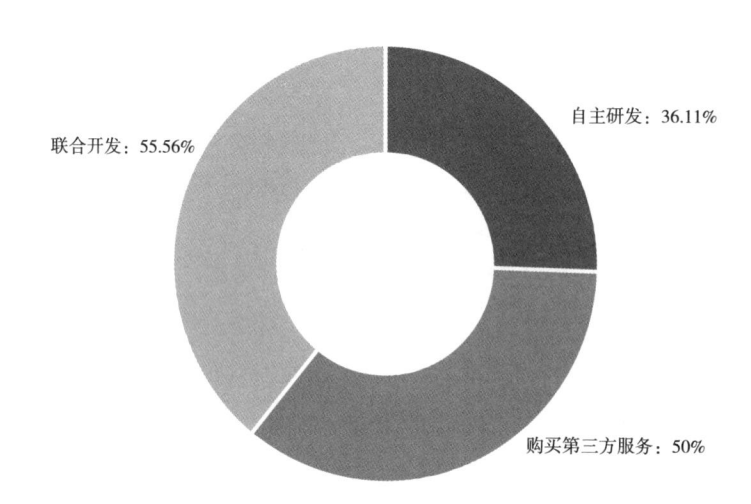

图 6-26　应用的前沿技术的研发方式情况

从数据可得知，42家出版业知识服务单位对前沿技术的研发方式以"联合开发（55.56%）"和"购买第三方服务（50%）"为主要研发方式。另外，"自主研发（36.11%）"占比在研发方式情况占比最低。

第六节　知识服务单位未来发展规划

对知识服务单位未来发展规划的考察包括出版业知识服务单位的商业计划书／相关方案筹备情况、发展具体规划方向等方面。

一、对于知识服务产品的商业计划书或者相关方案规划情况

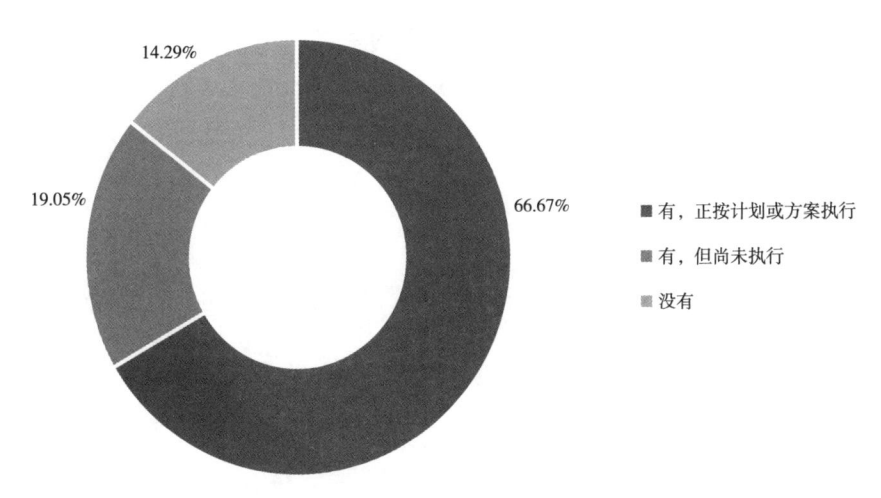

图 6-27　对于知识服务产品的商业计划书或者相关方案规划情况

从调查数据可得知，42 家受访单位有 85.71% 的单位有明确的商业计划书或相关方案，且有三分之二单位正在按计划或方案执行。

二、出版业知识服务单位发展规划情况

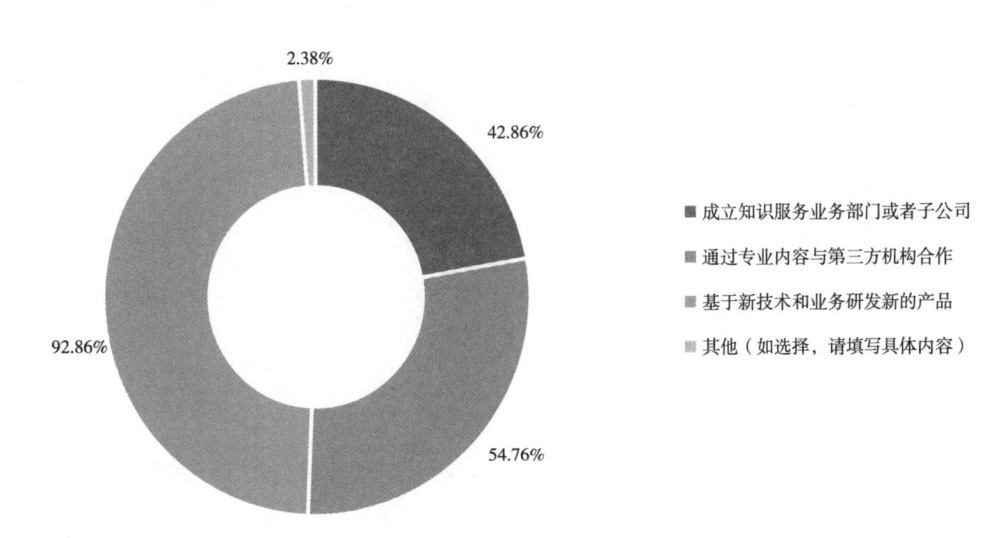

图 6-28　出版业知识服务单位发展规划情况

产品是核心企业竞争能力的固化载体，同时产品的竞争优势也是知识服务单位核心竞争能力的综合展现。从数据可得知，"基于新技术和业务研发的新的产品（92.86%）"是未来出版业知识服务单位发展的重点，这也彰显42家受访单位对于基于新技术和业务研发的新的产品的重视。另外，"通过专业内容与第三方机构合作（54.76%）""成立知识服务业务部门或者子公司（42.86%）"仍是出版业知识服务单位发展必不可少的路径。

三、出版业知识服务单位在知识服务产品运营过程中希望做的工作情况

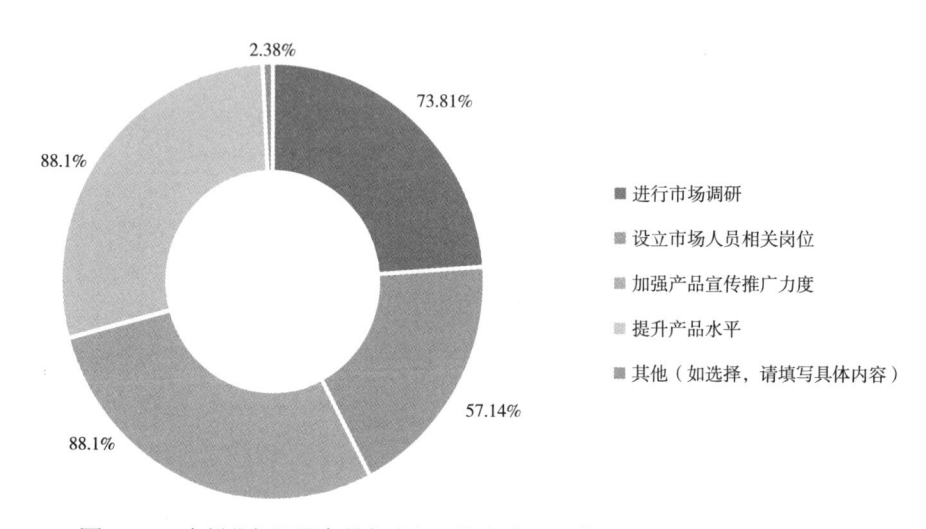

图 6-29　出版业知识服务单位在知识服务产品运营过程中希望做的工作情况

从问卷数据可得知，出版业知识服务单位在知识服务产品运营过程中希望提升的方面集中在以下四个部分，依次为"提升产品水平（88.1%）""加强产品宣传推广力度（88.1%）""进行市场调研（73.81%）""设立市场人员相关岗位（57.14%）"。

第七节　知识服务单位对国家知识服务平台的了解和建议

国家知识资源服务中心是由中共中央宣传部主管、中国新闻出版研究院承办，面

向社会提供知识服务的国家级公共服务机构。国家知识服务平台于2019年上线以来，承担着为不同行业领域的单位和个人提供专业的知识检索服务、图书和期刊论文信息查询服务、标准文本查询服务以及版权保护服务，为试点单位提供知识服务平台接入服务。

一、使用国家知识服务平台情况

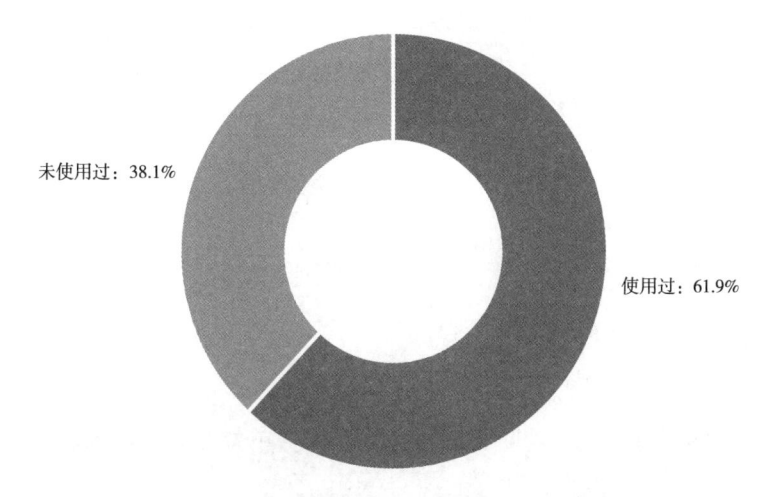

图6-30　出版业知识服务单位使用国家知识服务平台情况

2020年4月26日，在由中国音像与数字出版协会指导、中国新闻出版研究院主办的数字内容正版化公示倡议活动上正式发布了"国家知识服务平台——数字内容正版化公示系统"。该系统是具有公信度的第三方正版目录查询平台，可以为出版社、代理商、采选机构提供一个正版查询的质量保障。从问卷数据可得知，42家出版业知识服务单位使用过国家知识服务平台为61.9%，使用比例超过半数。

二、知识服务单位对国家知识服务平台的服务需求情况

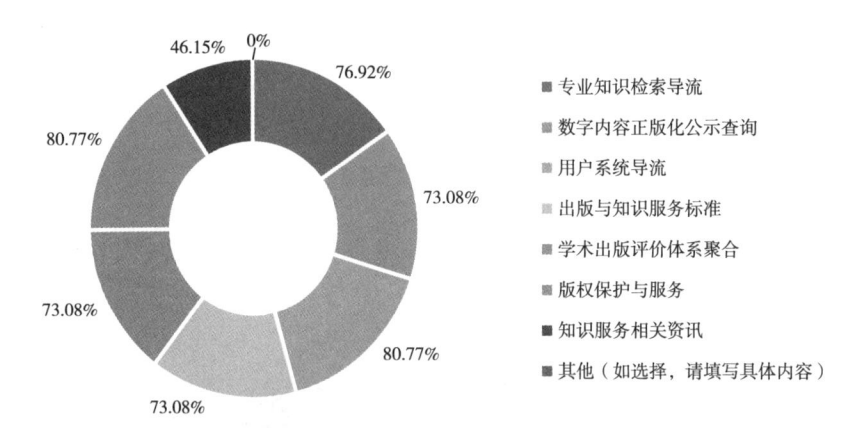

图 6-31　知识服务单位对国家知识服务平台的服务需求情况

从问卷数据可得知,出版业知识服务单位对国家知识服务平台的需求较为广泛,除"知识服务相关资讯(46.15%)"外,其余选项均达到70%以上。其中,"版权保护与服务(80.77%)""用户系统导流(80.77%)",占比最多。可见,目前国家知识服务平台提供的服务覆盖了现阶段出版业知识服务单位的业务需求。

三、数字内容正版化公示系统使用情况

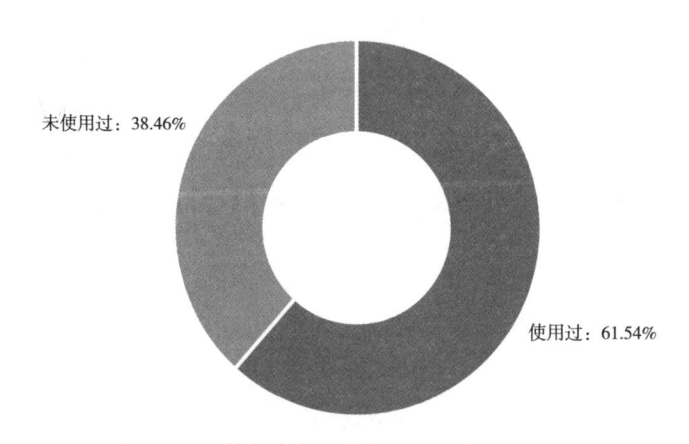

图 6-32　数字内容正版化公示系统使用情况

从问卷数据可得知,有61.54%的出版业知识服务单位使用过数字内容正版化公示

系统，使用率超过 50%。

四、在推进知识服务应用过程中，出版业知识服务单位希望得到的版权保护情况

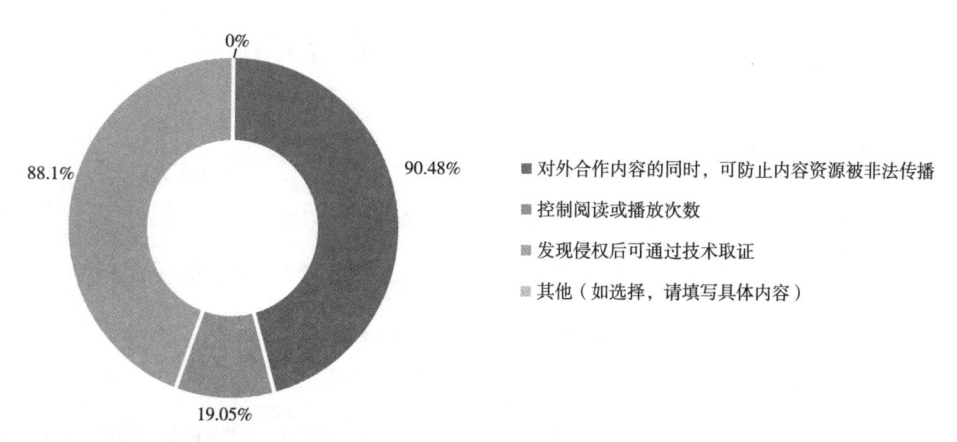

图 6-33 在推进知识服务应用过程中，出版业知识服务单位希望得到的版权保护情况

从调查数据可得知，在推进知识服务应用过程中，出版业知识服务单位希望集中从"对外合作内容的同时，可防止内容资源被非法传播（90.48%）""发现侵权后可通过技术取证（88.1%）"两方面得到有效版权保护。另外，出版业知识服务单位还希望得到"控制阅读或播放次数（19.05%）"的版权保护。

五、希望国家知识服务平台进一步推动出版业知识服务转型所做的工作

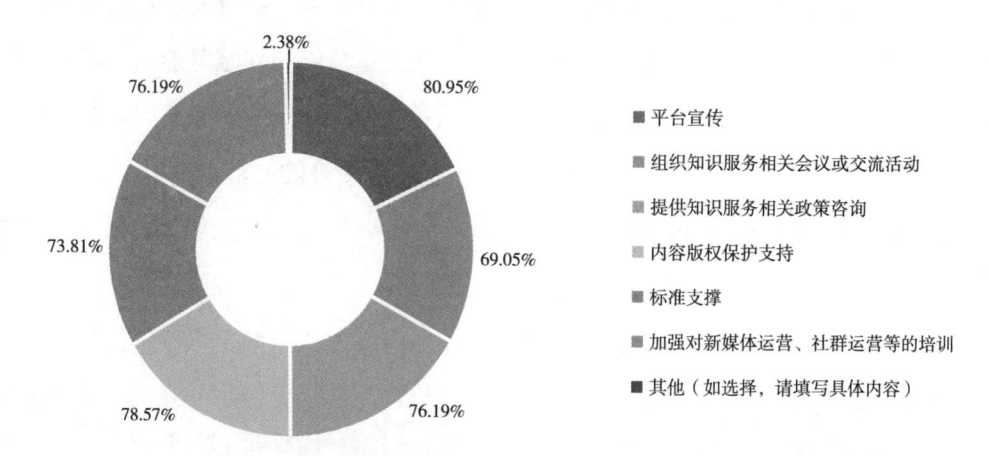

图 6-34 希望国家知识服务平台进一步推动出版业知识服务转型所做的工作

出版业知识服务单位希望国家知识服务平台在线上平台宣传、线下相关政策咨询、运营方面业务培训，制定标准先行，在内容版权上护航。这也是国家知识服务平台未来发展努力的方向。

第八节　当前存在的困难和未来预期

一、当前存在的困难

知识服务在经过 2016 年爆发期、2017 年火爆期、2018 年思考期后，目前正处于一个平台期。如何通过更新知识传播载体和内容产品形式，吸引知识服务用户的注意力，以增强用户黏性及提升运营效率，最终实现知识服务转型，这仍是出版业知识服务单位必须要破解的难题。

从调查问卷数据显示，当前出版业知识服务单位在实践中遇到的主要困难是缺乏专业的运营团队、缺少专业人才、市场定位和盈利模式不太清晰、产品更新迭代跟不上等问题。出版业知识服务单位由于自身与互联网知识服务企业底层商业逻辑的不同，运营能力、人员团队、资金投入尚有很大差距，这种困境很难推动出版业知识服务转型，仍有可能迫使大多数出版社停留在内容提供商的层面。吸引人才难、产品思维落后、技术能力弱等仍是制约出版业知识服务单位当下继续发展的难题，这也表现在"新冠"疫情对知识服务行业的影响上。

此次"新冠"疫情突如其来，对出版业知识服务而言既是机遇也是挑战。通过调查数据可知，多数出版业知识服务在线用户增长、用户平均在线时长增加但收入增加情况反馈不一，同时，这也考验着知识服务单位线上运营能力和服务能力。我们可以看到，知识服务用户对知识领域的需求是日益增长的，这对出版业知识服务单位的用户链接能力和自身垂直领域的专业性的细分能力提出了更高的要求。

在出版业知识服务单位在投入产出方面，本次所调研 42 家出版业知识服务单位整体基本呈现高投入高产出的态势。但从细分数据而言，42 家出版业知识服务单位的投入产出水平参差不齐，差异很大。尤其在知识服务产品收入方面，仍有单位没有获得收入或者存在收入与投入完全不对等的情况，这也与达到千万级别的知识服务单位相差甚远，如果再与用资本推动运营的新型互联网知识服务企业相比，现阶段的出版业知识服务单位的竞争实力依然堪忧。可见，多数出版业知识服务单位仍未形成健康、成熟、行之有效的知识服务商业模式，这同样是出版业知识服务单位在现阶段面对的最大困难。

二、未来预期

从本次调查问卷数据显示，出版业知识服务单位将在"组建运营团队""开展市场需求调查""增加资金支持""增强技术实力""基于新技术和业务研发新的产品"方面着力下功夫。可以看出，出版业知识服务单位明晰自身存在的问题，并提出了有针对性的、符合自身情况的解决方案。只有继续用互联网思维改变知识的生产、传播、利用，进一步借助互联网基因提升孵化产品程度，才能推动自身知识服务的转型进程，这越来越成为出版业知识服务单位今后知识服务业务的发展共识。出版业知识服务单位如能跟上互联网信息技术发展节奏，继续深化对互联网思维的认知，提高投入产出比，出版业知识服务单位将会形成更为行之有效的商业模式，以推动传统出版向知识服务转型。

未来，由中共中央宣传部主管、中国新闻出版研究院筹建的国家知识资源服务中心将继续为出版业知识服务单位保驾护航，在数字内容版权保护、标准支撑、政策咨询、业务培训等方面继续做好相应服务。

第七章 展 望

知识服务是互联网时代出版服务的重要方式，出版单位有独特的优势，有广阔的发展空间。互联网时代，知识的生产、传播、利用等已经和正在发生巨大的改变，知识生产多元化、知识传播网络化、知识获取便捷化，特别是在资本的推动下，互联网知识服务风生水起，读者对知识服务的需求大增，知识服务前景光明，知识服务将会有更大的发展，各种知识服务参与者都将迎来新的增长生机。在互联网时代，许多传统的观念正在被颠覆，许多产业正在被重构，互联网正在成为知识生产与传播的主阵地。在这样的大背景下，传统出版单位如何在知识服务中找到自己的位置，如何在互联网知识服务的浪潮中不被边缘化，如何把握新的增长契机与挑战，这是很多出版单位尚未意识到的。传统出版机构不仅有多年积累下来的专业优质内容资源，更有一批高素质、专业的知识加工人才，能够为读者提供高质量的知识服务，但是出版单位的市场意识比较弱，特别是互联网思维缺乏。尽管许多出版单位尽管已经研发出了不错的产品，但是还没有真正把握住互联网发展规律。搭建国家知识资源服务平台，开展专业知识服务模式试点，是推动传统出版单位转向互联网时代知识服务的措施之一。展望未来出版业知识服务如何发展，本章将从中国新闻出版研究院国家知识资源服务中心下一步规划、如何提高出版业知识服务水平、新技术如何应用于出版业知识服务等三个方面进行阐述和分析。[①]

第一节 国家知识资源服务中心下一步规划

中国新闻出版研究院（以下简称：研究院）作为国家重大文化技术专项的牵头单位，

[①] 魏玉山. 知识服务是出版服务的重要方式之一[J]. 出版参考，2019（7）.

已经有序开展了出版业知识服务标准编制、国家知识资源服务中心建设、知识服务模式试点单位遴选等工作，并取得了显著成效。研究院国家知识资源服务中心接下来在知识服务建设方面主要将进行以下几项工作：

一、进一步加快国家知识服务体系建设研究

深入理解国家知识服务体系建设的总体思路，按照主管部门统一部署，协调各试点单位，加快研究推进知识服务模式探索创新和国家知识服务体系建设，发挥知识资源服务体系的服务枢纽作用，为出版行业的健康有序发展提供各类服务支撑。

二、进一步推进相关成果转化和应用

研究院将继续加强和完善知识资源服务中心平台建设，制定切实可行的知识资源服务中心运营管理方案，对试点单位建立有效的评估和退出机制，加大知识服务产品与技术成果的宣传与推广力度，共同推进知识服务平台建设与成果的转化应用。

三、进一步助力新闻出版业转型升级和融合发展

目前，研究院在国家知识资源服务中心建设中投入很多，组建了专业的团队，做了很多实质性的工作。未来，研究院将继续发挥国家知识资源服务中心的职能作用，带动新闻出版业转型升级和融合创新发展，使出版业更适应数字时代的市场变化，焕发出新的生机。

第二节 如何提升我国出版业知识服务水平研究

知识服务是互联网时代出版业开展转型升级，实现融合发展的重要支撑，是传统出版和新兴出版融合发展的新业态。提升我国出版业知识创新和知识服务水平要在以下四个方面持续努力：一是认清形势，把握机遇。要深刻认识到党中央高度重视出版工作，认识到出版工作的重要性和特殊性，坚持创造创新，把握出版业高质量发展带来的新机遇，推进出版业高质量发展。二是加快出版业融合向纵深发展。出版机构要在技术应用、传播渠道、经营管理上积极探索融合发展路径，从传统内容生产者向知

识服务商转型。三是促进成果转化和应用。要抓住 5G、大数据、人工智能等技术革新带来的产业变革新机遇，持续打造出一批兼具经济效应和社会效应的好成果。四是加强人才培养。要探索建立科学的人才评价机制，积极完善相关管理和激励制度，树立正确的用人导向，充分发挥人才的价值。①

一、推进出版业知识服务高质量发展

在 2019 年 3 月中共中央办公厅、国务院办公厅发布的《关于加强和改进出版工作的意见》中，对出版工作的独特地位作了高度概括，即出版工作是"党的宣传思想工作的重要组成部分"和"促进文化繁荣兴盛、建设社会主义文化强国的重要力量"。这两个"重要"体现了出版工作的意识形态属性、文化属性、产业属性，是对出版工作重要性和特殊性的高度总结。还有 2018 年中国共产党中央全面深化改革委员会审议通过、2019 年印发的《关于深化改革培育世界一流科技期刊的意见》，中共中央办公厅转发的《中宣部关于进一步做好新形势下出版物重大选题备案工作的意见》和中央文化体制改革和发展领导工作小组办公室审议通过的图书、报刊等《出版单位社会效益评价考核办法》等，都充分体现了中央对出版工作的高度重视。

党的十九大报告强调，发展中国特色社会主义文化，要坚持创造性转化、创新性发展。同时，报告中还提出，我国经济已由高速增长阶段转向高质量发展阶段，党中央、国务院已经下发了《关于推动高质量发展的意见》。出版作为社会主义文化的重要阵地，又是一个文理技术含量都比较高的行业，如何创造、如何创新，如何实现高质量发展，做好知识资源服务将为出版高质量发展带来新的机遇。

二、推动出版融合向知识服务纵深发展

习近平总书记在中央政治局第十二次集体学习时强调要推动媒体融合向纵深发展。当前，新闻出版业已成为推动社会经济转型发展的重要力量，也是促进媒体深度融合发展的重要领域。出版机构要积极探索融合发展路径，从传统内容生产者向知识服务

---

① 出版业正在驶入知识服务快车道 [EB/OL].2019-8-26. http://data.chinaxwcb.com/epaper2019/epaper/d7064/d7b/201908/100458.html.

商转型。在技术上，全面推进关键技术的研发和高新技术的应用，积极探索融合发展的创新业务模式，促进创新技术人才培养与队伍建设，推动出版业自身、新闻出版业与其他产业的融合发展，以科技创新支撑出版业高质量发展。在传播渠道上，充分搭载互联网和移动互联网的"快车"，将规范化、体系化、高价值的内容，准确、高效地向大众传播，真正实现多元化、专业化的知识服务方式，促进传统媒体与新兴媒体、传统出版与新兴出版的融合发展。在经营管理上，积极适应知识经济时代的知识传播方式，以开放、包容的心态，通过流程再造、资源整合、技术创新等方式，打造具备竞争力和影响力的知识服务平台，提高管理效率，提升市场反应能力，积极推进出版融合向知识服务纵深发展。

三、加强知识服务成果转化及应用

当前，新兴网络媒体正在深刻影响和改变着人们的信息获取和传播方式。作为拥有丰富优质内容资源的出版机构，要加快传统资源的数字化制作加工，积极探索数字阅读、有声读物、知识付费、在线教育等行业热门知识服务模式，不断推出主题鲜明、导向正确、质量上乘的成果转化物和能满足大众知识需求的高质量产品和服务，并加快科技成果转化和推广应用，要加强网络传播力度，积极探索转型增效新途径。得益于移动技术的发展，如今数字内容产业的边界在不断扩大，各领域的跨界融合愈加深入，知识服务也越来越呈现出表现形式的多元化、过程的高体验性与高交互性、以解决问题为导向的鲜明特点。出版机构要加强与网络出版传播平台的合作，实现优势互补、合作共赢，共同依托先进的信息技术，用智能化手段挖掘隐藏于大量显性信息中的隐性知识，在知识服务中变被动为主动，倾听市场和用户的声音，创作出更多能促进出版业转型升级和融合发展的高质量产品和服务，要树立精品意识，打造品牌项目，持续提升品牌价值，形成自己的核心竞争力。

四、加强知识服务相关人才培养

出版业是智力密集型产业，人才是产业发展的核心资源，全面加强人才队伍建设是出版业开展知识服务工作、实现融合发展和转型升级的关键。融合发展需要创新型复合人才，需要兼具文化、科技综合素养的出版融合人才，不仅要能深刻了解传统出版机构的运作和实施规律，还要对当前互联网的发展趋势保持深入的了解和敏锐的判断。

近年来，出版业高度重视出版融合人才的培养，支持出版单位与高校、研究机构和创新型企业联合开展出版融合发展的人才培养。面对当前变革和创新的新局面，出版业知识服务建设要高度重视人才队伍建设，创新人才引进、培养、使用机制，探索建立科学的人才评价机制，积极完善相关管理和激励制度，树立正确的用人导向，努力吸引人才、留住人才，壮大人才队伍；要调动人才创新工作的积极性，破除思想桎梏，构建开放、宽容、纠错的创新制度环境，包容创新、鼓励创新、充分发挥人才的价值；要强化出版业知识服务创新人才体系建设，强化出版业知识服务建设原始创新能力，在人才培养中落实产学研有机结合、协同创新，完善出版业知识服务建设科技创新长效机制，提高出版业持续创新能力和核心竞争力。

第三节 新技术应用于出版业知识服务前瞻性研究

随着数字技术与网络通信技术的快速发展，数字内容产业的边界在不断扩大，各领域的跨界融合愈加深入，知识服务也呈现出鲜明特点，如表现形式多元化、注重体验性和交互性、以解决问题为导向等。出版机构要与合作单位共同依托先进的信息技术，用智能化手段挖掘隐藏于大量显性信息中的隐性知识，在知识服务中变被动为主动，倾听市场和用户的声音，创作出更多能促进出版业转型升级和融合发展的高质量产品和服务，树立精品意识，打造品牌项目，持续提升品牌价值，形成自己的核心竞争力。5G时代已经来临了，它将与大数据、云计算、人工智能、区块链等一起，深刻影响数字内容的生产和传播方式，也将极大的拓展知识服务市场需求的空间。出版业需要抓住技术革新带来的产业变革新机遇，加快新技术在出版业知识服务的深度应用和成果转化，赋能出版业知识服务转型升级，[①] 使知识服务更加个性化、智慧化，推动知识服务再上新台阶，同时充分发挥市场经济的作用，持续打造出一批兼具经济

---

① 中国新闻出版广电网. 出版业知识服务驶入快车道[EB/OL].2018-09-03.https://www.chinaxwcb.com/info/125099.

效应和社会效应的优秀成果。本节将从 5G、人工智能、大数据、区块链等新技术如何变革知识服务应用进行简单的阐述和分析。

一、5G 变革知识服务应用

2019 年 6 月，工业和信息化部发放 5G 牌照，包括中国移动、中国联通、中国电信和中国广电四家企业，标志着我国正式步入 5G 商用元年。伴随 5G 的商用，人们对网络视频的消费需求仍将不断提升，且不再过分依赖 Wi-Fi 环境，将催生出新的、丰富度更高的可视化数字内容形态和模式。

众所周知，5G 的技术最大特点就是"快"。在 5G 网络覆盖下，下载一部分辨率达到 4K 的电影理论上不超过 18 秒，这将给整个行业带来质的变化。5G 将极大提升信息的共享效率和传递能力，对出版业选题策划、生产传播、消费等各个环节都带来深远影响，为出版业融合创新开拓更加广阔的想象空间与实践路径。5G 将为新技术、新媒体、新业态在出版领域的应用提供更加便利、顺畅的条件。同时，5G 环境下富媒体特别是视频内容占比将大幅提升。[①]

在这样的背景下，对内容的要求也越来越高。图片、文字、音频、视频的整合、转换和交互的呈现将成为常态。而内容也从大聚合向精耕某一领域和学科转变。过去我们总强调知识服务要先设定好场景，但是未来一段时期内，场景的创新是具有颠覆性的，对于内容商来说要设计好场景让用户来使用这个路将很难走下去，而是要以开放的姿态去对接千变万化的服务和应用。未来的出版业知识服务将会呈现两个趋势：多元化、均等化。

1. 多元化

5G 将激发更加多元的数字内容消费需求，也将催生更丰富多元的数字内容呈现、产品形态和服务模式。

内容多元化：图书、新闻、图片、音视频、数据库以及和 VR、AR 的融合和转换。

入口多元化：可穿戴设备、智能汽车、手机、智能家居、机器人等都可以成为交

---

① 2018—2019 中国数字出版产业年度报告发布 [EB/OL].2019-08-22.https://www.sohu.com/a/335583901_211393.

互中心。

检索多元化：文本检索、语音检索、图像检索、视频检索也将成为主流。[①]

2. 均等化

当下的知识服务由于技术地域等因素还未真正实现大众化和均等化。《信息通信行业发展规划（2016-2020 年）》提到，未来由于 5G 的普及，将营造基于互联网的开放式创新条件和氛围，提升"双创"服务平台支撑能力，建立一批低成本、便利化、开放式众创空间和虚拟创新社区。应充分发挥互联网优势，实施"互联网＋教育""互联网＋医疗""互联网＋文化"等，促进基本公共服务均等化。[②] 而知识服务依赖生长在这些基础设施和公共服务商，有了基础设施及公共服务的均等化，就会使得知识服务更加均等化。

二、人工智能赋能知识服务应用

2016 年，以 AlphaGo 为标志，人类失守了围棋这一被视为最后智能堡垒的棋类游戏，人工智能开始逐步升温，成为政府、产业界、科研机构以及消费市场竞相追逐的对象。

在智能革命时期，及时跟上时代的脚步，是知识服务领域一个新的机遇也是一个新的挑战。

中国工程院院士李伯虎在谈及知识服务与人工智能发展时表示，应充分考虑现实应用需求，以应用需求为牵引。"人工智能是一种技术，要将知识变成服务，需要人工智能，但人工智能本身又是一种知识。"我们知道海量的训练数据是人工智能发展的重要燃料，数据的规模和丰富度对算法训练尤为重要。如果我们把人工智能看成一个刚出生的婴儿，某一个领域的专业的、海量的、深度的数据就是喂养这个天才的奶粉。奶粉的数量决定了婴儿能否成长，而奶粉的质量则决定了婴儿后续的智力发育水平。而出版业各领域专业的知识内容就是人工智能发展所需要的好"奶粉"。

---

① 5G 时代让多元化的知识服务触手可及 [EB/OL]. 2019-08-23.http://kuaibao.qq.com/s/20190823AZNZ0T00?refer=spider.

② 中华人民共和国工业和信息化部. 工业和信息化部关于印发信息通信行业发展规划（2016-2020年）的通知 [EB/OL].2016-12-28. https://www.miit.gov.cn/jgsj/txs/gzdt/art/2020/art_f5691835494946fb9e9d03988d0f8e10.html

在计算机问答领域，科学家一般将问题分为七类：是什么"what"、什么时候"when"、什么地点"where"、哪一个"which"、是谁"who"、为什么"why"和怎么做"how"。前五项问题属于事实类问答，一般较好回答，计算机可以很容易进行匹配。例如，在搜索引起里面搜索"今天是星期几"，返回的检索结果肯定会显示"星期四"，用户无需再在繁杂的词条中提取信息转换为知识，计算机可以直接提供知识服务。但对于后者"为什么"和"怎么做"的问题，计算机较难回答，这也是人工智能时代最大的突破。

《2018—2019中国数字出版产业年度报告》指出，人工智能技术在数字出版产业应用场景日益深化。

人工智能技术越来越多地应用于内容的创作、审核、流量预测、运营、推荐、交互等方面。人工智能技术在优化出版流程方面正在发挥更大作用，将大大提升出版效率，实现出版流程的智能化。人工智能技术在人机交互层面的应用不断深化。如人工智能可应用于为文学作品中的人物角色赋予虚拟形象和情感表达，丰富阅读体验。[1][2]

人工智能不一定长着人的模样，但可以像人一样思考，在从数据到知识的过程中，人工智能正在用更迅速和准确的方式参与进来。在此基础上，随着人工智能的发展，知识服务主要模式由原来的存量资源数字化转化为数据驱动为主，服务主体变得多元化，服务内容变得智能化。[3] 有了人工智能的辅助，我们将会进入一个知识积累加速增长的阶段，最终带来方方面面的进步。

三、大数据支撑知识服务应用

不管是知识服务还是人工智能，追根究底都是以数据的研究为基础。当今人工智能主要通过大数据驱动，知识服务在跟随智能革命时要有大数据作为技术支撑。对用户行为数据进行搜集分析，总结用户行为规律，能更好地指导计算机智能化进程。知识服务的对象是广大用户，想要提升知识服务的质量，必须先了解用户，研究用户的

---

[1] 腾讯研究院，中国信息通信研究院互联网法律研究中心，腾讯AI, Lab，腾讯开放平台. 人工智能：国家人工智能战略行动抓手[M]. 北京：中国人民大学出版社，2017.

[2] 2019年中国数字出版行业市场现状及发展趋势分析 5G将为出版融合创新开拓广阔空间[EB/OL].2019-08-23. https://bg.qianzhan.com/report/detail/300/190823-2f07a5f3.html.

[3] 唐晓波，李新星. 基于人工智能的知识服务研究[J]. 图书馆学研究，2017（13）.

行为，知己知彼才能百战不殆。在智能革命下，研究用户行为，除了应用仿生学、心理学、神经学等，还要树立数据驱动思想。

然而出版业并未真正实现大数据驱动的知识服务。长期以来，传统出版企业依靠门店销售和订货渠道征订来销售图书，这种传统的宣传推广方式和销售模式，导致出版企业无法掌握市场上的消费数据，盈利模式非常单一。同时，传统出版企业没有建立起与用户的联系，用户都掌握在渠道商和平台运营商手中，出版企业不了解自己的用户，不知道哪些是用户真正需要的内容，导致制作的内容没有传递到目标用户的手中，大量优质内容没有发挥应有的价值。近年来，许多出版集团和大的出版企业纷纷尝试开展知识服务，但只是做到了形式上的创新，没有海量用户数据的支持，导致对用户的分析不够准确，对内容的价值评估不够科学，内容投送效率较低。[1]

出版企业引进大数据理念与技术，开展大数据建设，从海量数据中挖掘真正有价值的信息并加以利用，是冲破出版融合困境、推进知识服务体系建设之关键。应加强海量数据存储、数据清洗、数据分析发掘、数据可视化、信息安全与隐私保护等领域关键技术攻关，形成安全可靠的大数据技术体系。通过支持自然语言理解、机器学习、深度学习等人工智能技术创新，提升数据分析处理能力、知识发现能力和辅助决策能力。[2]

首先，从商业模式来看，利用大数据便于分析行业消费数据，创新营销策略，找到适合出版企业的知识服务盈利模式。当出版企业拥有了行业大数据，就容易找出隐藏在数据中的规律，找准一条可持续发展之路。

其次，从内容服务来看，利用用户大数据建立的用户多维分析系统，能准确知晓每个用户的需求，从而为用户定制化投送所需内容。

通过对用户数据的挖掘分析，生成个性化的知识图谱，有利于构建精准的用户画像，做到知己知彼，实现个性化服务的精准推送。当出版企业知道了用户在哪里以及用户需要什么，就能及时且精准地为用户提供内容服务，甚至是可以挖掘出版业未被发掘或开发不完全的优质内容。

---

[1] 刘永坚，白立华，施其明，唐伶俐. 出版企业基于大数据开展知识服务的现实路径分析[J]. 出版参考，2017（11）.

[2] 国务院以国发〔2015〕50号印发《促进大数据发展行动纲要》。

最后，从人才驱动来看，出版企业利用大数据重新评估每个岗位的分工与人手，可以优化出版企业资源配置。人才是出版企业知识服务建设的第一要素，出版企业利用大数据，学习科学的管理思维，建立人才数据库，健全人才和培养的激励机制，吸引和培养优秀人才，能最大化地激发人才的能量，投入到激烈的市场竞争中。

四、区块链保障知识服务应用

2019年10月，中共中央政治局就区块链技术发展现状和趋势进行第十八次集体学习，习近平总书记在主持学习时发表了讲话。讲话指出，要抓住区块链技术融合、功能拓展、产业细分的契机，发挥区块链在促进数据共享、优化业务流程、降低运营成本、提升协同效率、建设可信体系等方面的作用。[①]

目前，区块链技术被很多大型机构称为是彻底改变业务乃至机构运作方式的重大突破性技术。同时，就像云计算、大数据、物联网等新一代信息技术一样，区块链技术并不是单一信息技术，而是依托于现有技术，加以独创性的组合及创新，从而实现以前未实现的功能。

知识服务依赖于大数据、云计算、人工智能等前沿技术，但新技术的应用让数字化的知识资源具有了易复制、易篡改的特点，使得目前数字内容的侵权行为频发，常用的传统数字内容版权保护技术已经不能适用于现在的开放网络环境；同时，也暴露出了知识版权内容确权成本高、盗版猖獗、交易效率低、阅读行为难以采集等行业问题。

1. 确权成本高

知识资源内容生产者耗费大量精力和财力创作出的内容作品，投放到互联网平台可迅速获得广泛的网络传播，但却很难确定版权归属。如果创作者通过政府版权机构申请版权归属，又面临着周期长、成本高、手续烦琐的问题。大量知识资源作品的确权问题，一直困扰着创作者和版权机构。

2. 分发效率低

内容平台作为桥梁连接着知识资源的创作者与使用者。但往往面向创作者的平台

---

① 习近平在中央政治局第十八次集体学习时强调 把区块链作为核心技术自主创新重要突破口 加快推动区块链技术和产业创新发展[EB/OL].2019-10-25.http://www.xinhuanet.com/2019-10/25/c_1125153665.htm.

并不具备大量机构用户和阅读用户的储备,不能及时的使知识资源版权内容得到充分的分发、曝光和交易。而拥有流量的分发平台,通常都是以平台自身发展为导向,注重下游流量用户,缺少知识资源内容的创作者和专业编辑。此外,中心化的平台还存在着信息不透明,创作者无法获取知识资源内容的传播情况,导致收益分配不公平的问题。

3. 盗版横行

目前网络中盗版现象屡见不鲜,作为以数字形态提供知识服务的知识资源内容早已成为重灾区。其主要原因在于易侵权和难维权。知识资源内容本身具有易复制、易篡改、易流通的特点,很容易进行二次编辑和传播,特别是作品尚处于创作期时,在没有公开健全的版权校验机制下,很难发现知识资源内容的侵权行为。而且,即便是发现了相关的侵权行为,也会因为要寻找盗版线索、侵权单位或个人、维权机构等等耗费大量的精力和时间。

区块链技术是基于去中心化的分布式账本数据库,链上的数据都有时间戳标记,同时具有公开追溯、不可篡改的特点,与数字版权内容在使用、转移过程中的内容确权、合法传播、提升可信度等要求相吻合。传统数字内容的版权维护路径,需要是内容生产者向监管部门提出版权认证申请,这个过程需要耗费大量的时间与金钱。但处于区块链的环境下,内容生产者或机构都可以通过加入区块链网络,方面快捷地实现内容上链,版权登记,降低了维权门槛。在维权门槛较低的同时,区块链数字版权的法律效力也能得到保障。相比传统的维权取证来源,监管部门更看重维权取证的证明力,而区块链的数字维权证明有别于人为的信用委托,更趋向与数据代码构成的技术背书,同时更具有公信力。

附 录

一、项目文档模板

模板1：需求规格说明书

编号：

需求规格说明书

项目包名称：

项目编号/包号：

项目单位（甲方）：

项目承担单位（乙方）：

项目起止年限：

版本修订记录

编号	版本号	修订时间	修订内容	修订人员	审核人员

1. 文档介绍

本章应提供整个需求规格说明书的概述。它应包括此需求规格说明书的目的、范围、定义、首字母缩写词、缩略语、参考资料和概述。

1.1 文档目的

阐明需求规格说明的目的。需求规格说明书应详细地说明所确定的软件系统的外部行为。它还要说明非功能性需求、设计约束以及提供完整、综合的软件需求说明所需的其他因素。

1.2 文档范围

简要说明此需求规格说明书适用的软件应用程序、特性或其他子系统分组、与其相关的用例模型，以及受到此文档影响的任何其他事物。

1.3 读者对象

简要说明此需求规格说明书的目标读者对象。

1.4 术语与解释

本小节应提供正确理解此需求规格说明书所需的全部术语的定义、首字母缩写词和缩略语。

表 1-1　术语列表

编号	术语	解释

表 1-2　缩略语列表

编号	缩略语	解释

1.5 参考资料

本小节应完整列出此需求规格说明书中其他部分所引用的任何文档。

表 1-3　参考资料列表

编号	参考资料

1.6 文档概览

本小节应说明该需求规格说明书中其他部分所包含的内容，并解释此文档的组织方式。

2. 整体说明

本需求规格说明书的这一章应说明影响交付产品及其需求的一般因素。本节并不列出具体的需求，而只是提供在第三章中详述的各种需求的背景，以使这些需求便于理解。

2.1 产品总体效果

本节说明最终完成交付产品所需要达到的总体效果。

2.2 产品功能

本节说明最终完成交付产品所需要实现的各项主要功能。

2.3 用户特征

本节逐一列举说明本包交付产品的用户，并详细说明每类用户的特征，以及与其相关的功能和操作。

2.3.1 <用户1->

本包交付产品的第1类用户,除文字说明外,请使用表格、用例图等方式说明其特征,以及与其相关的功能和操作。

2.3.N <用户N->

本包交付产品的第N类用户,除文字说明外,请使用图表说明其特征,以及与其相关的功能和操作。

2.4 一般约束

本节说明最终完成交付产品的一般性约束条件,作为下一章中详细设计约束的背景。

2.5 假设和依赖性

本节说明本需求规格说明所基于的假设,以及其对外部环境、条件,及其它内容的依赖关系。

3. 具体需求

本需求规格说明书的这一章应包含所有的软件需求,其详细程度应使设计人员能够设计出可以满足这些需求的系统,并使测试人员能够测试该系统是否满足这些需求。

3.1 关键业务流程

本节详细说明最终完成产品的各项关键业务流程。

3.1.1 <关键业务流程1->

第1项关键业务流程,除文字说明外,请使用图表或序列图说明该流程,保证清晰、完整。

3.1.N <关键业务流程N->

第N项关键业务流程,除文字说明外,请使用图表或序列图说明该流程,保证清晰、完整。

3.2 功能性需求

此节为以自然语言风格表达的需求说明为此设计的系统功能性需求。对于许多应用程序,此节会成为需求规格说明书的主体部分,所以应仔细考虑此节的组织方式。此节通常按特性来组织,但也可能会有其他适用的组织方式,例如按用户或子系统组织的方式。功能性需求可能包括特性集、性能和安全性。

当利用应用程序开发工具（如需求工具、建模工具等）来获取功能性时，此节文档将引用获取相应数据的方法，并指出用来获取数据的工具的位置和名称。

功能需求可以分类说明，下述章节可以建立四级目录，即三级目录为功能类别，四级目录为具体功能性需求。

3.2.1< 功能类别 >/< 功能性需求 1–>

详细说明第 1 项功能性需求，除文字说明外，请使用图表详细描述该功能性需求，并编号管理。

表 3-1 说明图表示例

编号	说明
具体描述	此说明应该具体该功能的作用和目的。一个段落即足以作此说明。
优先级	此功能需求的优先级别，分为"高／中／低"。
角色	使用该功能的角色。
前置条件	执行该功能之前必须存在的系统状态。
后置条件	执行完毕该功能后系统可能处于的一组状态。
输入	执行此功能所需要的输入内容，并注明边界条件。
输出	执行完毕该功能后系统地输出内容。
正常流	说明角色的行为及系统的响应。应按照角色与系统进行交换的形式来逐步描述。
异常流 1	说明系统或业务异常时，角色可选的处理流程。
异常流 n	说明系统或业务异常时，角色可选的处理流程。
备注	其他需要说明的内容。

如果有的话，请绘出功能需求的界面示例、时序图等，方式不限，可以是图片、viso 图、html 等。同时，还可以根据情况，使用数据流图、实体关系图等各种描述方式，利用结构化或面向对象的描述语言，来准确描述需求。

此外，还需对功能需对需求之间的相关性进行分析。

表 3-2 功能需求相关性分析表示例

	需求简述	相关性说明
需求编号	需求简述	对相关性的具体说明，描述被依赖需求的增加、删除、修改对当前需求的影响。

3.2.N< 功能类别 >/< 功能性需求 N->

详细说明第 N 项功能性需求,除文字说明外,请使用图表详细描述该功能性需求,并编号管理。说明图表形式同上。

3.3 接口需求

此节规定应用程序必须支持的接口/界面。它应非常具体,包含协议、端口和逻辑地址等,以便于按照接口/界面需求开发并检验软件。

接口需求可以分类说明,下述章节可以建立四级目录,即三级目录为接口类别,四级目录为具体接口需求。

3.3.1 用户界面

详细说明软件将实现的用户界面。

3.3.2< 接口类别 >/< 与 XX1 系统/平台的接口 ->

详细说明与 XX1 系统/平台的接口,包括硬件接口、软件接口、通信接口等,除文字描述外,请使用图表详细描述该接口需求,并编号管理。

表 3-3 说明图表示例

编号	说明
具体描述	此说明应该详细描述该接口的作用和目的。
优先级	此接口的优先级别,分为"高/中/低"。
角色	使用该接口的系统或模块。
前置条件	执行该接口之前必须存在的系统状态。
后置条件	执行完毕该接口后系统可能处于的一组状态。
输入	执行此接口所需要的输入内容,并注明边界条件。
输出	执行完毕该接口后系统地输出内容。
备注	其他需要说明的内容。

3.3.N+1< 接口类别 >/< 与 XXN 系统/平台的接口 ->

详细说明与 XXN 系统/平台的接口,包括硬件接口、软件接口、通信接口等,除文字描述外,请使用图表详细描述该接口需求,并编号管理。说明图表形式同上。

3.4 设计约束

此节应列出所构建系统的所有设计约束。设计约束代表已经批准并必须遵循的设计决定。其中包括软件语言、软件流程需求、开发工具的指定用途、构架及设计约束、购买的构件、类库等。

除文字说明外，请在此处用图表形式给说所有设计约束的描述。

表 3-4 说明图表示例

编号	重要性	特性描述	目的

3.4.1 < 设计约束 1 ->

详细说明第 1 项设计约束需求。

3.4.N < 设计约束 N ->

详细说明第 N 项设计约束需求。

3.5 数据字典

对上文所述的系统中各个功能性需求、接口需求中所涉及到的数据项进行描述和定义，对于数值型数据项，说明允许的最大/小值，对于字符型数据项，说明允许的最长/短值，对于要求"唯一"的数据项，请在备注中说明，并说明是否大小写敏感。

3.5.1 < 数据字典 1 ->

[详细说明第 1 项数据字典：详细描述与其相关的功能、接口等内容，并使用图表说明其中的数据项内容。]

表 3-5 说明图表示例

编号	数据项名称	输入方式	最小长度/值	最大长度/值	数据格式	默认值	是否必填	备注
1								

3.5.N < 数据字典 N ->

详细说明第 N 项数据字典。说明图表形式同上。

3.6 质量特性

此节应列举本系统在可用性、可靠性,以及性能方面的质量特性需求。

3.6.1 可用性

此节应包括所有影响可用性的需求。例如,

- 指出普通用户和高级用户要高效地执行特定操作所需的培训时间
- 指出典型任务的可评测任务次数或根据用户已知或喜欢的其他系统确定新系统的可用性需求
- 指出在符合公认的可用性标准(如 IBM 的 CUA 标准和 Microsoft 的 GUI 标准)方面的需求

表 3-6 说明图表示例

编号	重要性	特性描述	目的

3.6.2 可靠性

对系统可靠性的需求应在此处说明。以下是一些建议:

- 可用性—指出可用时间百分比(xx.xx%)、使用小时数、维护访问权、降级模式操作等。
- 平均故障间隔时间(MTBF)—通常表示为小时数,但也可表示为天数、月数或年数。
- 平均修复时间(MTTR)—系统在发生故障后可以暂停运行的时间。
- 精确度—指出系统输出要求具备的精密度(分辨率)和精确度(按照某一已知的标准)。
- 最高错误或缺陷率—通常表示为每千行代码的错误数目(bugs/KLOC)或每个功能点的错误数目(bugs/function-point)。
- 错误或缺陷率—按照小错误、大错误和严重错误来分类。需求中必须对"严重"错误进行界定,例如:数据完全丢失或完全不能使用系统的某部分功能。

表 3-7　说明图表示例

编号	重要性	特性描述	目的

3.6.3 性能

此节应概述系统的性能特征。其中需包括具体的响应时间。如果可行，按名称引用相关用例，可以包括：

- 对事务的响应时间（平均、最长）
- 吞吐量，例如每秒处理的事务数
- 容量，例如系统可以容纳的客户或事务数
- 降级模式（当系统以某种形式降级时可接受的运行模式）
- 资源利用情况，如内存、磁盘、通信等

表 3-8　说明图表示例

编号	重要性	特性描述	目的

3.6.4 可支持性

此节应列出将提高所构建系统的可支持性或可维护性的所有需求，其中包括编码标准、命名约定、类库、维护访问权和维护实用程序。

表 3-9　说明图表示例

编号	重要性	特性描述	目的

3.7 适用的标准

通过引用，此节说明了所有适用的标准以及适用于所述系统的相应标准的具体部分。包括本工程研制的技术标准，以及各式行业标准、国家标准、国际标准等。

表 3-10　说明图表示例

编号	重要性	特性描述	目的

3.8 法律、版权和其他声明

此节说明软件涉及的所有必需的法律免责声明、保证、版权声明、专利声明、字标、商标或徽标符合性问题。

表 3-11　说明图表示例

编号	重要性	特性描述	目的

3.9 其他需求说明

本节用于说明上述六节未能囊括的其他具体需求。

表 3-12　说明图表示例

编号	重要性	特性描述	目的

4. 附录

本章提供与系统开发有关的详细、专门的资料，如数据库的描述等。如果包含附录，应明确指出是否将附录当作需求的一部分。

模板 2：详细设计说明书

编号：

详细设计说明书

项目包名称：

项目编号/包号：

项目单位（甲方）：

项目承担单位（乙方）：

项目起止年限：

版本修订记录

编号	版本号	修订时间	修订内容	修订人员	审核人员

1. 文档介绍

本章应提供整个详细设计说明书的概述。它应包括此详细设计说明书的目的、范围、定义、首字母缩写词、缩略语、参考资料和概述。

1.1 文档目的

阐明详细设计说明书的目的。

1.2 文档范围

简要说明此详细设计说明书适用的软件应用程序、特性或其他子系统分组、与其相关的用例模型，以及受到此文档影响的任何其他事物。

1.3 读者对象

简要说明此详细设计说明书的目标读者对象。

1.4 术语与解释

本小节应提供正确理解此详细设计说明书所需的全部术语的定义、首字母缩写词和缩略语。

表1-1 术语列表

编号	术语	解释

表1-2 缩略语列表

编号	术语	解释

1.5 参考资料

本小节应完整列出此详细设计说明书中其他部分所引用的任何文档，包括所引用标准的清单。

表1-3 参考资料列表

编号	参考资料

1.6 文档概览

本小节应说明该详细设计说明书中其他部分所包含的内容，并解释此文档的组织方式。

2. 总体程序系统结构设计

本章应提供本包交付物的总体程序系统结构详细设计情况，其中的关键技术及子系统详细设计等具体内容在后续相应章节中进行细化。

2.1 详细程序架构

用一览表及框图的形式说明本包交付物的逻辑程序包划分，扼要说明每个程序的功能，利用UML组件图描述各个组件的发布时它们之间的调用关系，并分层次地给出包内程序之间的控制与被控制关系。

系统划分单元的名称建议按照自上而下的下列层次：本包交付物——系统/平台/工具等交付物——子系统——功能模块—程序……其中，实现功能模块的代码组合在本详细设计说明书中统称为"程序"。

表2-1　详细程序架构一览表

系统编号	系统名称	系统模块	程序

2.2 需求与程序的关系

本节说明详细设计说明书中各项系统模块实现同各个程序的分配关系，建议使用下表描述。

表2-2　需求与程序关系表

	子系统名称（编号）						子系统名称（编号）
	模块名称（编号）		模块名称（编号）				模块名称（编号）
	程序（编号）	程序（编号）	程序（编号）	程序（编号）	程序（编号）	程序（编号）	程序（编号）
需求规格说明书中功能需求[编号]							
需求规格说明书中功能需求[编号]							

3. 关键技术详细设计

在本详细设计说明书的这一章中，应对关键技术详细设计进行描述，如果子系统设计中包含关键技术详细设计，可以指明关键技术点对照的模块或者程序编号。

3.1 < 关键技术1 >

3.1.1 详细解决方案

描述关键技术详细解决方案，关键的算法用程序结构图或详细的实现步骤说明。

3.1.2 关键技术与子系统（模块）的关系对应表

描述关键技术对应子系统详细设计中的模块或者程序，用关系表形式呈现。

3.2 < 关键技术2 >

……

4. 子系统详细设计

4.1 模块1（标识符）的结构

按结构化设计方法，在系统功能逐层分解的基础上，用一系列图表列出本程序系统内的每个程序（包括每个模块和子程序）的名称、标识符和它们之间的层次结构关系。对系统各功能模块或子系统进行设计。

4.1.1 程序1（标识符）设计说明

从本章开始，逐个地给出各个层次中的每个程序的设计考虑。以下给出的提纲是针对一般情况的。对于一个具体的层次比较低的模块或子程序，其很多条目的内容往往与它所隶属的上一层模块的对应条目的内容相同，在这种情况下，只要简单地说明这一点即可。

4.1.1.1 程序描述

给出对该程序的简要描述，主要说明安排设计本程序的目的意义，并且还要说明本程序的特点（如是常驻内存还是非常驻？是否子程序？是可重用的还是不可重用的？有无覆盖要求？是顺序处理还是并发处理，是否支持多处理器等）。

4.1.1.2 功能

说明该程序应具有的功能，可采用IPO图（即输入—处理—输出图）的形式。

4.1.1.3 性能

说明对该程序的全部性能要求和详细设计描述，包括对精度、灵活性和时间特性、容量、并发等。

4.1.1.4 输入项

给出对每一个输入项的特性，包括名称、标识、数据的类型和格式、数据值的有效范围、输入的方式。数量和频度、输入媒体、输入数据的来源和安全保密条件等等。

4.1.1.5 输出项

给出对每一个输出项的特性，包括名称、标识、数据的类型和格式，数据值的有效范围、输出的形式、数量和频度，输出媒体、对输出图形及符号的说明、安全保密条件等等。

4.1.1.6 算法

详细说明本程序所选用的算法，具体的计算公式和计算步骤。

4.1.1.7 流程逻辑

用图表（例如流程图、判定表等）辅以必要的说明来表示本程序的逻辑流程。可用做黑盒测试的依据。

4.1.1.8 接口

用图的形式说明本程序所隶属的上一层模块及隶属于本程序的下一层模块、子程序，说明参数赋值和调用方式、入口参数、出口参数、异常处理，说明与本程序相直接关联的数据结构（数据库、数据文卷）。

4.1.1.9 存储分配

根据需要，说明本程序的存储分配。

4.1.1.10 注释设计

说明准备在本程序中安排的注释，如：

a. 加在模块首部的注释；

b. 加在各分枝点处的注释；

c. 对各变量的功能、范围、缺省条件等所加的注释；

d. 对使用的逻辑所加的注释等等。

4.1.1.11 限制条件

说明本程序运行中所受到的限制条件。

4.1.1.12 测试计划

说明对本程序进行单元测试的计划，包括对测试的技术要求、输入数据、预期结果、进度安排、人员职责、设备条件驱动程序及桩模块等的规定。

4.1.1.13 错误处理

说明在本程序的设计中每种可能的出错或故障情况出现时，系统输出信息的形式、含意及可能采取的补救措施。

4.1.1.14 尚未解决的问题

说明在本程序的设计中尚未解决而设计者认为在软件完成之前应解决的问题。

4.1.2 程序2（标识符）设计说明

用类似上述的方式，说明第2个程序乃至第N个程序的设计考虑。

……

4.2 模块2（标识符）的结构

用类似上述的方式，说明第2个模块乃至第N个模块的设计考虑。……

5. 接口设计

5.1 内部接口

5.1.1 接口名称

表 5-1 ** 接口

接口中文名称（英文名称）	
与需求规格的对应关系	
接口内容与功能	详细描述接口的内容与功能，如实现数据传输或数据交换。
所在系统模块	
优先级	
接口的数据结构	详细描述接口的数据结构，如文件结构、数据库表结构。
前置条件	
后置条件	
输入	
输出	
接口调用方式	给出调用接口实例，如果本接口是交付物 SDK 的一部分，需要详细描述本接口调用形式，如支持的程序开发语言、接口协议类型、调用示例等。
接口程序的算法分析	要求用形式语言描述具体算法，使编码人员据此能顺利书写程序。
备注	

5.2 外部接口

5.2.1 接口名称

表 5-2 ** 接口

接口中文名称（英文名称）	
与需求规格的对应关系	
接口内容与功能	详细描述接口的内容与功能，如实现数据传输或数据交换。
所在系统模块	
优先级	
接口的数据结构	详细描述接口的数据结构，如文件结构、数据库表结构。
前置条件	
后置条件	

续表

输入	
输出	
接口调用方式	给出调用接口实例，如果本接口是交付物 SDK 的一部分，需要详细描述本接口调用形式，如支持的程序开发语言、接口协议类型、调用示例等。
接口程序的算法分析	要求用形式语言描述具体算法，使编码人员据此能顺利书写程序。
备注	

6. 系统界面详细设计

规定人机界面的内容、界面风格、调用方式等，包括所谓的表单设计、报表设计和用户需要的打印输出等设计。

6.1 子系统 1

6.1.1 功能名称 1

6.1.1.1 概述

6.1.1.2 界面原型

原型图包括交互部分相关的所有界面。包括输入界面和输出界面，如果需要，可继续分节，设多级目录详细描述。

6.1.1.3 浏览器支持

如果功能为 B/S 结构，请描述界面支持的浏览器兼容类型和版本。

6.1.1.4 运行终端类型

请描述界面对应的终端，对于同一个功能支持多种终端类型，请在界面原型中分别列出原型图。

6.1.2 功能名称 2

……

7. 部门角色授权设计

授权表的横坐标表示角色（部件、单位或岗位），纵坐标表示功能模块，"●"表示授权。该授权表是工作站上菜单设计的依据。如详细设计中没有部门角色授权，须描述原因。

表 7-1　部门角色对应表

模块\部门		角色 1	角色 2	角色 3	角色 4	角色 5
模块中文名 1	模块英文名 1					
模块中文名 2	模块英文名 2					
模块中文名 3	模块英文名 3					
模块中文名 4	模块英文名 4					
模块中文名 5	模块英文名 5					
模块中文名 6	模块英文名 6					
模块中文名 7	模块英文名 7					
模块中文名 8	模块英文名 8					
模块中文名 9	模块英文名 9					

8. 系统数据结构设计

本章节中包含对以下数据库内容的描述：数据表、视图、存储过程、触发器、约束等。在数据库主要对象之外，还将描述数据库安全性设置、数据库属性设置和数据库备份策略，为数据库管理员维护数据库安全稳定地运行提供参考。

8.1 数据表

8.1.1 表设计概述

根据设计的系统功能，配合 Oracle 或者 SQL Server 数据库系统提供的管理功能进行详细设计。列出所有系统相关表的 E-R 图。

8.1.2 数据结构设计

本节对本包交付物中所需所有数据结构的设计进行描述。对每个数据结构，除了给出中文表意的名称外，还应给出程序中的命名。

8.1.2.1 表名称（表英文名称）

8.1.2.1.1 表概述

概述表用途。

8.1.2.1.2 表结构

表 8-1　***** 数据

序号	字段中文名称	字段英文名称	数据类型	约束/条件	是否可空	缺省值	字段描述	备注

主键 [给出数据结构中的主键描述]

索引 [给出数据结构中的索引使用描述]

表 SQL 代码示例

8.2 数据视图

8.2.1 视图名称（英文名称）

8.2.1.1 视图概述

概述视图用途。

8.2.1.2 视图基表

列出视图包含的相关基表。

8.2.1.3 视图包含字段

给出数据结构中的主键描述。

8.2.1.4 视图 SQL 代码示例

8.3 存储过程

存储过程是一种特殊程序，它在数据库服务器上执行。

8.3.1 存储过程名称（英文名称）

8.3.1.1 存储过程概述

存储过程功能详细描述。

8.3.1.2 存储过程算法

用形式语言详细描述其算法分析，使编程人员据此能顺利书写程序。

8.3.1.3 存储过程调用

说明存储过程调用方式，入口参数和出口参数。

8.3.1.4 存储过程 SQL 代码示例

8.4 触发器

触发器作为运行在数据库上面的隐式程序，需要详细设计触发器的条件和过程。

8.4.1 触发器名称

8.4.1.1 触发器概述

触发器功能详细描述。

8.4.1.2 触发器算法

用形式语言详细描述其算法分析，使编程人员据此能顺利书写程序。

8.4.1.3 触发器激活条件

说明触发器激活方式，入口参数和出口参数。

8.4.1.4 触发器 SQL 代码示例

9. 系统（软件）环境设计

列出运行本包交付物所需要的支持软件，包括要用到的操作系统、数据库管理软件、中间件软件运行环境参数配置等，说明其用途及版本要求等情况。

9.1 运行环境

本节用于描述所需支持软件环境参数配置信息。

9.1.1 软件 1

本节用于描述所需支持软件环境参数配置信息。

9.1.2 软件 n

本节用于描述所需支持软件环境参数配置信息。

9.2 编译环境

本节用于描述编译环境参数配置信息和所需要的编译库清单。

10. 安全设计

10.1 设计目标

本节用于描述本包各交付物所需达到的安全设计目标。

10.2 设计原则

本节用于描述本包将基于何种原则进行安全设计，以实现上节给出的设计目标。

10.3 详细安全设计

本节分别给出具体、详细、完整的安全设计。

10.3.1 信息系统的安全设计

本节用于描述本包各交付物在实现国家信息系统安全等级保护方面相关要求的设计内容。应根据甲方对本包各交付物所确定的安全等级，按照国家信息系统安全等级保护中的技术及管理要求的各个要求项进行逐一描述，需要实现的要求项给出设计方法，不许要实现的要求项说明理由。

如果具体设计内容已经在详细设计说明书中其它章节有过说明，可以采用引用的方式进行描述。

10.3.2 数据库安全

说明数据的共享方式，如何保证数据的安全性及保密性。应用程序端连接数据库时使用的数据库验证方式。数据库连接串加密存储方式。

10.3.3 数据库备份机制

依据本系统采用的数据库系统，说明数据库的属性设置和备份策略。结合本系统各种应用环境，描述采用的数据库备份与恢复策略。

10.3.4 其它安全设计

本节用于描述本包各交付物除上述类型之外的安全设计内容。

11. 附录

模板 3：系统测试用例

编号：

系统测试用例

项目包名称：

项目编号／包号：

项目单位（甲方）：

项目承担单位（乙方）：

项目起止年限：

版本修订记录

编号	版本号	修订时间	修订内容	修订人员	审核人员

1. 文档介绍

本章应提供整个系统测试用例文档的概述。它应包括此系统测试用例文档的目的、范围、读者对象、术语解释、首字母缩写词、缩略语、参考资料。

1.1 文档目的

阐明系统测试用例文档的目的。示例：测试用例是测试人员进行测试操作的依据，它定义了测试的前提、测试环境、测试步骤、测试预期结果等要素，测试人员主要根据它来进行测试。

1.2 文档范围

简要说明此系统测试用例文档适用的软件应用程序、特性或其他子系统分组、与其相关的用例模型，以及受到此文档影响的任何其他事物。

1.3 被测对象

简要说明此系统测试用例文档的目标被测对象，包括交付物的形态、部署方式等内容。

1.4 读者对象

简要说明此系统测试用例文档的目标读者对象。

1.5 术语与解释

本小节应提供正确理解此系统测试用例文档所需的全部术语的定义、首字母缩写词和缩略语。

表 1-1 术语列表

编号	术语	解释

表 1-2 缩略语列表

编号	术语	解释

1.6 参考资料

本小节应完整列出此系统测试用例文档中其他部分所引用的任何文档,包括所引用标准的清单。

表 1-3 参考资料列表

编号	参考资料

2. 测试配置环境

要求:部署符合规定的软硬件环境及网络配置。

2.1 测试环境系统一

2.1.1 被测系统

要求:列出本被测试系统不同安装包的信息。

表 2-1 软件配置列表

安装包编号	系统/子系统名称	版本	用途	部署位置

2.1.2 硬件配置

要求：列出本测试环境所需的硬件配置。

表 2-2 服务器配置列表

设备编号	型号	操作系统	内存	CPU	用途

表 2-3 PC 机配置列表

设备编号	型号	操作系统	内存	CPU	用途

表 2-4 存储设备配置列表

设备编号	型号	容量	用途

表 2-5 移动终端配置列表

设备编号	型号	系统	用途

表 2-6 其他设备配置列表

设备编号	型号	设备参数	用途

2.1.3 软件配置

要求：列出本测试环境所需的软件配置。如：数据库、操作系统、浏览器、应用服务器及其用途、版本信息。

表 2-7 软件配置列表

软件编号	软件名称	版本	用途	部署位置

2.1.4 网络配置

要求：列出本测试所需的网络配置及网络拓扑图，并以被测安装包编号、设备编号和软件编号标明上述软硬件设备在网络中所处的位置。

2.2 测试环境系统二（如有多个请自行增加）

2.2.1 被测系统

2.2.2 硬件配置

2.2.3 软件配置

2.2.4 网络配置

3. 命名规则

表 3-1 用例命名规则列表

用例名称命名规则	
测试用例编号命名规则	

表 3-2 缺陷编号命名规则列表

缺陷编号命名规则	

4. 系统测试时间计划

要求：按照系统测试总时间分别计划每种类型测试的详细时间范围，若不涉及，填写"-"代替空。

表 4-1 系统测试时间计划

测试类型	负责人	开始时间	结束时间	测试地点
功能性测试				
接口测试				
性能测试				
压力测试				
安全性测试				
兼容性测试				
可靠性测试				

续表

测试类型	负责人	开始时间	结束时间	测试地点
易用性测试				
恢复性测试				
人机交互界面测试				
边界测试				
管理性测试				

5. 系统测试用例

要求：需求编号如没有，则可不填写；测试环境指的是该用例对应的是第 2 章中哪套测试环境系统。如果在前阶段已经进行过完全相同的测试，无须再次编写测试用例，但务必要在本节列出相关测试用例编号和关联文档名称。

5.1 功能性测试

表 5-1 功能性测试用例表

用例编号					用例名称		
需求编号					启动角色		
用例创建者					用例创建日期		
测试环境编号							
前置条件							
测试目的							
用例说明							
被测系统版本号	测试人	测试时间	测试步骤	预期结果		是否通过	缺陷编号
						■通过 □不通过	
审核人							

5.2 接口测试

表 5-2　接口测试用例表

用例编号			用例名称	
需求编号			启动角色	
用例创建者			用例创建日期	
测试环境编号				
前置条件				
测试目的				
用例说明				
被测系统版本号	测试人	测试时间	测试步骤	预期结果	是否通过	缺陷编号
					■通　过 □不通过	
审核人				

5.3 性能测试

表 5-3　性能测试用例表

用例编号			用例名称	
需求编号			启动角色	
用例创建者			用例创建日期	
测试环境编号				
前置条件				
测试目的				
用例说明				
被测系统版本号	测试人	测试时间	测试步骤	预期结果	是否通过	缺陷编号
					■通　过 □不通过	
审核人				

5.4 压力测试

表 5-4 压力测试用例表

用例编号			用例名称	
需求编号			启动角色	
用例创建者			用例创建日期	
测试环境编号				
前置条件				
测试目的				
用例说明				
被测系统版本号	测试人	测试时间	测试步骤	预期结果	是否通过	缺陷编号
					■通　过 □不通过	
审核人						

5.5 安全性测试

表 5-5 安全性测试用例表

用例编号			用例名称	
需求编号			启动角色	
用例创建者			用例创建日期	
测试环境编号				
前置条件				
测试目的				
用例说明				
被测系统版本号	测试人	测试时间	测试步骤	预期结果	是否通过	缺陷编号
					■通　过 □不通过	
审核人						

5.6 兼容性测试

表 5-6 兼容性测试用例表

用例编号			用例名称	
需求编号			启动角色	
用例创建者			用例创建日期	
测试环境编号				
前置条件				
测试目的				
用例说明				
被测系统版本号	测试人	测试时间	测试步骤	预期结果	是否通过	缺陷编号
					■通 过 □不通过	
审核人						

5.7 可靠性测试

表 5-7 可靠性测试用例表

用例编号			用例名称	
需求编号			启动角色	
用例创建者			用例创建日期	
测试环境编号				
前置条件				
测试目的				
用例说明				
被测系统版本号	测试人	测试时间	测试步骤	预期结果	是否通过	缺陷编号
					■通 过 □不通过	
审核人						

5.8 易用性测试

表 5-8 易用性测试用例表

用例编号			用例名称	
需求编号			启动角色	
用例创建者			用例创建日期	
测试环境编号				
前置条件				
测试目的				
用例说明				
被测系统版本号	测试人	测试时间	测试步骤	预期结果	是否通过	缺陷编号
					■通 过 □不通过	
审核人				

5.9 恢复性测试

表 5-9 恢复性测试用例表

用例编号			用例名称	
需求编号			启动角色	
用例创建者			用例创建日期	
测试环境编号				
前置条件				
测试目的				
用例说明				
被测系统版本号	测试人	测试时间	测试步骤	预期结果	是否通过	缺陷编号
					■通 过 □不通过	
审核人				

5.10 人机交互界面测试

表 5-10 人机交互界面测试用例表

用例编号			用例名称	
需求编号			启动角色	
用例创建者			用例创建日期	
测试环境编号				
前置条件				
测试目的				
用例说明				
被测系统版本号	测试人	测试时间	测试步骤	预期结果	是否通过	缺陷编号
					■通　过 □不通过	
审核人				

5.11 边界测试

表 5-11 边界测试用例表

用例编号			用例名称	
需求编号			启动角色	
用例创建者			用例创建日期	
测试环境编号				
前置条件				
测试目的				
用例说明				
被测系统版本号	测试人	测试时间	测试步骤	预期结果	是否通过	缺陷编号
					■通　过 □不通过	
审核人				

5.12 管理性测试

表 5-12 管理性测试用例表

用例编号			用例名称	
需求编号			启动角色	
用例创建者			用例创建日期	
测试环境编号				
前置条件				
测试目的				
用例说明				
被测系统版本号	测试人	测试时间	测试步骤	预期结果	是否通过	缺陷编号
					■通　过 □不通过	
审核人				

模板 4：系统测试报告

编号：

系统测试报告

项目包名称：

项目编号/包号：

项目单位（甲方）：

项目承担单位（乙方）：

项目起止年限：

版本修订记录

编号	版本号	修订时间	修订内容	修订人员	审核人员

1. 文档介绍

本章应提供整个系统测试报告的概述。它应包括此系统测试报告的目的、范围、定义、首字母缩写词、缩略语、参考资料。

1.1 文档目的

阐明系统测试报告的目的。

实例：本测试报告为 XXX 项目的测试报告，目的在于总结测试阶段的测试以及分析测试结果，描述系统是否符合需求（或达到 XXX 功能目标）。预期参考人员包括用户、测试人员、开发人员、项目管理者、其他质量管理人员和需要阅读本报告的高层经理。

1.2 文档范围

简要说明此系统测试报告适用的软件应用程序、特性或其他子系统分组、与其相关的用例模型，以及受到此文档影响的任何其他事物。

1.3 被测对象

简要说明此系统测试用例文档的目标被测对象，包括交付物的形态和部署方式内容。

1.4 读者对象

简要说明此系统测试报告的目标读者对象。

1.5 术语与解释

本小节应提供正确理解此系统测试报告所需的全部术语的定义、首字母缩写词和缩略语。

1.6 测试依据

本小节应完整列出系统测试过程中依据的文档。

1.7 参考资料

本小节应完整列出此系统测试报告中其他部分所引用的任何文档，包括所引用标准的清单。

2. 测试概要

2.1 功能概述

概述被测软件的功能、使命任务、结构组成、信息流程以及 XX 软件系统结构。

2.2 性能指标

描述软件的主要性能指标，包括处理精度、时间性能。

2.3 测试进度及人员安排

表 2-1 测试人信息列表

项目名称				
测试起止日期				
测试工具				
测试人员	承建单位			
	测试单位			
	测试地点			
	负责人			
审核人员	测试经理		日期	
	项目经理		日期	

3. 测试概述

3.1 测试过程概述

按进度结点的时间顺序对本次测试的实际过程作简要说明。注意描述测试过程的同时应明确被测软件的版本。

测试用例执行过程描述如下：……

测试过程中产生的工作产品如表所示：

表3-1 测试工作产品清单

序号	标识	名称
1	文档标识	文档名称
2		
3		
4		
5		

测试过程概况如表3-2所示：

表3-2 软件测试过程一览表

序号	软件版本	测试起止时间	
		起始	截止
1			
2			

3.2 通用测试工具

本次测试实际采用的通用测试工具如表3-3所示。

表3-3 通用测试工具表

序号	名称	版本	用途	所属权
1				
2				

4. 测试结果及分析

分别就不同测试环境下，按测试轮次顺序，对每轮测试的被测对象、版本、测试类型、测试项数量、设计的测试用例数量、实际执行的测试用例数量、通过的测试用例数量、未通过的测试用例数量、未执行的测试用例数量，以及实际发现的软件缺陷的数量、类型、严重性等级、纠正情况在各测试轮次、被测对象版本中的分布情况作详细统计。

将实际执行的测试范围、测试类型、测试项与测试详细设计说明和测试计划中规定的相应内容作对比，如有差异，应说明原因。

4.1 测试结果概述

描述不同测试环境下，测试的轮次，设计测试用例的个数，实际执行的测试范围、测试类型、测试项与测试详细设计说明中的相应内容是否存在差异，若存在差异，应在这里说明。如，哪些测试类型、测试项因何故进行了增加或减少。测试执行的具体情况如表 4-1 所示。

表 4-1　测试执行情况

被测软件名称					
被测软件最终版本					
测试类型					
XX 版软件测试	测试项数量				
	设计用例	执行用例	通过用例	未通过用例	未执行用例
XX 版软件测试	测试项数量				
	重用/新增用例	执行用例	通过用例	未通过用例	未执行用例

注："测试项数量"按每个版本测试执行实际覆盖的测试项填写。

说明本次测试提交的软件缺陷报告单单数和软件缺陷个数，软件缺陷的统计和分布情况如表 4-2 所示。

表 4-2　软件缺陷统计分布

问题总数				
问题等级	致命	严重	一般	建议
问题类型	设计问题	文档问题	程序问题	其它问题

注：表中所有软件缺陷都要求按"问题单数/问题个数"的格式填写。

若存在遗留问题，应在表后补充文字说明，内容包括：遗留问题的数量、状况、严重程度、影响、风险、处理结果。

4.1.1 测试类型测试

测试类型共12项，分别为功能性测试、接口测试、性能测试、压力测试、安全性测试、兼容性测试、可靠性测试、易用性测试、恢复性测试、人机交互界面测试、边界测试以及管理性测试。

说明在本次测试类型测试中设计的测试用例个数，其中执行、未执行、通过和未通过的统计情况。测试类型测试执行的具体情况如表4-3所示。

表 4-3　测试类型测试执行情况

序号	测试项名称	测试项说明	测试类型	设计用例数	执行/未执行	通过/未通过	备注
1							
2							

注1：对于未通过的测试应在备注栏标明问题标识。
注2：对于未通过的有量值要求的测试（如性能测试）应在备注栏分别说明发现问题、实测结果。

说明测试用例未能执行的原因，未执行测试用例情况表的序号要与上表的未执行数一致，未执行测试用例的具体情况如表4-4所示。

表 4-4　未执行测试用例情况

序号	用例标识	未测内容描述	未测原因
1			
2			

统计本次测试类型测试（包括回归测试）提交的软件缺陷报告单单数和软件缺陷个数，以及问题等级的统计情况。

通过测试类型测试共发现问题 XX 个，提出软件缺陷报告单 X 张，问题简述及研制单位的处理意见在附表中列出，序号为 X—X。测试类型测试问题分类情况在表 4-5 中列出。

表 4-5 测试类型问题分类一览表

问题类别	问题总数	问题级别	问题数	开发方处理意见	
				修改	不修改
程序问题		致命			
		严重			
		一般			
		建议			
...					
...					
合计		—			

选取测试类型测试发现的软件主要问题进行详细描述，并说明研制方的处理意见。

4.1.2 回归测试

描述回归测试情况。内容包括：进行了几轮回归测试，每一轮回归测试的被测软件版本、更改情况、更改确认情况、影响域分析情况、设计和／或重用测试用例情况、回归测试执行情况。回归测试具体情况如表 4-6 所示。

表 4-6 回归测试一览表

序号	更改依据（更改单／问题单标识）	更改简述	回归测试方法	受影响的测试项	重用测试用例标识	新增测试用例标识	回归测试结果
针对测评问题							
1							
2							
针对其它更改							

序号	更改依据（更改单/问题单标识）	更改简述	回归测试方法	受影响的测试项	重用测试用例标识	新增测试用例标识	回归测试结果
1							
2							

注1：应在"针对测评问题"中列出全部被测软件版本的软件缺陷报告单，包括不修改的软件缺陷单。

注2："更改依据"包括所有被测软件版本的更改单或软件缺陷报告单。

注3："回归测试方法"包括测试类型测试。

注4：不论采用哪种回归测试方法，只要更改正确、测试用例通过，其"回归测试结果"均填写"更改正确"。

4.1.3 性能测试

描述性能测试情况。内容包括：进行性能测试的系统或子系统、性能测试设计的场景、性能测试结果图、性能测试结果分析。

4.1.3.1 测试场景与结果

描述性能测试场景。内容包括：测试系统名称、压力测试方式、并发测试方式、是否有使用集合点、集合点设置的位置。测试场景、测试结果、事务摘要和测试结果分析为一对一。测试场景具体情况如表4-7所示。

4.1.3.1.1 测试场景一

表4-7 性能测试场景

场景名称	
加压方式	
并发方式	
集合点	

测试结果一：描述性能测试结果。内容包括：服务器性能指标、系统响应时间、系统处理量。测试结果具体情况如表4-8所示。

表4-8 性能测试结果

用户数	应用服务器		数据库服务器		处理笔数（笔/分钟）	平均响应时间（秒）	最大响应时间（秒）	测试机网络
	cpu使用	网络	cpu使用	网络				

事务摘要一：

展示性能测试实际结果图展示。如：服务器性能、响应时间。

测试结果分析一：

根据性能测试结果对系统进行性能分析。如：性能是否达到标准、系统性能优化建议。

4.1.3.1.2 测试场景二

4.1.3.1.3 测试场景三

4.2 测试环境结果说明

要求：请简要说明在不同测试环境系统下，所得到不同的测试结果以及差异所带来的影响。

4.2.1 测试环境系统一

4.2.2 测试环境系统二

5. 测试结论

5.1 测试任务结束条件

结束条件通常包括：

● 被测软件已按要求完成合同和项目计划所规定的测试任务；

● 客观、完备地记录测试中发现的所有问题；

● 测试中发现的问题有正确有效的处理，对更改后的程序进行了回归测试或更改确认；

● 测试文档齐全、符合规范，通过评审；

● 全部测试文档、测试用例、测试软件、被测软件配置管理项已纳入配置管理。

5.2 测评结论

请详细列出遗留问题，并说明遗留原因。

据测试结果给出测试结论，应注明被测软件版本。可参考：

通过对 XXX 软件进行的、功能测试、性能测试、接口测试等，测试结果表明，XXX 软件（VXX）：

● 文档格式（较）规范，内容（较）完整、准确，文文一致，文实相符，易读性（较）

好；

●功能（基本）满足相关文档（如研制总要求、软件任务书、软件详细设计说明书）中规定的全部功能要求；

●性能（基本）达到相关文档（如研制总要求、软件任务书、软件详细设计说明书）中规定的全部性能要求；

●接口（基本）满足相关文档（如软件接口详细设计说明书）中规定的接口要求；

●程序实现（基本）符合设计文档要求，结构清晰，满足编程准则要求；

●软件度量指标满足 / 基本满足 / 不满足要求；

●界面与用户手册（基本）一致，对错误操作的防范（基本）满足要求，提示（较）准确充分。

根据软件实际情况对上述结论进行选择和增减。

6. 建议

针对遗留问题和未测部分，提出建议。

附录 A 软件缺陷情况一览表

软件缺陷情况一览表

序号	问题单标识	问题简述	问题个数	问题类型	问题等级	处理意见	确认情况
1							
2							

附录 B 软件问题报告及处理单

附录 B.1 软件问题报告单

软件问题报告单

编号：

项目名称			
测试类型	测试类型测试	软件版本	
测试单位		测试时间	
测试人员		记录人员	

问题类型	□设计	□程序	□文档	□其它
问题级别	□致命缺陷	□严重缺陷	□一般缺陷	□建议改进
问题描述				
修改建议				
研制方确认				签 字:
备注				

附录 B.2 问题处理单

问题处理单

编号:

软件问题处理单编号			
问题报告编号		软件版本	
处理责任人		处理时间	
发现问题阶段			
问题严重程度等级	问题处理措施:		
	处理结果:		
	未处理原因及相关方签字:		
相关影响分析			
处理结果确认		确认日期	
承制方设计主管:			日期:
设计总师:	日期:	质量:	日期:
测试方负责人签收:			日期:
更改后的软件资料（程序或文档）	名称	版本号	确认人	日期

二、出版业知识服务应用情况调研问卷

出版业知识服务应用情况调研

一、基本信息

1. 单位名称：

联系人：

联系电话：

邮箱：

二、知识服务产品现状

2. 知识服务产品名称

（若贵单位有多个知识服务产品，请填写最主推的一个产品，以下涉及到产品的问题请按该产品的情况填写。）

3. 目前最主要知识服务产品类型是？（可多选）

a. 知识资源库

b. 电子书

c. 在线学习

d. 有声读物

e. 知识社区

f. 知识问答

g. 其他（如选择，请填写具体内容）

4. 目前知识服务产品终端形式？（可多选）

a. 网站

b. APP

c. 微信公众号

d. 智能终端／穿戴设备

e. 小程序

f. 其他（如选择，请填写具体内容）

5. 知识服务产品主要是面向机构还是个人？

a. 面向机构

b. 面向个人

c. 两者皆有

6. 知识服务产品盈利方式？（可多选）

a. 个人用户付费

b. 机构采购

c. 合作分成

d. 版权交易

e. 广告营收

f. 其他（如选择，请填写具体内容）

三、知识服务参与人员情况

7. 贵单位知识服务人员数量：（不涉及的填"0"）

（1）知识服务人员总数：_____ 人

（2）其中：

市场营销人员数量：_____ 人

技术人员数量：_____ 人

编辑人员数量：_____ 人

其他相关人员数量：_____ 人

（3）知识服务人员中编内人员数量：_____ 人

8. 请按由多至少的顺序，对现有知识服务人员进行排序。条件如下：

（1）在本单位从事知识服务相关工作1年以内的

（2）在本单位从事知识服务相关工作1-3年的

（3）在本单位从事知识服务相关工作3-5年的

（4）在本单位从事知识服务相关工作5年以上的

排列顺序为：

9. 知识服务人员招聘渠道？（可多选）

a. 社会招聘

b. 校园招聘

c. 单位内部协调

d. 劳务派遣

e. 其他（如选择，请填写具体内容）

四、资金投入与收益

10. 支撑知识服务部门或相关人员的主要资金来源？（可多选）

a. 本部门收入

b. 本单位（社内）提供支持

c. 申报审批项目拨款

d. 其他（如选择，请填写具体内容）

11. 2016年-2019年在知识服务产品方面的资金投入情况（单位：万元）：

（1）2016年资金投入：_____ 万元

（2）2017年资金投入：_____ 万元

（3）2018年资金投入：_____ 万元

（4）2019年资金投入：_____ 万元

12. 2016年-2019年知识服务产品收入情况（单位：万元）：

（1）2016年收入：_____ 万元

（2）2017年收入：_____ 万元

（3）2018年收入：_____ 万元

（4）2019年收入：_____ 万元

五、运营情况

13. 知识服务产品已服务的机构数量：_____ 家

14. 知识服务产品机构用户规模？

a. 1万人以内

b.1万–5万人

c.5万–10万人

d.10万–30万人

e.30万–50万人

f.50万–100万人

g.100万–300万人

h.300万人以上

15.知识服务产品个人用户规模?

a.1万人以内

b.1万–5万人

c.5万–10万人

d.10万–30万人

e.30万–50万人

f.50万–100万人

g.100–300万人

h.300万人以上

16.个人用户中,付费用户人数占全部用户人数的比例?

a.5%以下

b.5%–20%

c.20%–50%

d.50%以上

e.未做统计

17.个人用户中,续费用户人数占付费用户人数的比例?

a.5%以下

b.5%–20%

c.20%–50%

d.50%以上

e. 未做统计

18. 在知识服务产品中，付费的优势有哪些？（可多选）

a. 可查阅的内容资源更加丰富

b. 产品功能解决更多实际需求

c. 服务更细致

d. 其他（如选择，请填写具体内容）

19. 在本单位，知识服务属于战略转型还是对原有出版模式的补充？

a. 新的战略方向

b. 原有传统出版模式的补充

c. 既是新的战略方向，同时又是对原有传统出版模式的补充

20. 知识服务和之前的数字出版相比，在哪些方面有了变化？（可多选）

a. 内容资源更加细化

b. 提供的服务形式更加多样化

c. 对外服务品类增加

d. 用户数量增加

e. 收入增加

f. 市场规模发生良性变化

g. 没有变化

h. 其他（如选择，请填写具体内容）

21. 贵单位在知识服务转型过程中所面临的困难有哪些？（可多选）

a. 领导不够重视

b. 全员积极性

c. 对新技术不够敏感

d. 资金投入不足

e. 缺少专业人才

f. 市场定位和盈利模式不太清晰

g. 没有困难

h. 其他（如选择，请填写具体内容）

22. 与互联网企业相比，传统出版单位做知识服务有哪些方面的优势？（可多选）

a. 专业的内容

b. 专家团队

c. 传统出版渠道用户

d. 市场需求更明确

e. 无

f. 其他（如选择，请填写具体内容）

23. 与互联网企业相比，传统出版单位做知识服务有哪些方面的劣势？（可多选）

a. 资金

b. 产品研发迭代速度

c. 技术更新

d. 工作流程和效率

e. 人才引进

f. 缺乏运营

g. 其他（如选择，请填写具体内容）

24. 知识服务产品在运营过程中遇到了哪些问题？（可多选）

a. 缺乏专业的运营团队

b. 前期未做市场需求调查，导致供需不符合

c. 缺少运营资金

d. 产品更新迭代跟不上

e. 技术实力薄弱

f. 没有问题

g. 其他（如选择，请填写具体内容）

25. 针对在运营过程中遇到的问题，如何解决的？（可多选）（上题选择"没有问题"的，此题跳过）

a. 组建运营团队

b. 开展市场需求调查

c. 增加资金支持

d. 增强技术实力

e. 尚未解决（如选择，请注明哪些问题尚未解决）

f. 其他（如选择，请填写具体内容）

26. 是否进行过面向市场的运营效果调查？

a. 委托专业第三方机构做过调查

b. 本单位自己做过调查

c. 未做过调查

27. 此次"新冠"疫情对知识服务用户相关情况的影响？（可多选）

a. 用户数量增加

b. 付费人员增加

c. 用户平均在线时长增加

d. 流失用户

e. 无影响

f. 其他（如选择，请填写具体内容）

28. 此次"新冠"疫情对知识服务在收入及运营方面的影响？（可多选）

a. 收入增加

b. 使知识服务转型升级提速

c. 收入降低

d. 营销活动推广受影响

e. 无影响

f. 其他（如选择，请填写具体内容）

六、知识服务技术应用情况

29. 知识服务产品如何开发？

a. 独立自主开发

b. 部分委托开发

c. 完全委托开发

30. 在知识服务产品研发过程中，应用了哪些前沿技术？（可多选）

a. 5G

b. 人工智能

c. AR/VR

d. 大数据分析／云计算

e. 区块链

f. 未应用前沿技术

g. 其他（如选择，请填写具体内容）

31. 应用的前沿技术的研发方式？（可多选）（上题选择"未应用前沿技术"的，此题跳过）

a. 自主研发

b. 购买第三方服务

c. 联合开发

七、未来发展规划

32. 对于知识服务产品，是否有商业计划书或相关方案，并在按此计划或方案执行？

a. 有，在按计划或方案执行

b. 有，但尚未执行

c. 没有

33. 今后的发展有哪些规划？（可多选）

a. 成立知识服务业务部门或者子公司

b. 通过专业内容与第三方机构合作

c. 基于新技术和业务研发新的产品

d. 其他（如选择，请填写具体内容）

34. 今后在知识服务产品运营过程中，还希望做哪些工作？（可多选）

a. 进行市场调研

b. 设立市场人员相关岗位

c. 加强产品宣传推广力度

d. 提升产品水平

e. 其他（如选择，请填写具体内容）

八、对国家知识服务平台的了解和建议

35. 是否使用过国家知识服务平台？

a. 使用过

b. 未使用过

36. 认为国家知识服务平台目前已有的哪些服务是贵单位需要的？（可多选）（未使用过平台的，此题跳过）

a. 专业知识检索导流

b. 数字内容正版化公示查询

c. 用户系统导流

d. 出版与知识服务标准

e. 学术出版评价体系聚合

f. 版权保护与服务

g. 知识服务相关资讯

h. 其他（如选择，请填写具体内容）

37. 是否使用过国家知识服务平台中的数字内容正版化公示系统？（未使用过平台的，此题跳过）

a. 使用过

b. 未使用过

38. 希望数字内容正版化公示系统在哪些方面进行改进？（可多选）（未使用过该系统的，此题跳过）

a. 简化流程

b. 完善功能

c. 加速响应

d. 优化界面操作

e. 其他（如选择，请填写具体内容）

39. 对数字内容正版化公示系统在功能、流程、界面操作以及其他方面有哪些建议？（未使用过该系统的，此题跳过）

40. 在推进知识服务应用过程中，希望在哪些方面进行版权保护？（可多选）

  a. 对外合作内容的同时，可防止内容资源被非法传播

  b. 控制阅读或播放次数

  c. 发现侵权后可以通过技术取证

  d. 其他（如选择，请填写具体内容）

41. 希望国家知识服务平台能够提供哪些推动出版业知识服务转型的垂直服务？（可多选）

  a. 平台宣传

  b. 组织知识服务相关会议或交流活动

  c. 提供知识服务相关政策咨询

  d. 内容版权保护支持

  e. 标准支撑

  f. 加强对新媒体运营、社群运营等的培训

  g. 其他（如选择，请填写具体内容）

42. 对国家知识服务平台建设、中国出版业知识服务大会有哪些建议？

三、国内外知识服务相关概念追踪与辨析

张立　吴素平　周丹

中国新闻出版研究院，100073，北京

摘要　通过梳理国内外学者对知识服务及相关概念的研究，理清知识服务概念内涵及演变路径，具体内容包括：①国外知识服务及相关概念的起源追踪；②国内知识服务概念的起源及领域延伸、基于技术发展视角的知识服务概念演变、基于研究视角的知识服务概念辨析；③我国出版界目前对知识服务概念的理解。本文较为全面的呈现了国内外知识服务及相关概念的研究现状，并在文章最后提出了本研究对知识服务概念的理解。

关键词　知识服务；信息服务；起源；演变

为推动"国家知识资源数据库工程"建设，本研究梳理了国内外有关知识服务及相关概念的起源、发展、演变。仅就目前查询到的情况来看，国内"知识服务"概念起源于20世纪90年代，最先出现在医疗服务领域，随后延伸到企业营销领域并被短暂关注，直到进入图书情报领域被广泛关注，并成为图情领域的一个重要研究分支。随着信息技术的发展和社会环境的变化，知识服务概念的内涵也在不断演变，众多学者从多种视角开展了"知识服务"概念的研究及"知识服务"应用实践的探索，相关成果逐年增多。与国内"知识服务"的研究集中于图情领域不同，国外相关研究涉及到的领域比较广泛，如教育、咨询、通信、医疗卫生、经济管理等多个领域，相关的名词表达也较多，而并非一个"Knowledge Service"就能涵盖。

1. 国外"知识服务"相关概念研究

国内一般将"知识服务"直接翻译为"KnowledgeService"，事实上，国外学者对于"KnowledgeService"一词研究不多，更多关注知识在不同服务行业的管理、

应用和实践。相关英文概念包括"Knowledge Management""Knowledge-focused management""Knowledge-Centered Service""Information Service",其他相关的概念还有"KnowledgeEconomy""KnowledgeIndustries"等。在知识服务的应用和实践上,表现为形式多样的知识项目(KnowledgeProject),如开放存取、技术性项目、学科研究等,如"PublicKnowledgeProject""Open KnowledgeFoundation""AfricaKnowledge Project""Visible Knowledge Project"等,具体如表1所示。

表1 国外知识服务及相关概念起源

英文	中文	概念起源
KnowledgeIndustries	知识产业	1963年由奥地利裔美国经济学家FritzMachlup[1]提出
Knowledgeeconomy	知识经济	1969年由经济学家PeterF.Drucker[3]提出
Knowledge-focused Management	以知识为中心的管理	萌芽于20世纪70年代中期的管理咨询界,1975年由ChaparralSteel提出
Knowledge Management	知识管理	萌芽于20世纪70年代中期的管理咨询界,1990美国出版了第一批关于知识管理的书籍
Knowledge-Centered Service	以知识为中心的服务	1992年由非营利性服务组织联盟"服务创新联盟"提出
KnowledgeService	知识服务	相关研究较少,明确涉及到此概念的情况如如EBSCOknowledgeservices利用知识库提供的信息服务
		2010年DehuaJuBeijunShen在《知识工作者的知识服务》一书中的定义
KnowledgeProject	知识项目	AfricaKnowledgeProject(非洲知识项目)由非洲资源中心公司倡导
		PublicKnowledgeProject(公共知识项目)1998年由哥伦比亚大学语言及文学教育学院的JohnWillinsky提出
		2004年5月Rufus Pollock在英国剑桥成立OpenKnowledgeFoundation(开放知识基金会)
		2009年由乔治敦大学CNDLS中心提出VisibleKnowledgeProject(可见知识项目)

KnowledgeIndustries(知识产业):早在1963年,奥地利裔美国经济学家FritzMachlup就提出了"Knowledge industries"(知识产业)一词,指出知识产业是集约利用技术和人力资本的产业。相较于其他产业,知识产业尤其以知识和技术产生价值,典型的知识产业包括教育、咨询、通信及医疗卫生行业等。

Knowledgeeconomy（知识经济）：1969 年，经济学家 PeterF.Drucker 提出了"Knowledgeeconomy"（知识经济）一词，指出知识经济是指利用知识创造商品和服务，强调知识和技能在服务经济中的重要性。在知识经济时代，知识产权的价值尤其突显。

Knowledge-focusedManagement（以知识为中心的管理）：此概念萌芽于20世纪70年代中期的管理咨询界。1975年，作为第一批明确采用以知识为中心的管理（"Knowledge‐focusedManagement"）实践的组织，Chaparral Steel 公司在没有信息技术的帮助下，将内部组织结构和企业战略直接建立于明确的知识管理基础上，以确保其在技术和市场的领导地位。

KnowledgeManagement（知识管理）：此概念确认及首次提出是1990年，美国出版了第一批关于知识管理的书籍（《第五代管理》和《第五门学科：学习型组织的艺术与实践》）。知识管理被认为是一种过程和方法，其典型的概念界定如下：知识管理是捕获，分发和有效利用知识的过程（Davenport，1994）；知识管理是获取精准的知识，在精准的时间提供给准确的人，以帮助其分享，并将信息投入行动，最终达到提高组织绩效的目的 (O'Dell&Grayson，1998)；知识管理是创建、共享、使用和管理组织的知识和信息的过程（维基百科）；知识管理是通过充分利用知识来实现组织目标的多学科方法（John Girard，2015）。

MichaelEDKoenig[4]认为"KnowledgeManagement"概念的发展经历了三个阶段，第一阶段是利用信息技术使组织成员在组织内分享知识；第二阶段是加入了人力资源因素，通过企业政策激励成员进行知识的分享和使用；第三阶段是分类和内容管理，在这个阶段内容以及内容可被检索的重要性被突出，知识内容的描述、结构化也因此变得重要。2001 年 CKO 峰会上，知识内容分类法首次作为主题被提出，这一阶段仍在扩大，最新的主题围绕数据分析和机器学习展开。

Knowledge-CenteredService（以知识为中心的服务）：此概念发展始于1992年，由非营利性服务组织联盟"服务创新联盟"[5]提出，指的是将知识库的使用集成到工作流程中。KCS 最早也被拼为"Knowledge-Centered Support"，指的是以知识为组织关键资产的服务交付方法，其前提为技术支持下知识的捕获、构造以及再利用。

Knowledge Service（知识服务）：一般理解下，知识服务是从信息管理、知识管理、策略学习等概念发展出来的概念。国外对"Knowledge Service"一词的研究不多，明确涉及到此概念的情况如 EBSCO knowledgeservices 利用知识库提供的信息服务，具体为利用标题数据库，为全球数千家图书馆提供管理服务。苏格兰 NHS 教育中心官网知识网络页面中提到，知识服务是 NES 数字部门的一个小团队，负责管理运营知识网络，支持知识访问并提高知识使用能力，以帮助改善苏格兰的健康和医疗保健[2]。另外，在 2010 年的《知识工作者的知识服务》一书中，知识服务被定义为知识社会的主要组成部分和措施，其目的是促进知识工作者专业发展，提供其生产力（作者 DehuaJu,BeijunShen 均为中国人）。

KnowledgeProject（知识项目）：知识项目可看做知识服务的应用和实践，知识项目多为集中多个领域的研究资源进行的（跨）学科研究项目或技术项目，一般是非盈利性项目。如非洲知识项目（AfricaKnowledge Project, AKP）[7]由非洲资源中心公司倡导，致力于非洲及其散居地的学术研究，旨在推动非洲研究。1998 年哥伦比亚大学语言及文学教育学院的 JohnWillinsky 基于其教育和出版领域的研究提出了 PublicKnowledge Project（PKP，公共知识项目）[6]，专注于让公共资助的研究结果能够免费开放获取，以及使之能转化为可实现的软件解决方案。该项目开发了一套开源软件，大大减少了制作学术期刊和举办会议所需的时间和费用，并有助于通过开放获取免费提供研究结果（Owen, GW Brian&Stranack, Kevin, 2008）。2004 年 5 月，RufusPollock 在英国剑桥成立了开放知识基金会（OpenKnowledgeFoundation, OKF），该基金会是全球性的非营利性网络，主要面向技术性项目免费推广和共享包括内容和数据的信息。2009 年，乔治敦大学 CNDLS（CenterforNewDesigns inLearningandScholarship）提出了可见知识项目（VisibleKnowledge Project, VKP）[8]，旨在通过关注技术增强环境中的学生学习和教师发展提高大学教学质量。该项目参与者是来自 22 个校区的 70 多名教师，探索技术对教学的影响，是美国最大的技术和学习研究项目之一，也是人文、社会科学和跨学科文化领域最大的研究项目之一。

2. 国内"知识服务"相关概念研究

从目前梳理的国内知识服务相关概念研究成果来看，与国外研究的领域分布广泛不同，国内的研究相对集中于图书情报领域，研究的概念也比较明确，主要围绕"知识服务"一词展开，与之类似并常被相提并论的概念为"信息服务"。本研究发现，国内"知识服务"概念起源于医学领域，经历了企业营销领域的实践，发展到图书情报领域，并在图情领域被广泛研究。以下从知识服务概念起源及领域延伸、基于技术发展的概念演变、基于不同研究视角的概念辨析三个方面梳理国内对此概念的研究情况，表2总结了概念起源及演变过程。

表2 国内知识服务概念起源及演变

概念名称	研究领域	概念起源及演变
知识服务	医疗卫生	1994年戴光强提出了医学从技术服务扩大到知识服务
	企业营销	1996年陈又星研究了知识服务在企业营销领域的实践
		1998年，从企业营销人员延伸到图书馆、档案馆馆员的"知识服务"实践
	图书情报	1999年，知识服务概念研究第一次出现在图情领域
		2002年，出现了网络环境下的知识服务、体验式服务
		2003年，出现较多知识服务与信息服务的对比研究
		2004年，出现了"知识网络"，网上知识服务体系建设被提及
		2008年，博客、社群交流纳入知识服务概念研究，出现了"知识社群"
		2011年，出现了基于专业虚拟社区（Professional VirtualCommunities，PVC）的知识服务研究
		2013年，大数据知识服务成为知识服务模式的一种新发展
		2015年，云计算环境下知识服务平台构建成为一个研究热点
		2017年，人工智能变革下的知识服务的改变被详细研究
		2017年前后，媒体融合环境下知识服务新模式被探讨
		2019年，外界环境综合影响，知识服务进入后知识服务时代

注：本研究梳理的图情领域知识服务概念演变过程主要是基于技术发展的路径

2.1 知识服务概念的起源及领域延伸

医疗领域：通过对现有研究成果梳理发现，国内对"知识服务"的研究源于20世纪90年代，最早涉及到"知识服务"概念的是1990年郭金楠等人发表的"积极探索函授培训主动提供知识服务"。有些学者认为国内对知识服务的研究起源于此文，但通读此文发现，文章主要论述的是学校办学培训工作通过主动向社会提供服务、积极参与竞争赢得生源，这与后来的知识服务概念相差甚远，反而是 1994 年戴光强发表的"医学从技术服务扩大到知识服务——医学发展的新纪元"一文中，提到的"知识服务"更加符合通常认知的逻辑，文中认为医学对人民的知识服务，是通过医疗知识和技能的传播，提高人民的自我保健能力。1995 年，鲁修金、汪增华在"医学知识服务在麻风康复中的意义"中表达了类似的观点，本研究认为，国内"知识服务"概念起源于医疗领域。

企业营销：随后，"知识服务"在企业营销领域的研究和实践掀起了国内知识服务的意识。此时的"知识服务"是企业向消费者宣传与推广产品中所含知识与信息的过程，是构成知识营销中最重要的一个组成部分[10]。图书馆档案馆有感于企业为消费提供的"知识服务"，相关从业者也开始研究这些机构的"知识服务"，提倡接待人员要熟悉馆藏，熟练介绍检索知识，让人们知道如何利用，解决自己生活、工作中的问题[9]。

图情领域：1999 年，任俊为在《图书情报知识》上发表的"知识经济与图书馆的知识服务"被认为是知识服务第一次出现在图情领域，文章认为"知识服务是文献服务的深化"，图书馆要"变革服务机制，提供更全面的以知识为导向的知识服务"。2000 年，张晓林在"走向知识服务：寻找新世纪图书情报工作的生长点"一文中提出"将图书情报工作核心能力定位于知识服务"，并对比了知识服务与传统信息服务的不同之处。在此之后图情领域学者从不同的角度，展开了大量关于知识服务概念的研究，总体来看，大致可以分为两条研究路径，一是基于技术发展的知识服务概念演变，二是基于某个研究视角的知识服务概念辨析。

2.2 基于技术发展的知识服务概念演变

随着网络环境的发展，2002 年，张秀珍，裴非在"网络环境下的知识服务"一文中首次将信息技术、人工智能研究等元素引入到了"知识服务"概念中。同年，孙成江，吴正荆在"知识、知识管理与网络信息知识服务"一文中首次提出体验式服务应当包含在知识服务中，如通过用户讨论组、交互式网上教室、多媒体实习等为用户提供程序化、系统化知识服务。2004 年，"知识网络"的概念被提及，研究者提出，为最大限度地发挥我国网络信息资源的效益，应在人工智能、语义 web、数据挖掘等知识管工具和技术的协助下，尽快建立网上知识服务体系与信息服务体系。[13]但此时提及的一系列智能技术仅停留于概念层面。

随着博客的发展，基于博客的知识服务、社群交流逐渐被纳入了知识服务概念研究中，通过完全个人化的博客，以激发社区中个体无限的创造欲望，有效地形成知识社群[15]。汪祖柱等人2011年研究了基于专业虚拟社区(ProfessionalVirtualCommunities，PVC)的知识服务的概念，认为与传统知识服务对比，基于PVC的知识服务资源不仅来自于PVC服务提供方，还依赖其用户群体之间的交互及其知识共享的行为。

随着大数据、云计算技术的发展，作为知识服务活动中的关键技术，知识库和知识发现在知识服务方面的应用重要性逐渐凸显，众多关于知识服务创新模式的研究涌现。大数据知识服务是用以解决结构化、半结构化及非结构化数据多维度处理的信息服务新模式，是嵌入式协作化知识服务模式的一种新发展[19]。大数据环境促使图书馆、智库以及科创型企业的知识服务模式不断创新，如面向大数据的信息移动推荐服务，图书馆知识咨询服务，科技型企业知识服务理念、方法、技术手段等要求提升等。在云计算环境下，图书馆构建学科知识服务平台并开展学科知识服务也成为了研究热点。

人工智能为知识服务带来的变革再次被提出研究，与2002年前后泛泛提到人工智能作为发展背景不同，2017年学者们详细研究了人工智能变革下知识服务的改变，首先是知识思维的转变，不仅从用户需要角度挖掘知识，还要主动在相关性中发现知识，预测用户未来需求。其次是知识服务主体的多元化，不仅有文献、数字化书报刊，还有搜索引擎、问答社区、社交网络等新媒体形式。最后是知识服务的智慧性。通过人工智能可以直接给出答案，无需用户再从众多相关词条中提取知识。[20]

媒体融合环境下，学术期刊、出版企业探索知识服务的新模式，研究者认为，学术期刊应充分利用新媒体、大数据等技术，打造知识网红IP、在线视频课程、线上知识问答、资讯订阅定向推送、热门主题圈、在线研讨会直播等精准知识服务模式。[21]数字出版应尝试在将商品转变为服务、打造社群、寻找长尾资源及回归内容价值等方面进行探索实践，建立起成熟的知识服务体系。[22]

2.3 基于研究视角的知识服务概念辨析

除了从技术发展的角度对知识服务概念进行更新迭代，图情领域的研究者还从一些独特的研究视角出发，表达了对知识服务概念的理解，主要包括三个方面，从新的研究视角重新定义"知识服务"、从多个研究视角对比信息服务和知识服务区别、基于知识服务延伸出新概念。表3基于一些特定研究视角总结了知识服务概念内涵。

表3 基于研究视角的知识服务概念辨析

概念名称	研究视角	概念内涵
知识服务	服务资源	主要资源来自服务提供者所具备的专业知识
	服务内容	挖掘蕴藏于显性信息中的隐性知识
	服务方式	知识服务是专业化、定制化服务
		只有在特定层次之上才是个性化和专业化的服务
	产业实践	与信息服务理论内核并没有本质的改变
知识服务 vs 信息服务	服务目的	知识服务——面向解决方案，解决用户不能解决的问题
		信息服务——提供信息、数据或文献
	服务对象	知识服务——面向专业人员提供系统性服务
		信息服务——一般咨询服务、一次性服务
	服务提供者	知识服务——需经过高度专业化的学习，具备专业化知识技能
		信息服务——具备知识查找、整理、提供的能力
	服务方式	知识服务——提供主动的、集成的、个性化的服务
		信息服务——利用固有信息资源提供被动式应答服务
智慧服务	知识经济时代	实现知识增值，是图书馆知识服务的高级阶段
前知识服务	技术和社会环境	呈现出技术化、信息化、数字化三大方向
后知识服务		技术与人文的结合、多学科交叉、智慧化

注：基于已有研究成果梳理，本研究制表。

新的视角重新定义：有学者从服务提供者的角度界定知识服务内涵，认为知识服务提供者凭借其具有的高度专业化的知识，借助适当的方法和手段，帮助客户获取知识、提升能力、解决问题，[14]如图书馆员要充分运用自己的知识技能为用户提供知识产品的服务。陈建龙等人[16]基于产业实践视角考察了知识服务概念的内涵，认为从信息服务到知识服务，其理论内核并没有本质的改变，概念升级的理由不充分，并从服务所依赖的主要资源是否来自服务者所具备的专业知识这一点进行了界定。李沁萍[12]从显性知识、隐性知识的角度进行了提出了知识服务是"定制化的服务，利用智能化手段挖掘蕴藏于显性信息中的隐性知识"。

信息服务与知识服务对比：张晓林（2000）认为，知识服务是面向解决方案的服务，通过对文献进行加工形成具有价值的信息产品，解决用户所不能解决的问题，而统信息服务则满足于具体信息、数据或文献的提供。戚建林[11]从面向对象的角度对二者进行了对比，认为知识服务要面向专业人员提供系统性的集成服务，传统的信息服务面向的是一般咨询服务，是一次性的需求。陈建龙等人[17]再次论述了知识服务的概念内涵，从服务者、服务对象和服务工具三方面对知识服务和信息服务之间的区别和联系进行深入剖析，认为知识服务的服务者需要经过高度专业化的学习并具备相应的专业技能，依靠自身的知识积淀，解决用户无法通过外部客观知识世界满足的需求；信息服务则依靠外部客观世界的知识源，通过知识查找、梳理，以此满足用户的需求。

延伸概念：梁光德[18]提出了知识经济时代图书馆服务新理念——"智慧服务"，认为知识服务是智慧服务的前提和基础，智慧服务提升了知识服务的内涵，根本特征是实现知识增值，是知识服务的升华。张华宝（2011）基于"知识经济时代"的视角，把知识服务作为一个整体放在时代背景下，将其作为知识经济时代的一个组成部分来理解，强调其时代特征和社会责任。柯平[23]将知识服务分为前知识服务和后知识服务两个阶段，知识服务进入一个新时代是各种技术环境和社会环境综合影响的结果。文章提出，前知识服务时代是信息服务转型的结果，呈现出技术化、信息化、数字化三大方向。后知识服务时代要求更新理念，拓展视域，从技术与人文的结合、多学科交叉、智慧化等方面促进知识服务的转型。

3. 我国出版界目前对知识服务概念的理解

新闻出版"十三五"工作规划中，将"增强新闻出版业的文化服务与信息内容服务能力"作为下一阶段的工作目标[24]这明确了出版业知识服务的重要性。

目前对于出版领域的知识服务，普遍认同的定义是：出版企业围绕目标用户的知识需求，通过整合各种显性和隐性知识资源，向用户提供信息、知识产品和解决方案的信息服务活动。[29]原国家新闻出版广电总局数字出版司副司长冯宏声在"2018中国知识服务产业峰会"中谈到"知识服务的未来"，指出"出版社不但要服务于政府部门、科研机构、教学机构,更主要的是还要服务于产业企业"、"出版企业的竞争对手有新兴的互联网内容企业,还有行业机构、个人网红",[25] 明确了出版企业知识服务的范围。

中国新闻出版研究院院长魏玉山认为,知识服务的内容开始细分为两类,"一类是心灵鸡汤和人生指导,水平参差不齐,用户疲劳感已显现;另一类是以出版机构、科研机构为主的产品,在细分领域深耕,逐渐成为有市场刚需、盈利能力强的行业智库和内容服务商。[26] 从内容角度明确了出版机构提供知识服务的优势。

出版业积极探索知识服务转型路径,专业出版社在知识服务转型上大体有以下模式:(1)将纸质产品转化成资源数据库,沿用原渠道进行推广;(2)将纸质产品转化成互联网产品,通过互联网开展运营;(3)在线教育或在线培训模式。[30] 但当前出版业转型知识服务仍存在不少问题,如内容资源多数局限于本单位,难互联互通;产品功能虚设、产品运营投入低,多数产品尚未赢利;标准应用不深入,执行力度有待加强等问题,还需建立内容资源共享机制、加强知识服务垂直应用、加快各项标准推广使用、加大服务保障体系建设、加强知识服务持续推动等。[27] 本研究认为,相比于出版、教育、科研这种广义上的"知识服务",今天我们所说的"知识服务",是基于AI技术、自然语言处理技术、大数据技术等的集内容创作、生产、传播,甚至应用于一体的知识内容的全新服务模式。这种服务既包括阅读服务,也包括直接的应用服务。阅读服务的形式不仅限于出版物,也会以文献、数据资源库、甚至知识检索库的形式存在;知识内容的直接应用是一种更先进的方式,笔者在[28]中曾提到,参与原国家新闻出版广电总局知识资源服务模式试点工作的单位开发建立的知识服务系统,由它们提供的并非传统的知识作品阅读,它们提供的检索服务、甚至定制化的商业服务,其底层数据结构可能已是经过自然语言处理的多维度网状的知识图谱了,同时系统还会结合用户行为数据不断完善数据结构并更新迭代出更贴合用户需求的服务,有些甚至已经结合新技术建立了一种全新的知识内容服务模式。

4. 结语

"知识服务"概念内涵广泛且在不断发展演化之中,多年来国内外多个领域的研究者立足于当时的社会发展背景，从多种角度对知识服务的概念进行了研究和实践，本文对此进行了梳理和总结，尝试理清知识服务概念内涵及演变路径。知识服务是出版业价值的重要体现，其路径演变对出版界带来了冲击，也带来了新的发展机遇，我国出版界积极探索知识服务转型路径，本文总结了专业出版社知识服务转型的模式，并明确了本研究对知识服务概念的理解，希望能为以后的研究提供借鉴和思路。

参考文献

[1] FritzMachlup. TheProductionandDistributionofKnowledgeintheUnitedSates[B]. Whitefish,LiteraryLicensingLLC, 31stAugust, 2013.

[2] NHSLibraryandKnowledgeServicesWebsite,LibraryandKnowledgeServicesStaff, 23April 2019,www.libraryservices.nhs.uk/.Accessed 23Aug.2019.

[3] PeterDrucker. TheAgeofDiscontinuity[B].NJ,TransactionPublishers,Jan 1, 1992.

[4] MichaelE.D.Koenig. WhatisKM?Knowledgemanagementexplained[J].KMWorld 4, May4, 2012.

[5] KCSAcademyWebsite,the Consortium for ServiceInnovation,www.thekcsacademy.net/kcs/kcs-resources/.Accessed 23Aug. 2019.

[6] JohnWillinsky. TechnologiesofKnowing: A Proposalfor the HumanSciences[B]. Boston,BeaconPr, February1st, 1999.

[7] AfricaKnowledge Projectwebsites,2011,www.africaknowledgeproject.org/.Accessed 24Aug. 2019.

[8] TheVisibleKnowledgeProjectwebsites, January10, 2009,blogs.commons.georgetown.edu/vkp/about-the-vkp/.Accessed 23Aug. 2019.

[9] 齐建明. 档案馆也应提倡"知识服务"[J]. 秘书工作，1998（11）：36.

[10] 陈又星. 呼唤知识服务 [J]. 企业改革与管理，1999（6）：4.

[11] 戚建林.论图书情报机构的信息服务与知识服务[J].河南图书馆学刊,2003(2): 37-38.

[12] 李沁萍. 浅谈信息服务与知识服务 [J]. 现代情报，2003（12）：41-43.

[13] 李家清. 知识服务的特征及模式研究[J]. 情报资料工作, 2004（02）: 16-18+8.

[14] 李霞, 樊治平, 冯博. 知识服务的概念、特征与模式[J]. 情科学, 2007（10）: 1584-1587.

[15] 刘高勇, 汪会玲. 基于 Blog 的知识服务的组织与实现[J]. 情报理论与实践, 2008（5）: 702-705.

[16] 陈建龙, 王建冬, 胡磊, 谢飞. 一论知识服务的概念内涵: 基于产业实践视角的考察[J]. 图书情报知识, 2010（3）: 11-16.

[17] 陈建龙, 王建冬, 胡磊, 刘合翔. 再论知识服务的概念内涵: 与信息服务关系的再思考[J]. 图书情报知识, 2010（4）: 14-19.

[18] 梁光德. 智慧服务: 知识经济时代图书馆服务新理念[J]. 图书馆学研究, 2011（11）: 88-92.

[19] 秦晓珠, 李晨晖, 麦范金. 大数据知识服务的内涵、典型特征及概念模型[J]. 情报资料工作, 2013（2）: 18-22.

[20] 唐晓波, 李新星. 基于人工智能的知识服务研究[J]. 图书馆学研究, 2017（13）: 26-31.

[21] 陈晓峰, 云昭洁, 万贤贤. 媒体融合精准知识服务助推学术期刊供给侧改革[J]. 中国科技期刊研究, 2017, 28（9）: 805-809.

[22] 华进, 张一帆. 论数字出版与知识付费生态关系的建构[J]. 科技与出版, 2018（1）: 84-88.

[23] 柯平. 后知识服务时代: 理念、视域与转型[J]. 图书情报工作, 2019, 63（1）: 36-40.

[24] 张毅君. 新闻出版业"十三五"科技发展规划总体思路[N]. 中国新闻出版广电报, 2016-01-28（007）.

[25] 吴雪. 2018 年的知识服务与新出版之路平台、工具、MCN、CP 各自怎么玩? [EB/QL]. 2018-01-16.http://www.bookdao.com/article/404746/.

[26] 舒晋瑜, 知识服务和阅读推广实现跨越式发展[N]. 光明网. 2019-01-23（17）.

[27] 张立，刘颖丽，介晶. 出版业知识服务转型之路：国家知识资源服务模式试点研究 [M]. 社会科学文献出版社，2019.

[28] 张立. 知识服务不只是营销概念：《出版业知识服务转型之路》后记 [J]. 出版参考，2019（7）：24-25.

[29] 张新新，出版机构知识服务转型的思考与构想 [J]. 中国出版，2015（24）：23-26.

[30] 程海燕. 专业出版社知识服务转型升级路径分析 [J]. 出版广角，2018（19）：19-22.

（2020年2月18日发表于《科技与出版》）

图书在版编目(CIP)数据

出版业知识服务转型之路. 二, 追踪新技术, 探索新应用 / 张立等编著. -- 北京：中国书籍出版社, 2020.10
ISBN 978-7-5068-8030-5

Ⅰ.①出… Ⅱ.①张… Ⅲ.①出版业—知识经济—产业发展—研究—中国 Ⅳ.①G239.2

中国版本图书馆CIP数据核字(2020)第195891号

出版业知识服务转型之路（二）——追踪新技术，探索新应用

张 立 熊秀鑫 周 琨 等编著

图书策划	武 斌
责任编辑	成晓春
特约编辑	熊秀鑫 陆希宇
责任印制	孙马飞 马 芝
封面设计	东方美迪
出版发行	中国书籍出版社
地 址	北京市丰台区三路居路97号（邮编：100073）
电 话	（010）52257143（总编室） （010）52257140（发行部）
电子邮箱	eo@chinabp.com.cn
经 销	全国新华书店
印 刷	北京睿和名扬印刷有限公司
开 本	787毫米×1092毫米 1/16
字 数	375千字
印 张	19.25
版 次	2020年11月第1版 2020年11月第1次印刷
书 号	ISBN 978-7-5068-8030-5
定 价	98.00元

版权所有 翻印必究